Es wird gestorben, wo immer auch gelebt wird

W0384921

Katrin Rohnstock
(Hrsg.)

Es wird gestorben, wo immer auch gelebt wird

16 Protokolle über den Abschied vom Leben

Schwarzkopf & Schwarzkopf

Inhalt

Vorwort

Was dem Leben Sinn verleiht, gibt auch dem Tod Sinn. Es ist leicht zu sterben, wenn es in der Ordnung der Dinge liegt. Antoine de Saint-Exupéry

In diesem Buch geht es nicht um ein Sterben durch schwere Krankheit, Unfall oder Krieg. Hier geht es um das ganz normale Sterben, wenn die Lebensuhr abgelaufen ist. Das unspektakuläre. Das Sterben am Ende eines langen Lebens. Der natürliche Tod wird in unserer Gesellschaft häufig totgeschwiegen. Sterben und Tod flößen Angst ein. Sie sind in unserer Leistungsgesellschaft nicht eingeplant. Daraus entsteht eine große Unbeholfenheit im Umgang mit Sterben und Tod. Doch wir werden alle sterben. Todsicher.

Wenn mir alte Menschen ihre Lebensgeschichte erzählen, spielt das Thema Sterben eine wichtige Rolle. Sie beschäftigen sich mit dem bevorstehenden Tod. Für sie ist das Reden über das Sterben ein Bedürfnis. Ein großes.

Deshalb konzipierte ich dieses Buch. Ich fragte Menschen, die sich einmal bei uns in der Firma gemeldet hatten und mindestens achtzig Jahre sind, ob sie bereit wären, zu diesem Thema ihre Ansichten zu Protokoll zu geben. Die meisten waren einverstanden. So fuhren Autoren – Autobiografiker und Lektoren von Rohnstock Biografien, die in meiner Methode des autobiografischen Schreibens für andere ausgebildet sind – zu einem alten Menschen und führten das Gespräch. Sie lauschten, was die alte Frau, der alte Mann erzählten. Mehrere Stunden. Währenddessen lief das Tonband mit. Anschließend wurden die Tonbänder abgeschrieben, die Texte gebaut und sprachlich bearbeitet. So entstanden über zwei Jahre diese Geschichten um Sterben und Tod.

Alle Autoren waren von dem Gespräch beeindruckt. Sie sagten mir im Nachhinein: »Was für ein bewegendes Erlebnis.« Die Selbstverständlichkeit, mit der die Alten erzählten, empfanden die Jungen als Geschenk. Die Endgültigkeit der letzten Lebensphase macht souverän. Vielleicht ermöglicht die Nähe zum Tod eine große Klarheit.

Das Reden über das Sterben ist auch ein Reden über das Leben. Die Alten wollen sich der Vergangenheit vergewissern. Sie blicken zurück. Noch einmal den großen Lebensbogen spannen. Der Scheidende möchte weitergeben, was ihm wichtig ist. Auch die Erfahrungen. Erklären und verstanden werden. Angenommen sein. Alle Kämpfe begraben. In Frieden gehen. Das Bedürfnis nach Versöhnung ist bei Sterbenden besonders groß. Sterben bedeutet Abschied nehmen: Die Dinge ordnen. Die materiellen und die ideellen. Es bedeutet zu klären, was wichtig ist, was es zu vererben gibt und wer das Erbe antreten kann. Dabei entstehen Fragen und Unsicherheiten. Ängste und Zweifel. Die wollen besprochen sein.

Abschied bedeutet Weichen stellen über den Tod hinaus. Alle Angelegenheiten zwischen dem Gehenden und den Bleibenden klären. Beide brauchen den Abschied. Rituale sind notwendig.

Wenn heute Achtzigjährige und noch Ältere erzählen, erzählen sie unweigerlich vom Krieg. Sie gehören zur Kriegsgeneration. Ihre Jugend war Krieg. Sie erlebten das Sterben tausendfach. Es ist in ihr Gedächtnis eingebrannt. Die Schrecken haben ihre Einstellung zu Sterben und Tod geprägt – bis heute.

Die Kriegsgeneration hat bis jetzt nur vereinzelt geredet. Viele haben ihre Traumata verschwiegen. Jetzt brechen sich die furchtbaren Erlebnisse ihre Bahn. In Anbetracht des Todes wird Wahrhaftigkeit möglich. Das ist eine große Chance für uns Nachkommen. Es ist der letzte Moment, die Menschen dieser Generation zu befragen, bevor sie sterben.

Ich möchte, dass über das Sterben geredet wird. Wenn ich mit Kindern von alten Menschen über das Sterben ihrer Eltern spreche, bemerke ich verschiedene Reaktionen. Die einen sind erleichtert, dass ich selbstverständlich mit diesem Thema umgehe: »Natürlich, Sie haben Recht, niemand hat das ewige Leben. Irgendwann wird der Vater nicht mehr da sein.«

Die anderen haben Angst. Sie empfinden Beklemmungen, so als glaubten sie: Wenn man den Gedanken vom Sterben zulässt, beschleunigt es den Prozess. Oder noch schlimmer: Das Sprechen würde den Tod gar herbeirufen. Sie sind nicht vorbereitet auf dieses Thema. Wie sollten sie auch?

Sie erleben es nicht, wenn ein Mensch stirbt. Sie werden von Alter, Gebrechlichkeit und Tod ferngehalten. Früher geschah das Sterben im Familienkreis und schon kleine Kinder erfuhren es als einen selbstverständlichen Teil des Lebens. Heute leben die Generationen weit voneinander entfernt. Nicht nur räumlich, sondern auch in verschiedenen Welten.

Durch unsere Vorfahren werden wir Jüngeren mit dem Sterben konfrontiert, auch wenn es im öffentlichen Bewusstsein kaum eine Rolle spielt. Unsere Großeltern und Eltern sind uns die wichtigsten Menschen. Manchmal war das Verhältnis zu ihnen vielleicht schwierig, doch wir möchten, dass es ihnen gut geht. Dass sie einen erfüllten Lebensabend genießen, nichts vermissen, nichts entbehren. Das Alter zu meistern, ist nicht so einfach. Käthe Schwesig, die wunderbare Dorfpastorin in diesem Buch, sagte mir einmal: »Mädchen, wer behauptet, dass alte Leute nicht lernfähig seien, der hat keine Ahnung. Das Älterwerden ist die größte Herausforderung eines Lebens: Wir Alten müssen jeden Tag etwas Neues lernen: Wir müssen lernen, mit unseren großen und kleinen Wehwehchen umzugehen, wir müssen lernen, unsere Langsamkeit auszuhalten und – das ist das Allerschwierigste: Wir müssen lernen, damit zufrieden zu sein.«

Sterben ist die letzte Phase des Lebens. Der Übergang vom Leben zum Tod. Wann es anfängt, darüber streiten sich die Geister. Die einen sagen: »Das Sterben beginnt mit der Geburt, kaum sind wir geboren, so beginnen wir zu sterben.« (Marcus Manilius) Die anderen sagen: Es beginnt mit dem Altern. Und wann beginnt »Altern«? Etwa mit Mitte zwanzig, sagen die Biologen. Vielleicht ist diese Annahme nützlich, damit sich die Jüngeren dem Thema eher zuwenden. Denn auch sie kann es schneller angehen, als sie glauben. Euripides sagte: »Kein Mensch auf Erden kann dem Tod entrinnen. Und keinen gibt es, welcher sicher weiß, ob er den nächsten Tag am Leben bleibt.«

Der öffentliche Umgang mit dem Sterben beeinflusst das Verhältnis zum Sterben. Das vorliegende Buch will unter den Alten das Gespräch genauso anregen wie mit den Nachkommen. Der erste Schritt dazu soll hier von den Betroffenen selbst ausgehen. Wenn sie bereit sind, auszusprechen, was war und was ist, können sich vielleicht auch die Jungen eher dem Thema öffnen. Damit es nicht einfach abgetan werden kann, wie es neulich die (junge) Kulturmanagerin einer renommierten Seniorenresidenz tat: »Unsere Senioren sind zukunftsorientiert. Die interessieren sich doch nicht fürs Sterben.«

Wir können Sterben und Tod verdrängen. Wir werden es nicht verhindern: Es wird gestorben, wo immer gelebt wird. Es ist leichter zu sterben, wenn man den Tod annimmt. Wer sich mit dem Tod vertraut macht, wird leichter mit ihm zurechtkommen: »Sicher ist nur der Tod.« Die Sterbenden spüren das Ende nahen: »Meine Zeit ist gekommen.«

Akzeptieren wir diese Todesahnung. Bringen wir dem Sterbenden Wertschätzung entgegen. Erfüllen wir die Wünsche nach Zuwendung, nach Austausch, nach Bilanzierung des Lebens und ermöglichen so ein humanes Sterben.

Viele Leute haben weniger Angst vor dem Sterben an sich, als dabei allein zu sein. Die meisten wünschen sich, im eigenen Bett zu sterben. Das Bett als Symbol der Liebe und Ruhe – als letzter Ort: das Sterbebett, um das alle Lieben stehen und endgültig Abschied nehmen.

Was wir für die Alten tun, tun wir keinesfalls nur für sie. Wir tun es auch für uns: Wenn wir einen Sterbenden begleiten, gewinnen wir die Möglichkeit, den eigenen Tod zu bedenken und einzuüben. Die Begleitung ist eine Vorbereitung auf unsere letzte Lebensphase. Das

Verhältnis zum Tod prägt sich durch die Erfahrungen, die man im Laufe des Lebens mit dem Sterben anderer macht.

Meine Hoffnung ist, dass dieses Buch Einsichten vermittelt in die letzte Phase des Lebens. Für die Sterbenden selbst und für die, die um ihr Wohl besorgt sind: die Nachkommen, die professionellen Pfleger und die Entscheider in den Institutionen.

Ich möchte das Reden über das Sterben anregen, ihm die Peinlichkeit nehmen. Es soll ein kenntnisreiches Reden sein. Deshalb haben wir Menschen gefragt, deren Lebensuhr fast abgelaufen ist. Die für dieses Thema kompetent sind. Ich danke unseren Erzählern für ihre ehrlichen und wertvollen Geschichten.

Jena/Berlin, Februar 2007 Katrin Rohnstock

Richard Platz

Sterben ist ein natürlicher Vorgang

Aufgeschrieben von Stefan Kappner

Richard Platz, Jahrgang 1919, wuchs in Berlin-Neukölln auf. Nach Kriegsjahren und Gefangenschaft kehrte er 1948 in seine Geburtsstadt zurück und gründete eine Familie. Er war am Aufbau der Berliner Verwaltung beteiligt und wurde Leiter des Bäderamtes Neukölln.

Nach der Pensionierung zog er mit seiner Frau nach Ingelheim. Hier schrieb er seine Lebenserinnerungen, die er in zwei Bänden »Glück gehabt!« und »Es zählt nur das eine – Wir« bei Rohnstock Biografien veröffentlichte. Richard Platz starb im November 2005 – schnell, wie er es sich gewünscht hatte.

Fragen

Woher kommst du, wo gehst du hin?
Hatte alles einen Sinn?
Wenn einst das Lebenslicht erlischt,
kommt es dann, das Jüngste Gericht?

Als Kind versprach man dir den Himmel droben.
Immer schön brav sein, musstest du geloben.
Was Bravsein ist, was Himmelreich,
konnte niemand dir sagen.
Du warst zufrieden, fügtest dich und stelltest
keine Fragen.

Aber im Alter stellen sich Fragen ein.
Du fragst, sollte das alles sein,
am Ende unserer Tage?
Sie bleibt, die offene Frage.

Gibt es noch ein anderes Leben?
Niemand wird dir Antwort geben.
Als Trost wird man dir den Glauben nennen,
doch ist es schwer, noch glauben zu können.

Und schaust du zurück, erinnerst jedes Jahr,
ob nun gut oder schlecht, es war, wie es war.
Und wie es auch war, ist einerlei.
Nichts kommt wieder, vorbei ist vorbei!

Während des Krieges war ich als Funkmaat bei der Marine. Dort war der Tod nicht ständig gegenwärtig. Ich war beinahe erstaunt, als ich den ersten Toten sah. Der Anblick der Leiche erschreckte mich sehr. So erging es auch den anderen Soldaten meiner Gruppe.

Von diesem Tag an begannen wir, über den Tod nachzudenken. Erst dann kam die Angst. Bei dem Toten war der Bauch aufgerissen, die Gedärme waren herausgetreten. Sein Sterben muss qualvoll gewesen sein. Wenn ich im Krieg sterben muss, so dachte ich, möchte ich durch einen schnellen Kopfschuss umkommen. Alle, mit denen ich sprach, hatten denselben Wunsch: sich nicht lange quälen zu müssen.

Heute bin ich 85 Jahre alt und diese Einstellung zum Tod ist mir geblieben. Wir müssen alle einmal sterben. In meinem Alter ist der Tod keine Tragödie mehr wie der gewaltsame Tod des Soldaten. Doch ich wünsche mir nach wie vor, dass es kein langes Sterben wird. Ich möchte nicht gepflegt werden müssen und meinen Kindern oder den Angestellten in einem Pflegeheim zur Last fallen. Ich möchte auch nicht künstlich am Leben gehalten werden, falls es ohne Apparate nicht mehr geht.

Es ist schön, wenn man sich auch im Alter noch selbst helfen kann. Wenn man noch etwas tun und den Menschen etwas geben kann. Geben ist seliger denn Nehmen: Dieser Satz gilt für mich bis heute. Ich verstehe ihn nicht nur im materiellen Sinn; schließlich gibt es Wichtigeres im Leben.

Kommen und Gehen

Wir führen ein sehr gutes Familienleben. Nach meiner Pensionierung 1977 siedelte ich mit meiner Frau Eva von Berlin nach Ingelheim um. Zuerst ging unser Schwiegersohn dorthin. Im eingekesselten Berlin sah er beruflich keine Zukunft. Unsere Tochter absolvierte ihr erstes Staatsexamen in Berlin und das zweite in Mainz. Als wir umzogen, war unsere Enkelin Nicki gerade drei Jahre alt. Wir verbrachten viel Zeit mit ihr, da ihre Eltern arbeiteten. Dadurch spürten Eva und ich, dass wir noch nützlich sein können. Dieser enge Kontakt besteht bis heute. Demnächst werden wir sogar Urgroßeltern.

Auch mit unserer zweiten Tochter, die seit den achtziger Jahren im Sudan lebt, haben wir ein gutes Verhältnis. Ihr Sohn Islam, jetzt 27 Jahre alt, ist uns sehr ans Herz gewachsen. Er besucht uns regelmäßig und möchte seine Oma am liebsten auf Händen tragen. Dieses lebendige Familienleben lässt uns selten an den Tod denken.

Wir wohnen jetzt beinahe dreißig Jahre in Ingelheim. Dabei ist die Sehnsucht nach Berlin in der letzten Zeit eher gewachsen. Hier ist es zwar schön. Die Menschen nahmen uns gut auf. Ich wurde Mitglied im Historischen Verein und weiß jetzt einiges über die Stadt und ihre Umgebung. Meine Heimat jedoch bleibt Berlin. Glücklicherweise konnten wir bisher in jedem Jahr mindestens einmal dorthin reisen. In Berlin fahre ich nicht mit dem Auto, sondern benutze die öffentlichen Verkehrsmittel. Ich möchte die Menschen sprechen hören und nicht durch eine Glasscheibe von ihnen getrennt sein. Dann bin ich zu Hause und kein Tourist. Natürlich bleiben wir hier in Ingelheim bei unserer Familie. Es wäre unvernünftig, jetzt noch allein nach Berlin zu gehen. Es wäre auch undankbar gegenüber unseren Kindern.

Die Kinder möchten nicht davon sprechen, wie es ohne uns sein wird. Ich habe im Laufe meines Lebens eine natürliche Einstellung zum Tod entwickelt.

Es ist ein Kommen und ein Gehen, wie überall in der Natur. Wie wir nicht gefragt werden, ob wir geboren werden wollen, werden wir auch nicht gefragt, wenn es ans Sterben geht. So ist das eben. Für meine Angehörigen wird der Abschied zwar schmerzlich. Letztlich werden sie sich jedoch sagen, dass ich ein langes und schönes Leben hatte. Mehr kann man nicht verlangen.

Jeder ist ersetzbar. Bei meiner Pensionierung hielten meine Kollegen und Vorgesetzten große Reden. »Wir werden dich nie vergessen«, sagten sie. Darauf gab ich nicht viel. Solange ich noch da war, konnten sie mich natürlich nicht vergessen. Und danach ging es auch ohne mich. Es wäre schlimm, wenn es anders wäre. Die Kugel muss sich weiterdrehen.

Nach dem Krieg gingen wir voller Optimismus in die Zukunft. Manches haben wir erreicht, mit einigen Entwicklungen waren wir nicht zufrieden. Wenn ich heute zwanzig wäre, würde ich auf die Barrikaden gehen, um die Verhältnisse zu ändern. Vielleicht betrachte ich vieles jedoch zu sehr von einem Gesichtspunkt aus, der durch meine Erziehung und meine Erfahrungen in der Vergangenheit geprägt ist. Jede Zeit hat ihre eigenen Probleme, mit denen die Menschen auf ihre Weise fertig werden müssen.

Kreislauf des Lebens

Sterben ist ein natürlicher Vorgang. Wie die Pflanzen zu Kompost werden, so sterben wir. Trotzdem möchte ich nicht behaupten: Nach dem Tode kommt nichts. Schließlich weiß ich es nicht genau. Vielleicht gibt es etwas, von dem wir keinerlei Vorstellung haben.

Ich halte es für möglich, dass wir Menschen nicht das Allergrößte in der Welt sind, dass es Kräfte oder Mächte gibt, von denen wir uns keinen Begriff machen können. Wenn wir versuchen, sie uns vorzustellen, wird daraus bloß ein Mann mit langem Bart.

Mit der Ewigkeit geht es uns genauso. Von allem, was wir kennen, können wir uns fragen: »Wie lange dauert es?«, »Wann hat es begonnen?«, »Wann ist es zu Ende?« Etwas, das immer weitergeht, können wir uns nicht vorstellen. Deshalb denke ich, dass es vielleicht ganz andere, uns unbekannte Kräfte gibt, vielleicht sogar ein Jenseits. Aber nicht in der Form, in der uns davon erzählt wird. Keinen Himmel, in dem man auf einer Wolke sitzt und den lieben langen Tag »Halleluja« singt. Da bin ich skeptisch. Moslems zum Beispiel denken sich einen Ort, an dem stets frisches Wasser fließt, denn diese Vorstellung ist für einen Wüstenbewohner besonders reizvoll.

Für viele ist der Glaube an ein Jenseits tröstlich. »Wir sehen uns wieder«, sagen sie. Wenn sie wirklich fest daran glauben, warum nicht? Für mich gehört der Tod zur Natur. Alles andere bleibt ungewiss. Und mit dieser Ungewissheit kann ich leben.

Als kleiner Junge lebte ich bei meiner katholischen Großmutter. Sie war fromm und erzählte mir: »Oben ist der Himmel und unten die Hölle. Dazwischen sind wir, mit dem Papst ganz oben. Der Papst kommt direkt nach dem lieben Gott.« Diese Weltordnung war mir verständlich. Ich konnte sie begreifen und war damit zufrieden. Die Zweifel kamen später.

Ähnlich stelle ich es mir in der Menschheitsentwicklung vor, als die alten Israeliten durch die Wüste wanderten und es zunächst darauf ankam, die einzelnen Gruppen zusammenzuhalten. Dafür gab es noch kein Bürgerliches Gesetzbuch, sondern die Zehn Gebote, aus denen alles andere erst entstanden ist. Auch Mohammed hat die Stämme durch seine Religion geeinigt. So ist Religion auch Politik. Selbst im Ersten Weltkrieg hieß es: »Gott mit uns!« Aber mit wem sollte er sein? Mit den Guten? Sind die Guten die, die gewinnen?

Ich unterscheide zwischen der Kirche als Institution, die manches Unrecht begangen hat, und dem Glauben des Einzelnen. Ich möchte niemanden vom Glauben abbringen. Manchmal könnte ich die Gläubigen sogar um ihr abgerundetes Weltbild beneiden. Und viele spornt der Glaube an, Gutes zu tun. Zum Beispiel lernten wir in Afrika einen Pater kennen, der auf einer Leprastation arbeitet. Statt in Deutschland zu sitzen und vom Glauben zu reden, wollte er helfen. Davor habe ich Respekt.

Zwar kann nicht jeder eine zweite Mutter Theresa werden, aber es gibt noch vieles auf der Welt zu verbessern. Und woher hierfür der Impuls kommt, ist letztlich nicht wichtig. Ich habe von meinem Vater gelernt: »Du bist nicht allein auf der Welt.« Das ist mir Motivation genug, mich nicht gedankenlos auszubreiten und nur an mich selbst zu denken.

Abschied ist das Schlimmste

Wenn ich an den Tod denke, bekomme ich am meisten Angst vor der Trennung von meiner Frau, mit der ich schon beinahe sechzig Jahre zusammenlebe. Dieser Abschied ist das Schlimmste, egal wer von uns beiden zuerst gehen muss.

Als ich 1948 aus der Gefangenschaft nach Hause kam, hatte ich keine Ahnung vom wirklichen Leben in Deutschland. Ich freute mich auf meinen Vater, der mir immer zur Seite gestanden hatte. Kurz nach meiner Ankunft starb er jedoch und ich musste ihn beerdigen.

Meine Mutter erzählte mir immer wieder, wie man sie zu trösten versuchte: »Zum Glück haben Sie ja Ihren Sohn!«

Ich tat so, als wüsste ich, was zu tun sei. In Wahrheit hatte ich Lebensangst. Eva hatte ein ähnliches Schicksal. Mit Anfang zwanzig war sie schon Kriegswitwe. Dass wir uns fanden, stellte sich für uns als großes Glück heraus.

Unsere Liebe, die sich in all den Jahren auch im Alltag bewährte, ist wohl das Wichtigste in meinem Leben. Seine Krönung. Denn allein möchte ich nicht sein. Weil ich beim Militär war und in Gefangenschaft, weiß ich jedoch, dass man nicht mit jedem auskommen kann. Wenn ich nicht mit Menschen zusammen sein könnte, die ich mir ausgesucht habe, wäre ich lieber allein.

Wir sind stets gern gereist. Als ich während des Krieges am Mittelmeer war, sagte ich mir: »Hierher möchte ich noch einmal in Friedenszeiten. Diese schöne Gegend ist viel zu schade für den Krieg.« Später waren wir unterwegs, wann immer es ging. Wir fuhren ans Mittelmeer und nach Russland, nach Aserbaidschan, Georgien, China und in viele andere Länder. Oft sagten wir uns: »Hier ist es schön. Hierher kommen wir im nächsten Jahr wieder.«

Wir hielten uns nie daran, denn es gab so viel zu entdecken. Eine Ausnahme bildeten die Besuche bei unserer Tochter Yvonne im Sudan. In meinem Ruhestand konnten wir mehrmals während der Wintermonate dorthin reisen. Da wir einen sudanesischen Schwiegersohn haben, waren wir dort nicht als Touristen, sondern als Gäste. Wir lernten viele Menschen kennen und bekamen einen tiefen Einblick in diese fremde Welt.

Wenn ich mir also noch etwas wünschen könnte in meinem Leben, dann würde ich mir eine Weltreise zusammenstellen. Ich möchte jedoch nicht in Abschiedsstimmung reisen, nach dem Motto »Neapel sehen und sterben«. Ob es das letzte Mal wäre, dass ich einen Ort sehe oder nicht, würde sich schon zeigen. Leider habe ich vor kurzem einen Oberschenkelhalsbruch erlitten und bin seitdem auf eine Gehhilfe angewiesen. Auch meine Frau ist nicht mehr gut zu Fuß. Trotzdem sagen wir nicht: »Ach Gott, wie geht es uns schlecht. Wir können nicht mehr reisen.«

Man sollte nicht unzufrieden sein und jammern, nur weil sich der eine oder andere Wunsch nicht erfüllt. Es ist schön, dass wir unser Auskommen haben. Ich weiß, dass es vielen schlechter geht als uns.

Einen dringenden Wunsch habe ich nicht mehr. Wir bauen schon ab. An den Geburtstagen sage ich: »Dass uns bloß niemand mehr eine Vase schenkt!« Wir brauchen nichts Neues mehr. Wir haben alles geregelt. Zum Beispiel wie die Wohnung aufgelöst werden soll und wer welche Dinge bekommt. Daran wird sich hoffentlich nichts mehr ändern.

Am liebsten möchte ich eine ganz einfache Beerdigung und lieber eine Spende an ein SOS-Kinderdorf als Blumen. Damit wäre meine Tochter wohl nicht einverstanden. Sie möchte auch das Grab pflegen und wurde ärgerlich, als ich davon sprach, meine Asche zerstreuen zu lassen. Darum werde ich hier beerdigt, wo meine Familie lebt, nicht in meiner Heimatstadt Berlin. Alles andere würde nicht zu meinen Überzeugungen passen. Denn wenn ich der Meinung bin, dass der Tod das Ende ist, dann spielt es auch keine Rolle, in welcher Erde ich liege oder in welcher Urne.

Wir haben uns dazu entschieden, uns verbrennen zu lassen. Auf dem Friedhof in Ingelheim gibt es neuerdings eine Wand mit kleinen Nischen für Urnen, wie auf den schönen italienischen Friedhöfen. Ein Stückchen weiter ist eine Stelle für Blumen. Die Anlage ist sehr hübsch gestaltet.

Dort sollen unsere beiden Urnen nebeneinander stehen.

Käthe Schwesig

Macht es anständig bei meiner Beerdigung!

Aufgeschrieben von Sabine Schulz

Käthe Schwesig ist Jahrgang 1920, Mark Brandenburgerin, als überzeugte Christin in kritischer Distanz zum Hitlerregime erzogen, Ehefrau, Kriegswitwe, Mutter zweier Söhne, Neulehrerin, Dorfpastorin über dreißig Jahre. Als Pensionärin brachte sie ihre Lebensgeschichte zu Papier, Sabine Schulz bearbeitete sie. Im Jahr 2002 veröffentlichte Käthe Schwesig dann ihre Autobiografie »Die Hand auf der Klinke« gemeinsam mit Rohnstock Biografien.

Wie oft bin ich über den Friedhof in meinem Dorf gegangen. Über dreißig Jahre habe ich in Rädel die Leute beerdigt. Ich kenne als Pastorin jeden, der auf unserem Gottesacker liegt. Ich lebte mit den Menschen, wusste um ihre Geschichte. Die Kinder, die Enkel zogen fort. Die Stätten wurden fristgemäß eingeebnet, die Steine und Denkmäler entfernt.

Ich bin mit meinen fünfundachtzig Jahren eine der wenigen im Dorf, die noch etwas von diesen Leuten zu erzählen weiß.

Der Gedanke, einmal ausgelöscht zu sein, wiegt schwer. Was lebt von mir fort? Ich suche die Antwort darauf nicht in der Religion.

Gott vergisst keinen Menschen. Aber was bleibt von dem irdischen Dasein des Einzelnen, der sich nun so viele Jahre hier redlich geplagt hat? Am Ende gibt es nichts, das an ihn erinnert. Das ist für mich ein Problem. Ich denke, diese Erkenntnis kann bedrücken. Darüber muss jeder Mensch bei seinem Fortgang hinwegkommen.

Ich setze mich damit auseinander, dass ich von dieser Erde einfach verschwinde, an deren Geschick ich starken Anteil nahm, auf der ich im Kleinen versuchte, sie irgendwie ein bisschen menschlicher zu gestalten. War alles sinnlos? Es tröstet mich, dass es von mir ein Andenken gibt, ein Buch, in dem ich aus meinem Leben erzähle. Es heißt »Die Hand an der Klinke, von einer, die auszog, um anzukommen«.

Das hilft mir. Vielleicht konnte ich deshalb schon einmal sagen: »Bitte lasst mich jetzt gehen. Ich habe fünfundachtzig Jahre hier auf Erden gut gelebt, nun lohnt es nicht mehr.«

An der Grenze

Unzählige Male war ich in meinem Leben im Krankenhaus. Ich leide an Herzrhythmusstörungen, an Asthma. Seit 1996 besitze ich einen Herzschrittmacher und gehe regelmäßig zu Routineuntersuchungen. Lange lebte ich in einer gewissen inneren Alarmbereitschaft und litt an Panikattacken. Ich rechnete damit, einen Schlaganfall oder keine Luft mehr zu bekommen. Und dann kam alles ganz anders.

In den letzten Jahren fiel mir das Laufen zunehmend schwer und ich musste den Stock benutzen. Eines Tages im letzten Herbst durchzuckte mein Bein plötzlich ein Schmerz, als ob alle Küchenmesser auf einmal angeflogen kämen und sich in meine linke Schenkelseite bohrten.

So etwas hatte ich noch nie erlebt. Der Notdienst eilte herbei. Wieder einmal kam ich ins Lehniner Krankenhaus.

Mir wurde ein neues Hüftgelenk eingesetzt, der Eingriff verlief tadellos. Anschließend jedoch brach ich völlig zusammen. Ich besaß keine Kraft mehr, für nichts. Ich wollte nur noch sterben.

Ich bettelte: »Lasst mich doch sterben! Mein Leben war schön, aber nun lohnt es sich nicht mehr!« Zum ersten Mal in meinem Leben befand ich mich an diesem Punkt.

Eine alte Diakonisse und eine Psychologin suchten mich regelmäßig auf. Beide sagten mir auf ihre Weise: »Sie haben noch nicht das Recht zu gehen. Der Körper und der Geist können wieder aufgebaut werden. Sie werden noch gebraucht!«

Ich bin ein oller Preuße. Dieses »Du musst weitermachen, du kannst das« sprach etwas in mir an. Meine Familie forderte und beschwor mich: »Wir brauchen dich.« Alle »tricksten« mit allen möglichen Dingen herum.

»Kinder, eines Tages bin ich doch so oder so tot«, meinte ich nur. Jetzt sollte es wohl noch nicht sein.

Ich lag und schlief, nichts weiter. Ich wusste nicht, ob Tag oder Nacht war. Einmal wachte ich zwischendurch auf, da stand der Doktor an meinem Krankenhausbett. Ich räusperte mich: »Entschuldigen Sie, stehen Sie schon lange da?«

Lächelnd antwortete er: »Na, eine Weile gucke ich schon zu, wie Sie schlafen.«

Ich holte Luft: »Sie können mich doch aufwecken zur Visite!«

»Nein, Sie müssen schlafen. Das ist jetzt das Wichtigste.«

Also schön. Ich schloss wieder meine Augen.

Dieses Umsorgtsein half mir sehr. Irgendwann hörte ich eine innere Stimme. Als hätte der liebe Gott gesagt: »Nun mal los.« Es ging weiter. Ich wurde wieder neugierig auf das »Wie«.

Am Anfang ging ich noch mit einem starken Linksdrall. Ich konnte ohne Gehhilfe nicht mehr laufen. In meinem Kopf herrschte Leere. Mir fehlten die Worte. Ich konnte nicht mehr lesen. Meine Hand zitterte. Ich brauchte Hilfe beim Anziehen, Waschen. Jede Stufe stellte für mich ein Herausforderung dar – eine hinfällige alte Frau.

Loslassen können

Diese Zeit liegt nun schon fast ein halbes Jahr zurück. Ich bin gelassener geworden. Ich besitze ein richtiges Pflegebett und zweimal am Tag schaut jemand bei mir nach dem Rechten: Drei Frauen von der Diakonie wechseln sich ab. Gegen halb neun morgens kommt meine Helferin. Eine Stunde später bin ich fertig mit allem und sitze am gedeckten Frühstückstisch.

Anschließend überlege ich, was machst du zu Mittag? Manchmal ruft meine liebe Nachbarin an und sagt augenzwinkernd: »Ich habe schon wieder zu viel gekocht und es ist eine Portion über.« Oder ich nehme von meinen »Bofrost«-Sachen.

Vor kurzem stellte ich plötzlich beim Warmmachen der Speisen fest, dass ich mich gar nicht mehr am Herd festhielt. Ich stand freihändig und hantierte herum. Erstaunlich, dass ich das wieder kann.

Täglich gönne ich mir eine ausgiebige Mittagsruhe. Ich könnte drei, vier Stunden schlafen. Leider nehme ich so eine Entwässerungspille und die jagt mich nach etwa zwei Stunden hoch. Diese Verdauungsgeschichten beschäftigen mich sehr, weil ich da sehr flink sein muss.

Nach dem Kaffeetrinken überlege ich, was machst du jetzt? Zu dieser Tageszeit fühle ich mich meistens hellwach. Manchmal sortiere ich meinen Schreibtisch. Ich lese sogar wieder viel und verspüre Lust darauf. Dass dieses Bedürfnis noch einmal zurückkehrte, ist für mich ein großes Geschenk. Ich beschäftige mich gerade mit einer Lebensbeschreibung der Maria Theresia, die darin auch über ihr Sterben nachdenkt. Beim Sprechen finde ich neuerdings wieder treffende

Worte. Nur ab und zu muss ich ein bisschen nachdenken, bis ich einen bestimmten Begriff aufspüre.

Was ich an dem einen Nachmittag nicht schaffe, das erledige ich an dem nächsten. Diese meine Gelassenheit überrascht mich zuweilen selbst, war ich doch eine Frau, die schnellstens ihre Geschicke bestimmte. Heute bin ich abhängig von meiner Enkeltochter, meinen Nachbarn, dem Pflegedienst. Ich lasse dies zu, ich bin ruhiger geworden, das genieße ich. Ich erlebe bewusst, dass ich diese und jene Sache vielleicht zum letzten Mal tue. Gleichzeitig spüre ich die Freude, dass ich sie doch noch einmal erleben darf. Jetzt, wo der Sommer gerade begonnen hat, könnte ich jede Blume küssen.

Ich liebe Pflanzen, im Garten und auf dem Fensterbrett. Ich mochte so gerne die Amaryllen. Diese großstänglige Pflanze, die das ganze Jahr Pflege benötigt und zu Weihnachten blüht. Um meine Amaryllen konnte ich mich nicht mehr kümmern. Einen Teil von ihnen ließ ich im Winter einfach erfrieren. Die anderen habe ich an die Frauen vom Chor verschenkt. Und nicht gejammert: »Ach, das kann ich nicht mehr!«

Ist das ein Arrangieren mit dem nahen Ende?! Die Gedanken um das Dahingehen, den Tod, die sind ständig bei mir.

Ich finde, jeder Mensch müsste mit dem Nachsinnen über das eigene Sterben fertig sein, bevor er die Fähigkeit verliert, seine Gedanken mitzuteilen. Ich will und ich kann mich noch (!) ausdrücken und reden über meine Empfindungen zum Thema Sterben hier auf Erden. Es ist schön, dass ich noch die Fähigkeit habe, bewusst wahrzunehmen, was auf der letzten Etappe geschieht.

Und ich bin froh, dass ich fast schmerzfrei bin. Wie es sein würde, wenn ich leiden müsste?

Ich wünsche mir, dass ich drei Tage vorher weiß, wann ich sterben werde. Damit ich das, was mir noch als ungelöst bewusst ist, bereinigen kann und in Frieden gehe. Vor allem möchte ich mit diesem oder jenem noch ein gutes Wort reden.

Ich war jahrzehntelang Chorleiterin. Nach meiner schweren Krankheit sangen die Frauen bei mir zu Hause. Mittlerweile kann ich mit ihrer Hilfe schon wieder zu den Proben in die Kirche gehen. Die würden in meiner letzten Stunde noch einmal kommen und singen. Manchmal scherze ich: »Aber macht es anständig nachher, bei meiner Beerdigung!« Ich wünsche mir, dass sie »Auf Adlers Flügeln getragen« singen. Dieses Lied ist nicht ganz so traurig.

Begraben werden

Denke ich an meine Beerdigung, so weiß ich noch nicht, wo genau mein Platz sein wird. Seltsam, nicht wahr? Als 1980 die Mutter meiner Schwiegertochter starb, besorgten wir für unsere Familie eine »Dreierstelle« auf dem Friedhof im Dorf. Links liegt also Ellens Mutter, rechts seit 1985 meine Mutter. Der Mittelplatz war für mich vorgesehen.

Am 17. Dezember 2002 erlitt mein Sohn Eberhard mit sechzig Jahren einen Herzinfarkt und war auf der Stelle tot. Seine Frau legte fest: »In der Reihenfolge, wie gestorben wird, so wird beerdigt!« Jetzt ist Eberhard auf meinem Platz. Viele sagen, es ist schlimm, wenn das eigene Kind vor einem geht. Ich weine darüber nicht. Ich schaue auf sein Leben und spüre: Es ist abgerundet, sechzig gute Jahre, in denen Eberhard keinen großen, riesengroßen Kummer aushalten musste. Und am Ende ein ganz schneller Tod. Das tröstet mich und ich danke Gott dafür.

Meiner Familie schlug ich nun vor: »Wir machen es so: Die Bestattungsfeier findet in Rädel in der Kirche statt und dann wird der Sarg zum Krematorium gefahren.« Ich wollte, dass meine Urne auf das Grab meiner Mutter gestellt wird. Die gesamte Familie jedoch rief einstimmig: »Kommt überhaupt nicht in Frage, verbrennen gibt es nicht!«

Ich akzeptiere, dass sie so denken. Mir ist es jetzt völlig gleich. Ich begleitete meine Mutter auf ihrem letzten Weg. Sie war verwirrt, litt an Ängsten und stand unter Medikamenten. Sie starb sehr schwer. Als sie gegangen war, lag da nur eine Hülle. Und das, was meine Mutter mir bedeutete, war nicht mehr da. Seit dieser Erfahrung ist mir der Leib im Grunde egal.

Ich wünsche mir, dass auf meiner Beerdigung ehrlich von mir berichtet wird. Schön wäre, wenn Folgendes in Erinnerung bliebe:

In einer Apostelgeschichte wird eine Begebenheit nach Jesu Tod erzählt: Ein Mann aus Abessinien, aus dem Morgenland, kommt nach Jerusalem, um in einem Tempel zu philosophieren. Er kauft sich einen Bibelteil, so ein Pergament, setzt sich auf seinen Wagen, beginnt zu lesen und wird nicht fertig mit dieser Schrift.

Der liebe Gott sagt darauf sinngemäß zu einem der Jünger: »Gehe mal auf die Straße von Jerusalem, da wird dir jemand begegnen, der braucht dich.« Der Jünger macht sich auf, findet den Wagen und erklärt dem Manne die Schrift. Nachdem er verstanden hat, sagt der Mann: »Also dann möchte ich auch Christ werden.« Er steigt in den Jordan und lässt sich taufen.

Am Ende dieser Bibelstelle steht der eine für mich so wichtige Satz: »Und er zog seine Straße fröhlich.«

Ich möchte, dass die Leute wissen: Ich war gerne da und es hat mir gefallen. Ich empfing viel Liebe. Wenn die jungen Frauen vom Chor mich besuchen und wir so übers Leben reden, sage ich: »Wisst ihr Kinder, eine der wichtigsten Sachen ist, dass der Mensch einen Beruf hat, der zu ihm passt und der ihm Freude bereitet. Also, ich bin mal eine Weile Stenotypistin und Buchhalterin gewesen – schrecklich! Aber mit Menschen, als Lehrerin und als Pastorin zu arbeiten, das ist ganz herrlich gewesen. Das hat mich ausgefüllt!«

Johanna Biesel

Wie wird es sein – das Sterben?

Aufgeschrieben von Kristine Gerber

Johanna Vera Biesel wurde im Juni 1916 in Berlin geboren. Sie wuchs in Kreuzberg auf, ihre Eltern vermittelten ihr sozialdemokratische Werte und Ideale. 1939 heiratete sie Kurt und bekam zwei Töchter. Frau Biesel lernte den Beruf einer Krankenschwester und arbeitete in der Arztpraxis ihres Mannes als Sprechstundenhilfe in Treptow.

Mit sechzig Jahren verlor sie ihren Mann und lebt heute allein. Ihr Enkel Christian besucht sie häufig und sie weiß, dass sie gebraucht wird. Das ist ihr wichtig.

Mir bleibt nicht mehr viel Zeit. Bald werde ich neunzig Jahre alt. Bis vor kurzem war ich noch richtig fit. Nun plagen mich Schmerzen im Rücken und in den Beinen – ein Bandscheibenschaden. Laufen ist eine Qual. Zuweilen spüre ich mein linkes Bein nicht mehr. Ich habe gelernt, mich zu beherrschen. Trotzdem: So kann es nicht weitergehen. Ich möchte leben und nicht vegetieren!

Nächsten Monat will ich mich operieren lassen. Doch die Ärzte sind zögerlich wegen der Narkose, die in meinem Alter ein Risiko darstellt. Die Operation ist mir sehr wichtig. Als mir im Krankenhaus gesagt wurde, ich müsste vierzehn Tage dort bleiben, war ich allerdings entsetzt. Vierzehn Tage – die werden mir fehlen! Dass ich es nicht mehr ewig mache, ist mir klar. Immer öfter beschäftigt mich der Gedanke, mein Leben könnte bald vorbei sein.

Für die meisten Jüngeren ist Nachdenken über das Sterben tabu. Mir ging es als junger Frau genauso. Meine Mutter wollte darüber reden, leichthin tat ich es ab: »Ach Mutti, das ist noch so weit weg.«

Heute sehe ich manches anders. Ich habe das Bedürfnis, über das Sterben zu sprechen. Meine Nachbarin, sie ist 75, will auch darüber reden. Das tun wir manchmal, und es beruhigt. Zuweilen kommt mir der Gedanke: Meine arme Mutter, sie hatte niemanden, dem sie sich anvertrauen konnte …

Meine ungewöhnlichen Eltern

Dass es mich überhaupt gibt, ist ein kleines Wunder. Meine Mutter war zweimal schwanger, doch die Kinder wurden tot geboren. Meine Eltern hatten beide einen negativen Rhesusfaktor, über den man noch nicht viel wusste. Als ich am 22. Juni 1916 im Jüdischen Krankenhaus in Berlin-Wedding zur Welt kam, blieb ich eher zufällig am Leben. Und nun bin ich so alt geworden!

Meine Eltern, seit 1900 verheiratet, zogen fast fünfzehn Jahre lang quer durch Deutschland. Als Schauspieler war mein Vater, Hermann Pfanz-Sponagel, an verschiedenen Theatern engagiert. Im Schwarzwald, in Wildbad, hatten sie sich am Theater kennen gelernt. Meine Mutter Klara war ebenfalls Schauspielerin, die beiden passten gut zusammen. Sie erledigte alles Geschäftliche, heute würde man sagen, sie war seine Managerin.

Ab 1914 wohnten sie in Berlin-Kreuzberg. Zwei Jahre nachdem ich geboren war, ging die Ehe in die Brüche. Ich erkläre mir das so: Schauspieler sind Rappelköppe, auch mein Vater war einer. Das solide Leben mit einem Kind war nichts für ihn. Er ging nach München, meine Mutter blieb mit mir in Berlin.

1919 kam Vater eines Tages zu Besuch, an der Hand einen kleinen vernachlässigten, rachitischen Jungen: »Klärle, nimm du ihn, es ist mein Sohn.«

Meine Mutter entgegnete nur: »Das Kind kann ja nichts dafür, was du verbrochen hast.«

So bekam ich ein Brüderchen, drei Jahre jünger als ich. Er wurde sehr verwöhnt. Der kleine Oskar sollte nicht spüren, dass er nicht ihr leibliches Kind war. Wir hatten eine wunderbare Mutter; sie besaß die Gabe, Nestwärme auszustrahlen. Oskar lebte bei uns, bis er 1939 zum Arbeitsdienst eingezogen wurde.

Meine Mutter hatte etwas Mystisches an sich, gab sehr viel auf Träume und konnte Karten legen. Kurz bevor ihr Vater starb, hatte sie das in einem Traum gesehen.

Den Tod meines Vaters sagte sie auch voraus: Am Silvesterabend 1937 legte sie uns die Karten, schaute erschrocken auf und rief: »Der Vater stirbt!«

Am nächsten Tag erfuhren wir, dass er am Neujahrsmorgen in aller Frühe gestorben war. Mein Vater wurde nur 63 Jahre alt. Bis zu seinem Tod hatte ich Kontakt zu ihm.

Meine Mutter stand mir jedoch viel näher. Wir lebten bis zu ihrem letzten Tag miteinander.

1875 in Glauchau in Sachsen geboren, war meine Mutter als Siebenjährige zu ihrer vierzehn Jahre älteren Schwester Hedwig und deren Mann, einem wohlhabenden russischen »Privatier«, nach Dresden gezogen. Die beiden ermöglichten ihr, auf die Höhere Töchterschule zu gehen, Kunst und Kultur zu erleben und sich eine umfangreiche Bildung anzueignen. So wurde aus ihr ein weltoffener Mensch.

Leider habe ich meine Mutter selten nach ihrem Leben befragt, was ich heute bereue. Einmal erzählte sie mir von einem besonderen Erlebnis: Während einer Straßenbahnfahrt 1918/19 in Berlin geriet sie in eine Schießerei. Da hieß es: »Alles aussteigen, wir können nicht weiterfahren, es wird geschossen.«

Meine Mutter empörte sich: »Ich denke gar nicht daran! Soll ich mich und mein Kind da draußen erschießen lassen? Dann lieber hier in der Straßenbahn!«

Tatsächlich fuhr der Fahrer daraufhin durch. Diese Unerschrockenheit war typisch für meine Mutter. Auch ich kenne nur wenig Angst. Sie ist oft völlig unsinnig. Wenn ich andere höre, die sich dieses oder jenes nicht trauen, frage ich: »Wovor habt ihr Angst? Mehr als sterben könnt ihr doch nicht!«

Anfang 1939 lernte ich meinen Mann kennen. Als am 1. September der Krieg ausbrach, war er der Ansicht: »Weißt du, Vera, es ist besser, du bleibst als Frau Biesel zurück statt als Fräulein Pfanz.« So heirateten wir auf die Schnelle.

Mein Mann zog zu uns in die Kreuzberger Körtestraße. Es war ein großes Glück, dass meine Mutter und Kurt sich sofort bestens verstanden. Kurt war als Arzt beim Arbeitsdienst angestellt und kam in Belgien und Russland an der Front zum Einsatz. Nach dem Krieg führte er eine eigene Praxis. Ich arbeitete bei ihm als Sprechstundenhilfe.

Nach dem Tod meines Vaters bekam meine Mutter nur eine lächerliche Rente, um die fünfzig Mark. So war sie darauf angewiesen, bei uns zu leben. Ich wusste das sehr zu schätzen. Für mich wurde dadurch vieles leichter, besonders nachdem 1940 unsere Tochter Karin geboren war. Meine Mutter besorgte uns den Haushalt, sie lebte nur für uns. Durch unsere Arbeit in der Praxis waren Kurt und ich sehr beansprucht. 1954 bekamen wir noch eine Tochter, Ingeborg. Doch dank meiner Mutter hatten wir weitaus mehr Freiheit als andere Eltern.

Meiner Erfahrung nach ist es besser, wenn die Familienmitglieder, alte und junge, nahe beieinander leben. Das klappt, wenn jeder imstande ist, Rücksicht zu nehmen. Ich möchte diesen familiären Zusammenhalt nicht missen. Wir waren füreinander da.

Das Glück, so alt zu werden, verdanke ich wohl den Genen meiner Mutter. Sie wurde 91 Jahre alt. In ihren letzten Lebensjahren fiel ihr die Arbeit im Haushalt schwerer. Sie meinte jedoch, sie könne es noch und ließ mich nicht an den Herd – und schlief manchmal, während sie kochte, darüber ein. Mit viel Geduld brachte ich sie dazu, mir das Kochen beizubringen. Da war ich fast fünfzig!

Bis zu ihrem Tod im Jahre 1966 lebte meine Mutter bei uns. In der letzten Zeit veränderte sie sich, erkannte mich nicht mehr und wurde manchmal böse. Wenn ich weinte, tröstete mich mein Mann: »Nicht traurig sein, sie kann doch nichts dafür.« Als Arzt wusste er, woher dieser Wesenswandel kommt.

Meine Mutter starb zu Hause. Ein paar Tage vorher waren wir noch gemeinsam im Garten. Plötzlich konnte sie die Treppe nicht hinaufsteigen. Sie hatte eine Blutung im Gehirn erlitten. Von da an befand sie sich in einer Art Wachkoma. Nicht einmal essen konnte meine Mutter mehr. Sie lag auf ihrer breiten Couch. Wir gaben ihr regelmäßig zu trinken und schauten nach ihr. Ganz still lag sie da, strich sich nur übers Haar. Am späten Abend schlief sie lautlos ein.

So wünsche ich mir das auch. Bloß keine Beatmung, künstliche Ernährung und all diesen technischen Kram! Ich halte das für irrsinnig. Wir sollten stärker zurück zur Natur. Es ist schließlich das Natürlichste von der Welt und die einzige Gerechtigkeit auf Erden, dass wir alle sterben müssen. Die Menschen leben jedoch zu sehr für den Moment und denken, das Leben währt ewig. Was für ein Unsinn! Sie sollten öfter innehalten und sich fragen: Wenn das nun mein letzter Tag ist?

Ich beneide jeden, dem wie meiner Mutter ein langes Leiden erspart bleibt. Das Beste wäre es, frühmorgens nicht mehr wach zu werden. Für die anderen, die zurückbleiben, ist dieses plötzliche Ende jedoch ein schwerer Einschnitt. Andererseits – mit ansehen zu müssen, wie jemand dahinsiecht ...

Nächstenliebe

Meine Mutter war praktisch veranlagt. Nach der Scheidung überlegte sie, wie sie die Miete für die große Wohnung aufbringen könnte. Ein Untermieter fand sich schnell – zum Entsetzen ihrer Schwester. Man muss bedenken, 1916! »Aber was willst du denn, ich vermiete doch nicht mich!«, beruhigte meine Mutter Tante Hedwig.

Der Untermieter, Herr Bernatzki, war Lehrer und Junggeselle. In meiner Kleinkindersprache nannte ich ihn »Nappich«. Meine Mutter bereitete ihm das Frühstück, ansonsten lebte er für sich.

Für meine Mutter war die Sache mit den Männern erledigt. Zwar konnte mein Vater uns finanziell nicht großartig unterstützen, aber ein anderer Mann – das kam nicht in Frage.

Ich sah in Nappich bald einen Onkel. Nappich brachte mir das Schreiben bei und das Einmaleins, machte mit mir Schularbeiten und stand morgens an meinem Bett, um mich abzufragen, wenn wir eine Arbeit schrieben. Selbst als nach der Hochzeit mein Mann zu uns zog, blieb Nappich bei uns.

Bis 1944 wohnten wir in der Kreuzberger Körtestraße. Von 1916 bis 1944! Ich konnte mich nur schwer von meinem Zuhause lösen, als wir – meine Mutter, Karin und ich – im letzten Kriegsjahr nach Glauchau gingen. Wir wollten den ständigen Luftangriffen auf Berlin entkommen.

Mein Mann arbeitete zu dieser Zeit in Belgien. Nach Kriegsende übernahmen wir in Glauchau eine Praxis. Eines Tages stand Nappich, der für einige Zeit bei seinem Bruder untergekommen war, vor unserer Tür.

Selbstverständlich nahmen wir ihn auf. Wer würde heute wohl so etwas machen? Kurze Zeit später wurde er schwer krank, ein Sarkom, ein bösartiger Tumor an der Hüfte. Wir kümmerten uns um ihn, besorgten ein Gestell, mit dem er laufen konnte. Er war zwar behindert, blieb aber bei uns und wurde von uns versorgt.

Als wir 1949 einmal in Berlin auf Besuch waren, meinte ein Kollege: »Mensch, Kinder, wollt ihr wirklich in Sachsen bleiben?« Mein

Mann liebte das großstädtische Leben – bei ihm rannte der Kollege offene Türen ein.

Wir wussten, in Berlin wurden Ärzte gesucht. In Westberlin hieß es: Kein Bedarf. Auf dem Ostberliner Gesundheitsamt dagegen war man hoch erfreut und meinte: »Was, eine komplette Praxis, sogar mit Röntgeneinrichtung? Wunderbar!« Von drei Stadtbezirken konnten wir uns einen aussuchen. Wir wählten Treptow, weil es am nächsten an Kreuzberg liegt.

Natürlich kam Nappich mit nach Berlin. Doch es ging bergab mit ihm. Wir hatten mit der Praxis zu tun, aber ihn ins Heim geben? Bis zu seinem Ende versorgten wir ihn, so gut wir konnten. 1951 starb Nappich zu Hause. Eines Morgens fanden wir ihn tot im Bett. Und das Unglaubliche ist: Bis zum Schluss waren Kurt und meine Mutter mit ihm per Sie!

Die schwerste Zeit meines Lebens

Als Kurt 1977 starb, war ich sechzig Jahre alt. Wir hatten ein paar Tage auf unserem Laubengrundstück verbracht. Ingeborg, die ein Jahr zuvor geheiratet hatte, besuchte uns mit ihrem Mann. Abends spielten wir Karten.

In der Nacht bekam Kurt wahnsinnige Rückenschmerzen und stand auf. Er ahnte etwas und sprach von einem Herzinfarkt. Wir holten die Nachbarin, eine Ärztin. Sie schrieb einen Einweisungsschein für die Klinik und riet uns, gleich loszufahren.

Im Krankenhaus bestätigte sich der Verdacht meines Mannes. Meine Tochter und ich fuhren nach Hause, ein paar Sachen zu holen. Dort bekam ich einen furchtbaren Weinanfall. Ingeborg sagte: »Aber Mutti, Vati lebt doch noch, warum weinst du denn?«

Genau zu dieser Zeit war Kurt gestorben, das habe ich gefühlt. Als wir wieder ins Krankenhaus kamen, rief die Schwester den Arzt. Da wusste ich, dass mich das Weinen nicht ohne Grund überkommen hatte. Für meinen Mann war es ein wunderbarer Tod. Aber für uns?

Ingeborg kümmerte sich rührend um mich, aber ich wollte das gar nicht: »Ingeborg, du musst jetzt weiterstudieren. Es wäre nicht in Vaters Sinne, wenn deine Ausbildung leidet.«

Nun stand ich allein da. Frau Demuth, eine Nachbarin aus dem Haus gegenüber, half mir sehr in dieser schweren Zeit. Frühmorgens rief sie an: »Frau Biesel, das Teewasser kocht!« Mit meinem Frühstückskörbchen lief ich zu ihr hinüber, wir frühstückten gemeinsam. Da kommt man nicht zum Nachdenken. Hätte ich nur zu Hause gehockt – das wäre schlimm gewesen. Wenn der fehlt, mit dem man 38 Jahre lang verheiratet war, ist man völlig aus dem Ruder geworfen.

Frau Demuths Mann hatte eine Zahnarztpraxis im Haus gegenüber geführt. Wir kannten uns, wie man sich als Kollegen so kennt. Eines Tages brachte man ihn ins Krankenhaus, wo er nach drei Tagen starb – ein Schlaganfall, mit 63 Jahren. Auch so ein plötzlicher Tod wie bei meinem Mann.

Kurt wurde in unserer Familiengruft in Dresden beerdigt. Es ist die Erbgruft meiner Tante Hedwig. Drei Särge stehen darin und eine Menge Urnen. Dort will auch ich hin, wenn alles vorbei ist. Dass Dresden für meine Kinder nicht gleich um die Ecke liegt, macht mir nichts aus. Was wird denn da sein? Ein bisschen Asche von mir.

Es ist mir auch unwichtig zu wissen, wie die Trauerfeier ablaufen wird. Ich werde hier in Berlin verbrannt, die Urne wird nach Dresden geschickt, nur die beiden Töchter mit ihren Männern werden bei der Beisetzung in der Gruft sein – und damit ist die Sache erledigt. Meine Mutter und mein Mann wollten das auch so.

Dieses Theater, das um die Bestattung gemacht wird! Ich sage immer: Der Geist des Toten lebt nicht auf dem Friedhof, sondern in den Kindern weiter.

Sie werden von mir bleiben: Meine Kinder, die beide ordentliche, aufrechte, hilfsbereite Menschen geworden sind. Ich lebe in meinen Kindern weiter, so wie mein Mann hier in dieser Wohnung für mich weiterlebt. Hier ist er. Hier treffen wir uns jedes Jahr an seinem Geburtstag, Karin, Ingeborg und ich, und gehen gemeinsam essen. Für uns lebt er auf diese Weise weiter. Und das, was da auf dem Friedhof steht, ist Schall und Rauch.

Die erste Zeit nach Kurts Tod war schlimm. Ich dachte, ich werde verrückt. Es war eine völlig ungewohnte Situation, auch finanziell. Ich bekam zwar eine Rente, aber die reichte vorn und hinten nicht; nach einer schweren Operation war ich schon mit 58 Jahren berentet worden. Eine Patientin gab mir den Tipp, die Firma *Robotron* suche Unterkünfte für Leute, die bei ihnen an Computerlehrgängen teilnehmen. So fing ich an, ein Zimmer wochentags zu vermieten. Da wurde ich gefordert, aber nicht überfordert und hatte, wenn ich wollte, jemanden zum Reden.

Als drei Jahre später, 1980, Ingeborgs Sohn Christian geboren wurde, kam eine neue Aufgabe auf mich zu. Ein Jahr lang blieb meine Tochter mit dem Kleinen zu Hause, dann wurde ihr in Potsdam eine Aspirantur angeboten. Natürlich riet ich ihr zu: »Dein Vater wäre stolz, dass du jetzt deinen Doktor machen kannst.«

Um den Kleinen kümmerte ich mich. Jeden Morgen in aller Herrgottsfrühe fuhr ich von Treptow zum Prenzlauer Berg und abends wieder nach Hause. Fünf Jahre lang betreute ich Christian. Mit drei Jahren kam er zwar in den Kindergarten, aber mittags um halb zwölf stand Oma parat, um ihn abzuholen. So blieb ich in Bewegung und konnte nicht versacken – weil ich gebraucht wurde.

Grenzenlose Liebe

Meine ältere Tochter Karin hatte Ende der fünfziger Jahre an der Freien Universität in Westberlin angefangen zu studieren. Sie wollte Ärztin werden wie ihr Vater.

Als junges Mädchen hatte sie sich in den zehn Jahre älteren Sohn meiner Cousine verliebt, der in Mannheim lebte. Hans war ihre große Liebe. 1961 wurde die Mauer gebaut. Karin stand unmittelbar vor dem Physikum. Sie hielt nichts mehr bei uns im Osten. Sie sprang aus dem ersten Stock eines Hauses direkt an der Mauer. Die Leute mit dem Sprungtuch waren jedoch bemerkt worden und weggerannt. So fiel Karin auf den Bürgersteig vor dem Haus und brach sich beide Fersenbeine.

Karin kam ins Krankenhaus und später zu Verwandten nach Bayern. Die Liebe blieb, die beiden heirateten. Doch mein Schwiegersohn wollte keine berufstätige Frau. So gab Karin ihr Studium auf, wurde Hausfrau und bekam zwei Kinder. Die Familie wohnt in Mannheim, Karin und Hans sind noch immer glücklich miteinander.

Für mich wäre so ein Leben nichts gewesen, ich bin bis heute einigermaßen selbstständig. Mein Traum, Ärztin zu werden, erfüllte sich allerdings nicht. Nach dem Abitur musste ich arbeiten gehen, um für meine Mutter und mich das Leben zu finanzieren. Von 1941 bis 1943 studierte ich zwar Medizin, gab das Studium aber wegen des Krieges auf. So wurde ich Krankenschwester und absolvierte in Glauchau mein praktisches Jahr.

Ingeborg hat die Anlagen ihres Vaters geerbt, sie hätte ihr Studium nie im Leben aufgegeben. Sie hat sich durchgebissen. Obwohl ihr Beruf als Mikrobiologin sie sehr beansprucht, ist Ingeborg mir sehr nah. Wir sehen uns wochenlang nicht – sie ist beruflich oft auf Reisen –, aber wir telefonieren, jeden zweiten oder dritten Tag ruft sie an.

Für mich ist es ein großes Glück, Familie in meiner Nähe zu haben. Besonders meinen Enkel Christian, inzwischen 25 Jahre alt, habe ich sehr lieb.

Er ist für mich wie ein eigenes Kind, beinahe noch mehr, weil er mich noch immer braucht. Er hängt sehr an mir. Wir telefonieren oft und unternehmen manchmal etwas gemeinsam. Christian studiert Soziologie und Medienwissenschaft und muss sich viele Filme ansehen, anspruchsvolle Filme. Neulich meinte er: »Oma, wir gehen heute ins Kino, zwei Filme anschauen.«

Entgeistert fragte ich ihn: »Junge, bist du verrückt? Denk bitte mal daran, wie alt ich bin!«

Es stört ihn nicht, dass seine Oma an zwei Krücken geht. Ich ließ mich tatsächlich mitschleppen. Später saßen wir zwei Stunden bei mir und diskutierten über die Filme. Da werde ich gefordert!

Als Christian neunzehn war und zum Zivildienst musste, klappte es mit ihm und seinen Eltern nicht mehr. Wenn er die Stimme seiner Mutter nur hörte! Mein Schwiegersohn rief eines Tages an: »Vera, nimmst du ihn? Er will zu dir, er will hier weg.«

Das war kein leichtes Jahr. Christian war rappelig! Da gibt es nur eins: Geduld haben, nichts übel nehmen – und grenzenlose Liebe! Nie auf einer Entschuldigung beharren, die werden sonst bockig. Es kam vor, dass er mich beleidigte – so sehr, dass manch einer gesagt hätte, dafür muss er sich entschuldigen – und ich ihn einfach in die Arme nahm. Da fing der Junge an zu weinen, lief davon, kehrte zurück, und alles war gut. Christian wurde mit der Zeit ruhiger. Erst da begann ich, mit ihm zu diskutieren.

Ich hatte ihm für den Zivildienst in einem katholischen Krankenhaus eine Stelle als Altenpfleger besorgt. Nun ist er ein junger Mann mit besonderen sozialen Gedanken. Und die katholischen Schwestern haben so ihre Eigenart, behandeln die Alten manchmal wie Kinder. Christian regte sich darüber auf: »Auch wenn sie wirr im Kopf sind, das sind doch Menschen, und so muss man auch mit ihnen umgehen! Ich will da nicht mehr hin.«

Stundenlang diskutierten wir, ich erklärte ihm: »Diese alten Schwestern kennen das nicht anders, sie können nicht aus ihrer Haut. Du machst so weiter, wie du es für richtig hältst.« Seinen Zivildienst hat er bis zum Schluss durchgestanden.

Christian meistert sein Studium, macht Musik und schreibt wunderschöne Gedichte, ist künstlerisch begabt. Damit kann er jedoch kein Geld verdienen. Er weiß noch nicht, wovon er einmal leben will.

Der Sinn des Lebens

Ich bin protestantisch erzogen worden, aber an Gott glaube ich nicht. Wenn jemand wirklich glauben kann, ist er zu beneiden. Bei mir funktioniert das nicht, mir funkt immer der Verstand dazwischen. Ich habe auch zu wenig Phantasie. Kein Wunder, dass ich in der Schule in den naturwissenschaftlichen Fächern sehr gut war. Ich frage mich immer: Moment mal, wo fängt denn der Selbstbetrug an?

Trotzdem erlebe auch ich Momente, in denen ich es vor Schmerzen kaum aushalte und sage: Lieber Gott, hilf mir! Letzten Endes dient die Religion dem Menschen doch als Ersatz, weil er mit der Brutalität des Lebens nicht klarkommt. Allzu viel zu denken ist vielleicht auch nicht gut, so ungerecht und grausam, wie das Leben ist.

Ich denke oft über den Sinn des Lebens nach – und habe ihn bis heute nicht ganz begriffen. Der Sinn des Lebens ist wohl das Leben selbst! In den Gesprächen mit meinem Enkel kommt dieses Thema häufig auf den Tisch; stundenlang diskutieren wir darüber.

Zum Glück stamme ich aus einem aufrechten Elternhaus; beide waren Sozialdemokraten. Sie hatten keine falsche Achtung vor den Oberen, vor Kaiser oder König. Von dieser Erziehung profitiere ich heute noch. Ich habe keinen Respekt vor Titeln und dicken Portemonnaies. Menschen, die sich sozial engagieren und für Nächstenliebe eintreten, respektiere ich. Jedoch scheint es, als sei die Nächstenliebe zum Sterben verurteilt.

Für mich stehen Ehrlichkeit und Nächstenliebe an erster Stelle. Diese Werte vermittelten wir unseren Kindern, zumindest haben wir es versucht. Die Mädchen durften alles, nur nicht lügen. Sie konnten mit allem zu uns kommen. Wir schimpften nie großartig oder bestraften sie. Damit erreicht man ohnehin nichts. Besonders mein Mann bewies Rückgrat, als er unsere Töchter ermutigte, gegen den Strom zu schwimmen – also nicht, wie die meisten, Mitglied der kommunistischen Jugendorganisation zu werden und an der Jugendweihe teilzunehmen.

Was ich nicht verstehe: Warum wollen die jungen Leute heute keine Kinder mehr? Ich möchte meine Kinder nicht missen. Sie bringen einem so manche Sorge, aber es ist doch das Natürlichste von der Welt, Kinder zu bekommen. Sicher werden wir mehr gefordert und nutzen uns stärker ab, aber dann haben wir auch gelebt!

Meine Generation musste zwei Weltkriege überstehen, kennt ähnliche Ängste wie die Menschen im Dreißigjährigen Krieg. Doch es geht immer weiter. Da alles fließt, wie schon Heraklit sagte, wird es auch in Zukunft so sein. Und es kommt etwas Neues! Ein bisschen neugierig wäre ich schon, wie es weitergeht. Leider erlebe ich es nicht mehr.

Entwicklung bedeutet Leben. Technisch haben wir uns ständig weiterentwickelt, menschlich sind wir kein bisschen besser geworden. Mein Mann hat immer Einstein zitiert: »Zwei Dinge sind unendlich, das Universum und die menschliche Dummheit, aber bei dem Universum bin ich mir noch nicht ganz sicher.«

Was haben sie uns denn gebracht, die Errungenschaften, auf die wir stolz sein sollen? Worauf kann man überhaupt stolz sein? Vielleicht kann derjenige stolz sein, der nie von seinen Idealen abweicht. Wie groß war diese Gefahr für meine Generation! Ich bin mit der Hitlerzeit heute noch nicht fertig. Was da für Verbrechen begangen wurden! Vor kurzem wurde mir klar: Ich gehöre zu den letzten Menschen auf der Erde, die diese Zeit bewusst erlebt haben, als junge Erwachsene. Ich hatte Glück, dass ich nie in die Versuchung kam, Nazi zu werden. Mein Vater schrieb uns schon 1930 in einem Brief: »Wählt nie Hitler, der macht Krieg!« Vater lebte in München, wo die Nazis früh den Ton angaben. In Berlin war es anders, wir waren freier, konnten länger unsere Meinung sagen.

Mir war wichtig, nie etwas tun zu müssen, was ich nicht will. Ich bin gut durchgerutscht. Ernsthafte Probleme hatte ich während dieser Zeit nur einmal. Das war 1938: Nach dem Tod meines Vaters konnte ich nicht studieren; dafür war kein Geld da. Also lernte ich zunächst Schreibmaschine und Stenografie und ging ins Büro. Ich arbeitete als Schreibkraft in der Physikalisch-Technischen Reichsanstalt. Dort herrschte der übliche Nazi-Ton. Doch konnte ich nicht »Heil Hitler« grüßen. Ich bekam den Arm einfach nicht hoch. Eines Tages wurde ich gekündigt, mit der Begründung, ich würde den Hitlergruß verweigern.

In der Bibliothek dieser Einrichtung arbeitete ein vernünftiger Kollege (nicht alle waren Nazis), der mir wohlgesonnen war: »Fräulein Pfanz, das können Sie nicht auf sich sitzen lassen! Sie kriegen keine Arbeit mehr!«

Er setzte für mich ein Schreiben auf, mit dem ich mich gegen die Kündigung wehrte: Als Frau sei ich nicht verpflichtet, einen Mann zuerst zu grüßen. Das war natürlich an den Haaren herbeigezogen, aber die Institutsleitung ging darauf ein und zog die Kündigung zurück – unter der Bedingung, dass ich selbst kündige. Das tat ich und suchte mir schleunigst eine neue Stelle. Ich wurde Sekretärin beim Arbeitsdienst. Das Schicksal hat es wohl so gewollt: Dort lernte ich meinen Mann kennen.

Obwohl ich eher ein nüchterner Typ bin, denke ich bei manchen Ereignissen im Nachhinein: Da bin ich geschoben worden! Vielleicht gibt es tatsächlich so etwas wie ein Schicksal? Ich denke nicht darüber nach, was ich in meinem Leben hätte anders machen können. Ich habe so manchen Mist gebaut. Mit meiner heutigen Erfahrung sehe ich es so.

Ich bin nicht umsonst auf der Welt

Es ist schlimm, als alter Mensch keine Aufgabe mehr zu haben. Sich selbst eine zu suchen, das ist schwer. Ich werde zum Glück gefordert, Christian bringt mir regelmäßig drei, vier Koffer voller Wäsche: »Hier, Oma, damit du keine Langeweile bekommst.«

Ich bedanke mich: »Wie nett von dir, Christian, du bist ein so fürsorgliches Geschöpf.«

Auch Ingeborg bringt mir ihre Bettwäsche; Waschen ist mit der Maschine keine große Anstrengung, bügeln kann ich im Sitzen. Am Ende habe ich ein Erfolgserlebnis, sehe die Wäsche sauber und glatt daliegen und sage mir: Prima, haste wieder was geschafft! Man kann nicht den ganzen Tag lesen oder Rätsel lösen, das ist auf die Dauer unbefriedigend.

Ich lese zwar gern, aber ich brauche auch Bewegung – und einen gewissen Zwang, etwas zu tun. So habe ich das Gefühl, ich werde noch gebraucht. Manchmal beschleicht mich allerdings der Gedanke: Vielleicht mache ich mir nur etwas vor?

Zuweilen kommen Stunden, da sieht man schwarz. Das kenne ich von früher; mein Mann meinte an solchen Tagen: »Ach, Vera, hast du wieder Weltschmerz«, nahm mich in den Arm und wir redeten ein bisschen darüber. Das Gefühl ist noch dasselbe, aber heute sehe ich alles ruhiger, abgeklärter. Manchmal bin ich über die Menschen unglücklich; dann sehe ich nur noch den Untergang, obwohl ich eigentlich ein großer Optimist bin. Und ein Utopist! Ich denke, die Welt kann sich ändern, wenn die Menschen sich bessern.

Wenn mich die Weltuntergangsstimmung überkommt, weiß ich: Du bist müde, du musst ausschlafen. Das habe ich mit den Jahren gelernt: Wenn man abgespannt ist, wird man ungerecht. Ich bemühe mich, Geduld zu haben, auch mit mir selbst.

Ich habe den Eindruck, wir hängen vom Mond ab. Bei zunehmendem Mond erlebe ich Nächte voller Unruhe. Viele Wissenschaftler streiten den Einfluss des Mondes auf den Menschen ab. Ich glaube daran, allerdings nicht im übernatürlichen Sinne. Es gibt bestimmt noch so manches, was nicht erforscht ist, was wir uns nicht im Entferntesten erklären können. Es gibt vielleicht noch irgendetwas ... Ich bin nicht so abgeklärt, dass ich mich für klug und weise halte. Um mit Sokrates zu sprechen: Ich weiß, dass ich nichts weiß. Noch immer kommt etwas Neues, über das ich staunen und mich wundern kann.

Vor nicht allzu langer Zeit habe ich mich mit Ingeborg und einer anderen Bekannten um Edith, eine Freundin aus meiner Schulzeit, gekümmert. Sie lebte in einer betreuten Wohneinrichtung. Reihum besuchten wir sie. Sie war sehr krank, hatte Darmkrebs und fürchtete sich ein wenig vor dem Sterben. Als es vor einigen Monaten soweit war, wurden wir angerufen, meine Tochter hielt bis zum Schluss ihre Hand. Tief beeindruckt erzählte Ingeborg mir: »Stell dir vor, ich hatte ein Erlebnis, das ich nie für möglich gehalten hätte: Ich habe gemerkt, wie die Seele den Körper verlässt.«

Manchmal glaube ich an Seelenwanderung. Mein Verstand indes sagt mir: Wo sollen die Seelen bleiben? Trotzdem hat dieser Gedanke etwas Tröstliches. Meine Mutter mit ihrer mystischen Ader behauptete, sie hätte schon einmal gelebt, 1705. Ob man sich damit das Weggehen erleichtert?

Der Kontakt zu jungen Menschen bedeutet mir viel. Im Alter entschuldigt man mehr, man wird toleranter, zumindest beobachte ich es an mir. Ich lasse jeden nach seiner Fasson glücklich werden. Jeder Mensch ist doch eine eigenständige Persönlichkeit, niemand kann bestimmen, was für einen anderen richtig oder falsch ist.

Die dreijährige Tochter meiner Nachbarn kommt gern zu mir und spielt mit dem Puppenhaus, das mein Vater in jungen Jahren gebaut hat. Oft will sie nicht nach Hause. Ich muss mitgehen und ihr noch eine Geschichte vorlesen. Die Eltern schickt sie weg, sie will mit mir allein sein. Warum? Weil ich mich ihr ganz und gar widme. Das tut ihr gut, und mir auch.

»Frau Biesel, wir brauchen Sie noch!«, sagen die Nachbarn. Ich habe wohl so etwas an mir, ich ziehe die Menschen, die reden wollen, Verständnis suchen, irgendwie an. Das ist schön und gibt mir die Bestätigung: Du bist nicht umsonst auf der Welt. Für mich ist das eine Aufgabe. Immer für andere da sein, möglichst selbstständig bleiben, nicht auf andere angewiesen sein. Sicher ändert sich im Alter so manches, aber gewisse Eigenschaften bleiben: Mitgefühl habe ich grenzenlos, ich helfe gern – und es fällt mir schwer zu akzeptieren, dass ich selbst mir nun auch ab und an helfen lassen muss.

Natürlich verändert sich der Alltag im Alter. Früher musste ich zeitig aufstehen, heute bleibe ich gern bis zehn Uhr im Bett. Ich müsste mehr Disziplin haben, aber die starken Schmerzen machen mich müde. Nach dem Aufstehen frühstücke ich und lese meine Zeitung, die Berliner Zeitung, die brauche ich. Obwohl ich mich oft über Artikel ärgere, halte ich die Zeitung weiter. Nach dem Lesen kommt das Rätsel dran.

Manchmal muss ich mich vormittags ein bisschen hinlegen, ich bin jetzt schnell erschöpft. Anschließend koche ich mir Mittag. Bisher bin ich nach dem Essen spazieren gegangen, aber im Moment ist das zu schmerzhaft. Also lese ich und erledige Kleinigkeiten; zu tun ist immer etwas. Körperliche Arbeit jedoch ist nicht mehr gut.

Langeweile kenne ich nicht, mein Tag ist viel zu kurz. Oft fange ich an, in einem Buch zu blättern, schließlich interessiert es mich so sehr, dass ich sitzen bleibe und stundenlang lese. Ich besitze Unmengen an Büchern – ich habe sie mein Leben lang gesammelt. Oft stehe ich vor dem Bücherschrank und denke: Menschenskind, du hast doch gar nicht mehr viel Zeit, aber das müsstest du eigentlich noch mal lesen!

Großartige Wünsche habe ich nicht mehr. Doch! Reisen würde ich gern. Eine Schiffsreise nach Norwegen wäre wunderschön. Das geht aber nicht mehr. Es fällt mir schwer, mich damit abzufinden. Manches erzwinge ich noch, aber eine solche Reise ist tabu, nicht nur wegen meines Alters. Ich kann doch Lümmelchen, meinen kleinen Kater, nicht allein lassen. Der ist sehr sensibel, hat zu viel durchgemacht, das arme Tierchen. Das ist die einzige Sorge, die ich noch habe: Was wird aus Lümmelchen?

Erinnerungsstücke

Ich will nicht verschweigen, dass es Stunden gibt, in denen mich die Angst vor dem Sterben überkommt. Besonders, wenn ich einen Angina-pectoris-Anfall habe.

Ich kenne auch die Angst vor der Angst; manchmal überfällt sie mich aus heiterem Himmel. Man darf sich nicht von diesen Gefühlen unterkriegen lassen. Zum Glück kann ich mich einigermaßen beherrschen, indem ich mir sage: Keine Panik! Das muss ja mal kommen, du musst eines Tages sterben. Wir wollen doch mal sehen, ob du morgen früh noch wach wirst! Wenn ich dann morgens erwache, denke ich: Siehste, hast es wieder überstanden!

Einmal bin ich wegen eines solchen Anfalls ins Krankenhaus gebracht worden – und bekam lediglich ein Beruhigungsmittel. Da habe ich mir gesagt: Das kann ich zu Hause auch, da schlafe ich wenigstens in meinem eigenen Bett.

Es ist eine Art Neugier, mit der ich der Angst begegne. Das Sterben – wir wissen hundertprozentig, dass es eines Tages auf uns zukommt.

Ich verstehe nicht, warum die meisten diesen Gedanken verdrängen. Meiner Ansicht nach müssten wir anders erzogen werden, im Sinne des Griechen, der gesagt hat: Mensch, gedenke des Todes! Vielleicht würden die Menschen dann manch einen Fehler nicht begehen.

Und was kommt nach dem Sterben? Mit meinem Enkel unterhalte ich mich darüber. Für ihn ist klar: »Man stirbt, und damit ist alles erledigt.«

Ich halte dagegen: »Hundertprozentig kann das niemand sagen. Nichts auf der Erde ist für die Ewigkeit, trotzdem haben wir eine Seele. Es ist unsinnig, das abzustreiten. Körperlich können die Ärzte einen Menschen wiederherstellen, aber seine Seele?«

Meine Mutter sagte immer: »Des Weltalls Seele ist gerecht.« Für die Seele im religiösen Sinne habe ich kein Verständnis, aber im menschlichen Sinne. Vielleicht stimmt es ja, dass die Seele weiterlebt.

Wenn man alt wird und manches nicht mehr so schafft wie früher, heißt es Abschiednehmen. Man muss loslassen. Erst vor ein paar Monaten gab ich mein Auto ab. So lange bin ich gefahren. Ich sah ein, dass es Irrsinn ist. Es fiel mir unheimlich schwer. Die Garage habe ich noch behalten, ich brachte es nicht fertig, sie rechtzeitig zu kündigen.

Wenn ich bei meiner Tochter auf dem Gartengrundstück bin, das früher uns gehörte, fühle ich ein bisschen Wehmut. Das sind Äußerlichkeiten, an die man sich nicht hängen sollte. Obwohl mein Verstand mir sagt: Komm, sei vernünftig, und ich feststelle, dass mein Gefühlsleben nicht mehr so intensiv wie früher ist, fällt mir das Loslassen sehr schwer.

Ich bitte meine Kinder und Enkel, wenn sie mich besuchen: »Nehmt etwas mit, ist doch unsinnig zu warten.« Neben den Büchern besitze ich einige schöne alte Dinge, von denen ich mich schon jetzt verabschieden könnte. Aber meine Töchter sagen: »Mutti, alles bleibt so, wie du es gewohnt bist. Das hat Zeit.« Eine solche Einstellung findet man heute sicher nicht allzu oft.

Es ist erstaunlich, was man im Laufe eines langen Lebens ansammelt. Doch an jedem Stück hängt eine Erinnerung. Ich freue mich noch an all den Dingen. Vor kurzem kaufte ich mir einen Setzkasten, in dem lauter Kinkerlitzchen stehen: Jedes Stück erzählt eine Geschichte. Auch meine Möbel stammen aus alten Zeiten. Das so genannte Herrenzimmer zum Beispiel schenkte mir Nappich.

All das muss ich loslassen, und in der Phase befinde ich mich gerade. Im Moment darf ich ohnehin noch nicht sterben. Meine Tochter hat mir gerade erst wieder gesagt: »Mutti, du kannst noch nicht weggehen.«

Früher habe ich oft überlegt, was die alten Menschen wohl meinen, wenn sie sagen: Ich will nach Hause. Und mich gefragt: Werde ich das womöglich auch einmal sagen? Was ist mein Zuhause? Und nun, wo ich selbst alt bin? Ich bin am liebsten in meinen vier Wänden. Das war früher nicht so. Wenn ich Ingeborg besuche, wo es wunderschön ist, überkommt mich auf der Heimfahrt so ein Gefühl, ein innerliches Aufatmen: Ach ja, gleich bist du zu Hause! Länger als einen Tag kann ich nicht woanders sein.

Seit 54 Jahren wohne ich in Treptow, hier fühle ich mich wohl. Hier hat mein Mann gelebt, hier haben wir gearbeitet. Hier ist Kurt mir – und das ist keine Einbildung, ich spüre es in jedem Moment – noch immer sehr nahe. Nicht nur wegen des Amuletts mit seinem Foto, das ich stets trage.

In den letzten Jahren sind nacheinander drei gute alte Bekannte von mir gestorben: Edith, Frau Willich, die kurz vor ihrem Hundertsten stand, und Frau Demuth aus dem Haus gegenüber. Das hat mich mitgenommen. Der Gedanke, dass sie alle weg sind ... Mit der Zeit werde ich mich wohl daran gewöhnen, nehme ich an. Aber mir fehlt der Kontakt!

Wie wird es sein – das Sterben?

Ich bin nicht böse, wenn alles zu Ende ist, aber der Tod soll so kommen, dass ich es möglichst nicht merke. Größer als die Furcht vor dem Sterben ist meine Angst, der Verstand könnte aussetzen. Das kann schnell passieren, wenn Blutungen im Gehirn auftreten. Ich sah viele

Menschen, denen es so erging. Für die Angehörigen ist das furchtbar. Oft passiert es, dass sie den alten Menschen dann abweisen. Ich möchte so gehen wie Frau Demuth – plötzlich weg. Ich bin tatsächlich ein bisschen neugierig, wie es sein wird, das Sterben.

Wenn ich so klar bleibe wie heute, würde ich meinen Neunzigsten gern erleben. Deshalb trainiere ich fest, indem ich mich beschäftige; ganz bewusst lasse ich mich fordern. Vor einiger Zeit begann ich, meine Lebenserinnerungen aufzuschreiben, das festzuhalten, was ich noch über meine Eltern weiß, was sie mir von ihren Vorfahren berichteten.

Ich werde schneller müde als noch vor einem Jahr; ich spüre jetzt meine Grenzen sehr. Man baut ab, mit jedem Jahr kann man weniger leisten. Manchmal sage ich mir: Ein bisschen möchtest du das Leben noch genießen, und ein bisschen brauchen sie dich noch. Es würde mich auch interessieren, was einmal aus meinem Urenkel, Karins Enkel, wird – aber das erlebe ich nicht mehr.

Ich nehme es so, wie es kommt. Nicht zu viel planen. Es heißt ja, der Mensch denkt, Gott lenkt. Vielleicht ist es gut, dass man nicht weiß, wann es zu Ende geht. Ich hoffe nur, dass ich mit Würde ins Jenseits abdampfe.

Wegen der Operation ist die Sache nun ein bisschen fraglich. Wenn die Aussicht auf Erfolg gering ist, operieren die Ärzte nicht. Sie haben Angst, dass jemand sie dafür verantwortlich macht, wenn etwas schief geht. So ganz wohl ist mir nicht, wenn ich daran denke. Eine ungewisse Sache ist das Sterben. Trotzdem werde ich mich operieren lassen. Wollen mal sehen, ob es klappt oder nicht. Ich sage mir, wenn's dann aus ist, soll es so sein. Aber ich bin ja Optimist!

Gerhard Birkenfeld

Ende gut, alles gut

Aufgeschrieben von Rosita Müller

Gerhard Birkenfeld, Jahrgang 1922, führte viele Jahre erfolgreich einen umfangreichen landwirtschaftlichen Betrieb. Eine Zeit lang organisierte er zusätzlich einen Heiratsmarkt für die ländliche Umgebung. Durch die Trennung von seiner Ehefrau geriet der vierfache Vater in finanzielle Bedrängnis, später verlor er bei Fehlspekulationen Geld an der Börse. Vor einigen Jahren verkaufte er seinen Resthof. Nun ist er schuldenfrei. Er lebt gemeinsam mit seiner Lebensgefährtin und deren Mutter in Schleswig-Holstein. Es ist ihm wichtig, die Dinge geregelt zu wissen.

Als ich im vergangenen Herbst meinen Resthof verkauft und alle meine Schulden abgezahlt hatte, sagte ich mir: »Jetzt bist du ein freier Mensch. Nun könnte der Tod eintreten.«

Das Nachdenken über den eigenen Tod beginnt, wenn man ein Testament aufsetzt. Mein erstes verfasste ich frühzeitig, noch vor der Silberhochzeit. Ich besaß über viele Jahre einen landwirtschaftlichen Betrieb. Ziemlich groß war er. Meine finanzielle Lage war immer kritisch. Ich arbeitete mit Wechseln, nahm Siedlungskredite auf, nutzte alle Möglichkeiten. Bei meiner Bank war ich wohl der höchste Kreditnehmer. Der dortige Chef meinte ironisch: »Wenn du Pleite gehst, gehe ich mit.«

Innerhalb von fünfzig Jahren mussten die Kredite abgezahlt sein, Zinsen dazu. Als sich meine Frau von mir trennte und ausgezahlt werden wollte, blieb mir nichts anderes übrig, als einiges zu verkaufen. Und da wir letztlich nur gute zwanzig Jahre auf dem Land wirtschafteten, bezahlte ich die Summe für die offenen dreißig Jahre und musste weitere Ländereien abgeben.

Wer hätte mit meinen Schulden klarkommen sollen? Hier welche, da welche. Ja, Schulden laufen nicht weg. Alles läuft weg, bloß die Schulden nicht. Und wenn man Schulden hat, muss man den Nachkommen ein klares Bild hinterlassen.

Mein Testament erneuerte ich mehrmals. Als die Schulden getilgt waren, fiel mir das leichter. Der letzte Herbst war eine schlechte Zeit, um zu verkaufen, und ich musste im Preis heruntergehen. Aber nun habe ich Geld, fühle mich gut und kann sagen: »Ja, ich bin mit dem Leben zurechtgekommen!«

Heute habe ich vor dem Sterben eigentlich keine Angst. Im Krieg, in Russland fürchtete ich mich jedoch davor zu sterben. Ich war bei den Nebelwerfern. Etwa zehn Meter voneinander entfernt standen die Geschütze, besetzt mit vier oder fünf Mann. Eine Granate flog direkt in den Nebelwerfer neben uns – alle Soldaten wurden getötet. Man konnte nicht helfen. Wir befanden uns im Rückzug, die Russen kamen und jeder kümmerte sich um sich selbst. Dem Tod begegnete ich im Krieg noch mehrmals.

Wie ein Traum

Ich habe mir darüber Gedanken gemacht, wie es nach dem Sterben weitergeht. Ich glaube, das wird sein wie im Traum. Ich kann sehen und hören, sprechen nicht, ich empfinde keinen Schmerz. In dem Moment, in dem der letzte Atemzug vollbracht ist, entweicht die Seele aus dem Körper.

Wo sie bleibt? Ich habe eine Antwort gefunden in dem Buch »Die Physik der Unsterblichkeit« von Frank J. Tipler. Im Tod verlässt die Seele den Körper, sie bleibt existent. Dieses Sein, so stelle ich mir vor, ist wie Träumen.

Jetzt träume ich noch oft von der Arbeit, von meinem Betrieb. Manchmal sind es Albträume: Ich habe die Schweine nicht gefüttert oder in der Stallanlage bei den fünfzehntausend Hühnern ist etwas kaputt.

Einmal träumte ich von einem Bekannten und sah, dass er gar nicht mehr lebt. Zum Glück wachte ich auf.

Ich möchte das Diesseits nicht vorzeitig mit dem Jenseits tauschen. Dafür halte ich zu viel vom Leben. Der Tod soll erst kommen ... ja, wenn es so weit ist.

Ursache könnte Krankheit sein oder ein Unfall. Aber ich passe schon auf. Ich möchte den Tod hinausschieben, so weit wie möglich. Und dafür tue ich einiges, körperlich und geistig. Ich lese viel, Fernsehen gucke ich wenig. Was ich gern sehe sind Informationssendungen. In Gesellschaft bin ich nicht mehr so oft, aber ich unterhalte mich gut mit meiner Lebensgefährtin.

Ich wohne mit ihr zusammen in ihrem Haus. Sie ist vierzehn Jahre jünger als ich. Ihre Mutter, die Oma, wohnt ebenfalls hier. Mit 91 Jahren ist sie gerade zehn Jahre älter als ich. Wir leben gut zusammen, ich werde von den beiden Frauen gebraucht. Wir snacken Platt, die Oma, meine Lebensgefährtin und ich.

Unser Garten ist groß, darin gibt es immer etwas zu tun. Wir machen noch alles selbst, bauen Kartoffeln an, Zwiebeln, Bohnen, ernten Obst, das ist schwere Arbeit. Aber es geht mir gut damit. Meine Nervosität treibt mich ständig an, irgendetwas muss ich immer tun, muss lesen, muss laufen, muss im Garten arbeiten.

Ich bin gesund und nehme keine Tabletten ein, das sagt ja viel. Kleine Wehwehchen gibt es schon, zum Beispiel wenn ich mich im Garten überanstrenge. Aber das geht wieder weg.

Ich kämpfe um meine Gesundheit, und so ist der Tod noch nicht so dicht bei mir. Ich fühle mich ungeheuer vital. Jeden Morgen laufe ich eine Stunde in forschem Schritt. Nur wenn wir im Garten zu tun haben, mache ich eine kleinere Runde, weil die Zeit sonst knapp wird. Ich gehe ein- oder zweimal wöchentlich in die Sauna, damit habe ich schon vor dreißig Jahren begonnen. Als ich meinen Betrieb hatte, war dafür natürlich nicht so viel Zeit. Jetzt kann ich im Winter und im Sommer in die Sauna gehen.

Alle sind versorgt

Was die Familie betrifft, ist alles geregelt und soweit in Ordnung. Das ist mir wichtig. Alle sind versorgt und kommen zurecht. Der eine Sohn, er ist allein stehend und leider nicht gesund, hat auf dem Hof meines ehemaligen Betriebes Wohnrecht auf Lebenszeit. Ich bin froh, dass er hier leben kann. Seine Bleibe ist ihm sicher, zweitausend Quadratmeter und ein Haus. Das war als mein Altenteil gedacht. Doch weil ich bei meiner Lebensgefährtin wohne, brauche ich es nur im Notfall.

Der andere Sohn konnte ein Haus bauen. Auch er hat keine Kinder. Er und seine Frau arbeiten und sind finanziell gut versorgt.

Meine Frau und ich hatten vier Kinder. Zwei sind gestorben. Eines schon als Baby. Ein Sohn verunglückte im Alter von 24 Jahren mit dem Auto. Ob er schuld oder nicht schuld war, konnte man nicht feststellen. Es gibt keine Nachkommen. Meine Familie wird aussterben.

Meine Mutter starb vor ein paar Jahren. 97 Jahre wurde sie alt, mein Vater 78. Es gibt also in meiner Familie eine gewisse Langlebigkeit. Und so gehe ich davon aus, dass ich noch einige Jahre vor mir habe. Die will ich genießen. Das Einzige, was ich jetzt noch möchte, ist reisen …

Doch alles kostet Geld. Das war mir immer das Wichtigste: Ich wollte Geld haben. Ich wollte dazugehören zu denen, die etwas schaffen. Und ich habe ja auch einiges auf die Beine gestellt: einen Betrieb geführt, ein Haus gebaut, Bäume gepflanzt, vier Kinder in die Welt gesetzt, ein Büchlein geschrieben, anderen Leuten geholfen.

In einer Partei bin ich nicht, aber ich kümmere mich gern um Politik. Ich stehe rechts und da bleibe ich auch. Bei mir gab es immer Arbeit, ich hatte viele Arbeitnehmer, hundertfünfzig Mann auf der Bohnenkoppel. Fünfzehntausend Hühner und sechzig Hektar Land mussten bewirtschaftet werden, das leistete ich mit meinen Leuten. Ja, ich war kein kleiner Bauer.

Doch ich machte auch einiges falsch. Meine Ehe ging kaputt, das war ein gewaltiger Einschnitt. Geschieden oder getrennt zu sein ist für mich schlimmer, als wenn die Ehe durch einen Schicksalsschlag endet, eine tödliche Krankheit, einen Unfall oder Ähnliches. Für solch eine Trennung sind die Partner nicht verantwortlich. Aber wenn die Ehe auseinander geht, ist man beteiligt gewesen, und man muss sich fragen: Was habe ich falsch gemacht?

Als die Kinder klein waren, war meine Ehe in Ordnung. Sonntags fuhren wir aus, jedes Jahr konnten wir Urlaub machen. Die Söhne wurden größer. Unser Zusammenleben änderte sich.

Wenn es mit der Ehe nicht mehr so klappt, es zu Hause nicht mehr gemütlich ist und dazu noch Sorgen im Betrieb drücken, geht man in die Gaststätte und versucht mit Alkohol, das Leben für ein paar Stunden schöner zu machen. Wir wohnten ja allein, Kilometer ab vom Dorf. Wenn ich von Montag bis Freitag gearbeitet hatte, brauchte ich am Wochenende andere Leute. Ich spielte Skat in der Gaststätte und … na ja, wie das denn so ist, nichts klappte mehr mit meiner Frau und mir.

Ich machte nicht so viel Wind um alles, aber meine Frau wollte die Trennung und ihren Anteil. Manche Männer werden in so einer Situation brutal, ich nicht. Ich wusste, es war vorbei.

Zuerst wollte sie sich scheiden lassen und ich konnte nur sagen: »Wenn du meinst.« Ich wollte nicht. Güterlich waren wir längst getrennt. Sie hatte ihr Geld bekommen.

Später beantragte ich die Scheidung und auf dem Gericht sagte man mir: »Es dauert noch fünf Jahre, bis Ihre Frau aus der Rente Geld kriegt.«

Da antwortete ich: »Dann ziehe ich den Antrag zurück.«

So sind wir immer noch verheiratet.

Sie ist versorgt, das ist für mich eine Beruhigung. Meine Frau hat so viel Geld, dass sie gar nicht alles verbrauchen kann. Sie hat sich sogar einen neuen Mercedes gekauft. Neid hege ich ihr gegenüber nicht, im Gegenteil. Einmal sagte sie, sie könne sich nicht mehr in einen anderen Mann verlieben.

Ich empfinde es als schlimm, allein zu sein, ganz besonders wenn man alt wird. Wir sollten alle einen Partner haben, Mann oder Frau. So organisierte ich eine Zeit lang einen Heiratsmarkt für Leute auf dem Lande. Ich fuhr insgesamt über zehntausend Kilometer, weil ich oft Männer und Frauen daheim aufsuchte. Später lief sich das Unternehmen tot. Doch so lange es lief, fanden sich dort hundertfünfzig Paare. Das ist doch eine gute Zahl! Meine Lebensgefährtin und ich sind eins davon. Wir lernten uns auf dem Heiratsmarkt kennen. Meine Frau war auch da, aber mit einem neuen Partner klappte es nicht.

Heute habe ich nichts mehr gegen meine Frau. Als wir uns trennten, war sie schlecht zu mir, sie war aggressiv. Das belastete mich. Erst als ich alles zwischen uns schriftlich geregelt hatte, wurde ich ruhig und sicher.

Ende gut, alles gut

Mit meinem Betrieb erarbeitete ich viel Geld, aber ich verlor auch Geld, an der Börse. Das war purer Leichtsinn, aber man wollte ja haben, haben, haben. Und das klappte nicht immer. Ich verlor viel mit dem »Neuen Markt«.

Danach erlebte ich ein Jahr, in dem die Bank meinen Kredit sperrte und ich finanziell auf meine Lebensgefährtin angewiesen war. Zum ersten Mal merkte ich, wie das ist, wenn man kein Geld hat. Sicher, ich hatte meine Rente, aber es waren noch andere Lasten zu bezahlen. Oh, oh, das war kein gutes Gefühl! Heute habe ich keine Güter mehr, auch keinen Kredit und nur einen Teil meiner Rente, den anderen bekommt meine Frau.

An der Börse bin ich noch immer, es gibt für mich keine andere Möglichkeit, zu Geld zu kommen, denn ich kann ja nicht mehr woanders arbeiten. Ich gehe davon aus, dass ich noch ein bisschen Geld zusammenbringe. Das klappt nicht immer, man macht Fehler, das ist klar. Aber die Börse ist durch die Erfahrung mit dem »Neuen Markt« stabiler und ich bin klüger. Und ich bin ja Optimist.

Ein »erfülltes Leben«, was heißt das schon? Man sagt: Ende gut, alles gut. Ich kann schon sagen: »Ja, jetzt hat sich mein Leben erfüllt.« Ich lebe wieder glücklich mit einer Frau zusammen. Das ist gut und wichtig für mich. Hier bin ich nicht unnütz und die Oma profitiert auch von mir. Als offener Mensch sage ich, was ich meine, und das mögen beide Frauen. Es ist wichtig, dass man ehrlich ist, Ehrlichkeit schafft Freunde.

Ich habe viel vom Wesen meines Vaters geerbt. Ihm lag Unterhaltung wie mir. Er war leichtsinnig, und ich bin es auch ein bisschen. Daher meine ich, eine Ehe kann am besten bestehen, wenn die Frau das Sagen hat und Verantwortung trägt. In meiner Ehe lag die Verantwortung für fast alle Lebensentscheidungen bei mir, dem Ernährer der Familie. Daher rührte meine Dominanz. Heute ist das nicht mehr so, trotzdem bin ich der »Motor«.

Mein Vater war ebenfalls Bauer, wie schon mein Großvater. Opa hatte sogar zwei Bauernstellen, er war Doppelbauer. Ein solider Mann, er holte das Bier im Gefäß vom Gastwirt und trank es zu Hause.

Vater bekam eine der beiden Hofstellen. Er hatte eine bessere Schulbildung genossen als ich. Das verdankte er seiner Tante, einer allein stehenden Frau, die ihn aufzog, nachdem seine Mutter im Kindbett gestorben war. Er ging immer noch zu ihr, als er später eine Stiefmutter bekam und vier Stiefgeschwister dazu. Ich selbst bin eines von sechs Geschwistern. Wir waren zwei Mädchen und vier Jungen. Als meine Mutter schon über neunzig war, schrieb sie für uns etwas auf. Zwei ihrer Söhne und drei Enkelkinder waren schon gestorben. Nach der Beerdigung, als das Testament eröffnet wurde, lasen wir Mutters Worte. Das war gut für uns. Meine Geschwister und ich hatten immer ein gutes Verhältnis zu unserer Mutter und auch zum Vater.

Ich werde meinen beiden Söhnen nichts aufschreiben, nein, ich will das nicht. Der Kontakt hat nachgelassen, sie haben die stärkere Bindung zur Mutter. Das ist gut so.

Wenn ich im Sterben liege und bei Verstand bin, möchte ich noch einmal mit meinen Söhnen sprechen und mit meiner Lebensgefährtin. Wenn ich nicht mehr sprechen kann, braucht man meine Söhne nicht zu holen. Na, das sollen die nach mir entscheiden. Manchmal ist es besser, man behält den Sterbenden so in Erinnerung, wie man ihn im Leben kannte.

Ich möchte mein Leben nicht verlängern, mit Medikamenten schon, aber nicht angeschlossen an Maschinen. In meine Patientenverfügung habe ich bloß geschrieben, dass meine Lebensgefährtin entscheidet, weil ich ja noch verheiratet bin.

Weil unsere Familie ausstirbt, möchte ich anonym beerdigt werden. Meine Kinder sind die Letzten meiner Familie. Einen Bruder habe ich noch und zwei Schwestern, aber das sind eigenständige Familien.

Einige unserer Bekannten hier im Ort wurden bereits anonym beerdigt. Ich lebe siebzehn Jahre hier und vielleicht werden es noch einmal so viele. Ich möchte hier bleiben. Mit einem anonymen Grab hat keiner Arbeit, keiner muss es pflegen.

Ich habe überlegt, ob mein Leichnam verbrannt werden soll. Erst wollte ich das und am liebsten die Asche in meinen Garten streuen lassen. Dort steht eine fünfzehn Meter hohe Birke, die ich 1989 selbst gepflanzt habe. Ich umarme sie jeden Tag. Ihren weißen Stamm mit der glatten Rinde und den Blätterwald bis an die Erde zu berühren ist eine Wohltat für die Seele. Im Alter fühle ich mich der Natur näher.

Aber nein, ich werde das nicht machen. Ich möchte die anonyme Bestattung. Meinetwegen soll keiner mehr Belastungen haben. Ein Grab zu pflegen ist Arbeit. Wir pflegen selbst noch eins. Der Mann meiner Lebensgefährtin ist verstorben, ihr Vater liegt ebenfalls in dem Grab und wohl auch der Urgroßvater. Das Grab meines Sohnes versorgt meine Frau, aber ich werde es wahrscheinlich nun abmelden. Ich möchte meinen Weg frei machen. Alles erledigen.

Meine Nachkommen glauben, ich hatte hohe Schulden, verlor viel Geld an der Börse, da ist nichts. Aber sie werden sich wundern! Sie werden staunen, was sie noch vererbt bekommen!

Wenn der Tod eintritt und meine Augen geschlossen sind, werden alle schnell Bescheid wissen, was ich hinterlasse. Sie brauchen bloß im Testament nachzulesen. Ich hinterlege es nicht amtlich, es kann im Haus bleiben, weil ich Vertrauen habe. An meinem Todestag soll es aufgelegt werden. So will ich das, so habe ich es mit meiner Lebensgefährtin besprochen.

Das Wichtigste, was für mich zu tun war, bevor ich sterbe, ist erledigt: Ich habe eine Vorstellung gefunden, wie es nach meinem Tod mit mir weitergeht. Meine Beerdigung ist bezahlt, ich hinterlasse keine Schulden und das Testament wird eine Überraschung sein.

Ich habe nicht alles erreicht, was ich mir vorgenommen habe, aber seitdem ich ohne Schulden bin, lebt es sich leichter. Ich habe mich frei gemacht.

Am Ende jedes Lebens steht der Tod. Darauf muss man sich vorbereiten. Ich habe das getan. Das ist ein schönes Gefühl.

Lotte Guse

Spuren von Liebe, die wir hinterlassen

Aufgeschrieben von Ulrike Ofner

Lotte Guse, geboren 1924 in Küstrin, arbeitete lange Jahre als Diakonieschwester und Sozialarbeiterin, begleitete u.a. in der Tuberkulose-Fürsorge viele Menschen bei Krankheit und Sterben. Die Freude, für andere da zu sein, erfüllte ihr arbeitsreiches Leben. Erst im Alter fand sie ihre Jugendliebe Kurt wieder und erlebte bis zu seinem Tod eine kurze glückliche Ehe.

Heute lebt sie gemeinsam mit ihrem neuen Lebenspartner in Berlin und engagiert sich in der christlichen Gemeinde. Unter dem Titel »Allein die Stunde zählt« erschien 2003 bei Rohnstock Biografien ihre bewegte Lebensgeschichte als Buch.

Albert Schweitzer sagte einmal: »Das einzig Wichtige im Leben sind die Spuren von Liebe, die wir hinterlassen, wenn wir ungefragt weggehen und Abschied nehmen müssen.«

Mein Leben war reich an Liebe. Viel Gutes hab ich ihm abgerungen, sowohl im beruflichen als auch im privat-zwischenmenschlichen Bereich. Viel hab ich auch gegeben. Leicht wurde es mir dabei nie gemacht, und leicht habe ich das Leben auch nie genommen. Dies bekam ich als Erblast in die Wiege gelegt.

Ich war das lieblos in die Welt gesetzte Kind eines ewig streitenden Elternpaares. So hielt ich bis ins Alter hinein eigenen Familien- und Ehesegen für unwahrscheinlich. Zahlreiche Stationen musste ich durchleben, ängstlich vorgeschobene Barrieren standen im Weg –, bis ich partnerschaftliches Glück fand.

Nun ist es mir in den späten Jahren beschieden, als Krönung meines sonst so ausgefüllten Lebens auch einen Partner und (Stief-)Nachkommen zu haben. Wie glücklich darf ich mich schätzen! Mir bewahrheitete sich das Wort Christian Morgensterns: »Alles fügt sich und erfüllt sich, musst es nur erwarten können und dem Werden deines Glückes Jahr und Felder reichlich gönnen.«

Grossmutters Spuren

War meine Kindheit streckenweise durch die unglückliche Ehe meiner Eltern düster überschattet, so gestalteten sich doch längere Abschnitte als freudvoll und von Liebe durchdrungen. Zu verdanken hatte ich dies zunächst – welch bittere Ironie misslicher Geschichte – der Weltwirtschaftskrise, in die ich hineingeboren wurde. Meine Eltern gaben mich als siebenmonatiges Baby im Sommer 1924 aus finanziellen Nöten aus ihrem Haus in meiner Geburtsstadt Küstrin an der Oder zu meinen Großeltern mütterlicherseits. Diese wohnten 23 Kilometer entfernt in Limmritz im Warthebruch, das zu meiner innig verbundenen Wahlheimat werden sollte. Im großelterlichen Heim lebte auch die fröhlichste und temperamentvollste Schwester meiner Mutter, Tante

Anna, mit ihrem Gatten Franz Faber in kinderloser Ehe. Die beiden sollten meine geliebten Adoptiveltern werden. Doch wie es dazu kam, wäre eine eigene, längere Geschichte ...

Wenige Monate nach meiner Aufnahme in Limmritz starb mein Großvater. Von nun an schenkte Großmutter Antonie all ihre Fürsorge und Zuneigung mir. Drei schöne, unbeschwerte Jahre folgten. Im Herbst 1928 erlitt Großmutter einen Unfall mit dem Pferdewagen und war fünf lange Monate an ein Krankenhausbett gefesselt. Danach konnte sie nicht mehr richtig gehen und war auf Hilfe ihrer Tochter Anna angewiesen. Nun rückten wir vier noch enger zusammen.

Aus diesem trauten Familienidyll wurde ich im Alter von sieben Jahren herausgerissen. So schwer mir der Abschied von meinen Lieben in Limmritz auch fiel: Die Dorfschule genügte meinem Bildungshunger nicht, und so musste ich wieder zu meinen leiblichen Eltern in das Städtchen Küstrin ziehen. Möglichst alle Ferientage verbrachte ich jedoch bei Tante, Onkel und Großmutter.

Antonie ging es zunehmend schlechter, und ab meinem zwölften Lebensjahr durfte ich Tante Anna bei der Pflege helfen. Großmutters wunderbares langes Haar zu kämmen, beim Waschen und Anziehen behilflich zu sein und der Kranken Freude zu schenken, empfand ich als schöne Aufgabe. Sicher rührte daher mein Wunsch, später in der Krankenbetreuung zu arbeiten.

Als Großmutters Ende nahte, konnte ich glücklicherweise in Limmritz sein. Ich erlebte ihr langsames Sterben. Es ist ein geruhsamer, gemächlicher Tod, dem der Mensch begegnet, wenn seine Zeit auf Erden abgelaufen ist. Dieser Tod hatte etwas Erhabenes. Er weckte tiefe Ehrfurcht in mir. Er war anders als dieses Aufbäumen von Menschen, die auf das Ende noch nicht vorbereitet sind.

So lernte ich, dem Sterben ohne Schrecken und Abscheu zu begegnen. Der Sarg, in dem meine Großmutter zur ewigen Ruhe gebettet wurde, war mir lange vertraut. Die Verstorbene hatte ihn mir in der dörflichen Tischlerwerkstatt oft gezeigt, bar jeder Furcht vor dem Lebensende. Er wurde während der Aufbahrung nicht verschlossen, damit wir die Tote jederzeit betrachten und Abschied nehmen konnten.

Da es im Kreise der Familie geschah, entbehrte dieses Ritual jeglichen Grauens. Auch die Grabstelle kannte ich seit langem. Als Kind war ich sonnabends gern mit der Großmutter zum Gießen und Harken auf den Friedhof gegangen, wo bereits meine Urgroßeltern und mein Großvater Karl ruhten.

Meine Großmutter wurde 76 Jahre alt. An jenem kalten Wintertag musste ich daran denken, dass ich im Jahre 2000 dieses Alter erreichen würde. Nun schreiben wir 2006, und ich lebe immer noch. Viele Menschen, fern und nahe stehende, habe ich seither sterben sehen. Ich wachte an ihrem Bett und stand ihnen in ihren letzten Stunden bei. Aus dieser Erfahrung weiß ich, wie schwer es ist, völlig allein gelassen in einem Krankenhaus aus dem Leben zu gehen. Ich möchte – wie meine Großmutter Antonie – in meiner letzten Stunde auch einen vertrauten Menschen an meiner Seite haben. In Würde sterben. Und nicht auf einer Intensivstation, in der das Hinauszögern des Unausweichlichen an hektische Ärzte und Krankenschwestern delegiert wird. Es scheint, als müsse die Schnelllebigkeit und Hektik unserer Tage bis in den Tod regieren. Aber der Allmächtige und die von ihm geschaffene Natur kümmern sich nicht um den Zeitgeist. Geburt und Sterben folgen ihren eigenen Gesetzen.

Die Liebe, die wir geben

Trost und Halt gab mir im Leben stets mein christlicher Glaube. Die Kirche und ihre Vertreter halfen mir auch, die schlimmen Zeiten in Küstrin zu überstehen. Bei der gemeinschaftlichen Arbeit im Pfarrhaus fühlte ich mich wohl und viel mehr zu Hause als bei meinen ewig zerstrittenen Eltern. Wie freute ich mich auf die Krankenpflegeausbildung weit weg von dem Hort des Unfriedens und emotionaler Kälte.

Nach der Mittelschule absolvierte ich das hauswirtschaftliche Pflichtjahr und anschließend den Reichsarbeitsdienst. Endlich konnte ich im April 1942 meine sehnlich angestrebte Ausbildung beginnen. Das erste Lehrjahr verbrachte ich im Stettiner Krankenhaus. Nach dem Bombardement der Stadt im April 1943 und dem darauf folgenden Grauen konnte der Krankenhausbetrieb nicht mehr wie zuvor aufrechterhalten werden. Auch blieb es in Stettin zu bedrohlich. Mit ein paar Kolleginnen wurde ich einen Monat später ins vorübergehend sicherere Erfurt geschickt, wo ich am 1. September 1943 mein Staatsexamen ablegte. Um meiner Heimat wieder näher zu kommen, wechselte ich im Dezember in eine Privatklinik für Gynäkologie und Geburtshilfe in Wittenberge in der Prignitz. Das Ende des schrecklichen Krieges und der Einmarsch der Russen im Mai 1945 legten den Klinikbetrieb völlig lahm. Die Klinik wurde vorübergehend zu einem russischen Lazarett umfunktioniert. Dem schlimmen Schicksal, das viele junge Frauen durch die Besatzungssoldaten in diesen Tagen ereilte, entging ich. Eine alte Schwester stand wie ein Schutzschild vor der Kellertür, hinter der ich betend kauerte. Sie trug ein Kreuz, und die russischen Soldaten wagten sich nicht an ihr vorbei. Ich war bewahrt worden durch das Kreuz.

Heutzutage kann sich kaum jemand das Elend jener Jahre vorstellen. Es war mir ein Bedürfnis, als Diakonieschwester dort zu helfen, wo die Not am größten war: Um Berlin hatte eine der schlimmsten Schlachten des Zweiten Weltkrieges getobt. Die Stadt selbst war zerstört, ebenso viele Menschen – auch wenn sie noch lebten.

Ich bewarb mich, und man berief mich nach Berlin-Halensee. Mit meinen 22 Jahren war ich die jüngste Gemeindeschwester weit und breit. Wir waren ebenso arm wie unsere Patienten, hungerten und froren wie sie. Es fehlte an allem. Überwiegend riefen uns allein stehende ältere Damen, die zumeist vor dem Kriege wohlhabend und in guten familiären Verhältnissen gelebt hatten. Um sie bemühte ich mich besonders.

»Sie waren für uns der Sonnenschein!«, sagten mir einige Patientinnen. Wenn mir der Dienst zu schwer wurde und ich zu verzagen drohte, dachte ich an dieses Lob. Das gab mir wieder Kraft und Selbstvertrauen.

Um mit dem Elend fertig zu werden, erschien mir meine Krankenpflegeausbildung im Laufe der Nachkriegsjahre zunehmend unzureichend. So beschloss ich im Alter von 26 Jahren, Fürsorgerin zu werden.

Meine Klavierlehrerin Margarete Schroetter nahm mich in ihrer großen Wohnung auf. Aus den drei geplanten Jahren bei ihr wurden dreizehn. Denn als ich mir nach Studienende 1952 ein eigenes Zuhause hätte leisten können, war es an mir, die gütige Margarete zu unterstützen. Nach einem Herzinfarkt kränkelte sie. Zwei Jahre später bekam sie eine Lungenentzündung und rang zehn Tage lang mit dem Sterben. Täglich besuchte ich Margarete und wachte auch nachts bei ihr. Ihr Tod war für mich ein großer Verlust.

Meine Arbeit entwickelte sich zum Wichtigsten in meinem Leben. Ich bekam eine Vier-Tage-Stelle als Sozialarbeiterin im Krankenhaus Jungfernheide. Zusätzlich unterrichtete ich unbezahlt an der dortigen Krankenpflegeschule. Aus dem stillen, schüchternen Mädchen vom Lande wurde langsam eine junge Frau mit Selbstvertrauen.

Die Höhe der Bezahlung war mir für mich selbst nie wichtig gewesen. Doch meine geliebten Faber-Adoptiveltern bedurften finanzieller Unterstützung, daher bewarb ich mich bei den Bezirksämtern um eine Vollzeitstelle. Am 1. Februar 1954 fing ich bei der Tbc-Fürsorge Charlottenburg an. Heute ist dieses furchtbare Leiden in Deutschland fast ausgerottet, damals galt Tuberkulose als unheilbar. Allein in Charlottenburg gab es Mitte der fünfziger Jahre acht- bis zehntausend Fälle. Wir sorgten dafür, dass sie ihre Beihilfe zum Lebensunterhalt bekamen und möglichst auch sonstige Unterstützung wie Betten und Bettwäsche. Die meisten Menschen waren voll Dankbarkeit dafür, dass wir uns um sie bemühten.

Mitte der sechziger Jahre starb Franz, und fortan lebte meine Anna-Mutter bei mir. In der ersten Zeit unternahmen wir viel und verreisten sogar gemeinsam. Wir wanderten und hatten einige wunderbare Jahre.

Doch im Laufe der Zeit verschlechterte sich Annas gesundheitlicher Zustand. Es war ein langes, schweres Leiden. Nachdem sie sechs Wochen im Krankenhaus gelegen hatte, entließ man sie für einen Zwischenaufenthalt nach Hause. Aus den geplanten zwei Monaten wurden anderthalb Jahre.

Mittlerweile war ich befördert worden und Oberamtsrätin mit 58 Untergebenen, großer Verantwortung und kräftezehrendem Aufgabenpensum. Der anstrengende Beruf und die Pflege meiner Mutter verbrauchten mein Energiereservoir. Nacht für Nacht stand Anna auf und hinderte mich direkt oder indirekt am Weiterschlafen. Meinen Dienst trat ich übermüdet an und konnte mich nur schwer auf die Arbeit konzentrieren.

So ging das wochen- und monatelang. Ich hatte keine Kraft mehr, immerfort liebevoll auf sie einzugehen. Es kam vor, dass ich unfreundlich wurde. Ich machte mir Vorwürfe und drohte, selbst an Leib und Seele kaputtzugehen. Schließlich brachte ich sie zurück ins Waldkrankenhaus Spandau – von Schuldgefühlen geplagt. Doch ich hätte die Doppelbelastung keinen Tag länger ertragen. Als Krankenschwester und Sozialarbeiterin hatte ich Tausenden fremder Menschen geholfen. Aber meine geliebte Anna-Mutter schaffte ich in die Pflegeabteilung eines Krankenhauses!

Jeder Arzt und jede Pflegerin sagte mir, dass Anna nun nicht mehr lange leben würde. Aber das Sterben zog sich weitere neunzehn lange Monate hin. Wir beide durchlitten eine schwere Zeit. Nach Arbeitsschluss besuchte ich meine Mutter jeden zweiten Tag. Die Wochenenden verbrachte ich bei ihr. Übernachten durfte ich bei meiner Freundin, der Oberin. Anna erkannte niemanden mehr. Nur ganz selten hatte sie noch lichte Momente. In einem solchen Augenblick fragte ich sie einmal: »Was war das Schönste in deinem Leben?«

Ihre Antwort kam für mich unerwartet: »Dass ich dich gehabt habe, Lottchen.«

Ich war tief bewegt. In der kleinen Krankenhauskapelle dankte ich Gott dafür. Dass ich das erleben durfte, dass sie das sagen konnte! Einen Monat später verstarb meine geliebte Adoptivmutter.

Der mächtige Tod ist mir in meinem Leben oft begegnet. Er nahm mir Menschen, mit denen ich Jahre harmonischer Gemeinschaft erlebte. Gott sorgt dafür, dass wir denjenigen, die wir brauchen, zur rechten Zeit begegnen. Wenn sie sterben, so ist das Gottes Wille. Uns bleibt die Aufgabe, weiterzuleben und für andere da zu sein.

Es sollte mir tatsächlich vergönnt sein, bis zu meinem sechzigsten Lebensjahr körperlich wohlauf meine anspruchsvollen Pflichten zu erfüllen. Neben meiner Tätigkeit im Gesundheitsamt besuchte ich zahlreiche Fortbildungsveranstaltungen und arbeitete selbst als Dozentin an der Evangelischen Fachhochschule für Sozialarbeit in Berlin. Meinen sechzigsten Geburtstag feierte ich fröhlich mit etwa hundertzwanzig Gästen.

Einige Monate später verschlechterte sich mein Gesundheitszustand. Von einer Scharlacherkrankung während des Arbeitsdienstes 1942 hatte ich eine Herzschädigung davongetragen, die mir nun zu schaffen machte. Die Ärzte rieten mir zur Frühpensionierung. Mitte Dezember 1984 feierte ich mein letztes großes Fest im Gesundheitsamt: meinen Abschied vom Berufsleben. In meiner Rede zitierte ich zwei Textpassagen, die ich kurz davor gelesen hatte und mit denen ich mich stark identifizierte: »Ich erwarte, dass ich nur einmal durch diese Welt gehe. Deshalb will ich alles Gute, das ich tun kann, jetzt tun, und jede Freundlichkeit, die ich einem Menschen erweisen kann, jetzt erweisen. Ich will es nicht verschieben und nicht übersehen, denn ich werde den gleichen Tag nicht noch einmal erleben.«

Und das andere Wort: »Ich weiß mich geborgen, ich weiß mich gehalten und geführt von einer Hand, die mich nur Wege gehen lässt, die für mich gut sind. Und so vermag ich jede Altersstufe dankbar zu betreten und von jeder wiederum dankbar Abschied zu nehmen. Ich brauche mich nicht zurückzusehnen, als läge mein eigentliches Leben in der Vergangenheit, und ich brauche nicht die Zukunft vorwegzunehmen, als brächte sie mir erst das wahre Leben. Ich darf heute leben!«

Nach meiner langjährigen Berufstätigkeit war es für mich nicht recht denkbar, einfach zu Hause zu bleiben und die Hände in den Schoß zu legen. Eine Bekannte lud mich ein, ihrer Seniorengruppe beizutreten, doch ich war skeptisch.

Meine Befürchtungen von langweiligen Kaffeekränzchen inmitten mehr oder weniger seniler Menschen erwiesen sich allerdings als unbegründet. Kulturelle Unternehmungen stehen ständig auf dem auch sonst abwechslungsreichen Programm. Bald brachte ich auch meine beruflichen Kenntnisse in ehrenamtlichen Hausbesuchen bei hilfsbedürftigen Älteren ein. In der Kirchengemeinde vertrete ich als Beiratsmitglied die Belange der Senioren. Bei Bedarf springe ich für die Leiterin der Seniorengruppe ein. Verantwortung zu übernehmen betrachte ich nach wie vor als gerne zu erfüllende Pflicht.

Spuren im Herzen

Geprägt von der Zwietracht meiner leiblichen Eltern und ohnehin nicht sehr überzeugt von meiner physischen Attraktivität hielt ich Eheglück in Bezug auf meine Person für unwahrscheinlich. Zwar hätte ich schon gerne eine eigene Familie gehabt, aber ich suchte nicht nach einem Partner. Das strahlte ich gewiss auch aus, und so wurde ich auch nicht »gefunden«.

Einen vergeblichen Versuch machte in den Wirren der frühen Nachkriegsjahre meine Jugendliebe Kurt. Er war der zwei Jahre ältere Nachbarssohn aus Limmritz. Hielt ich mich dort bei meinen Adoptiveltern auf, waren wir Kinder häufig zusammen. Wenn Pflichten uns ans Haus banden, ließen wir Briefchen über den Gartenzaun flattern. Als er später auf ein Internatsgymnasium ging, fungierte die dortige Gärtnersfrau als »Postillonne d'amour«. In den Ferien unternahmen wir viel miteinander. Als ich fünfzehn war, küssten wir uns zweimal. Das war ungemein aufregend und romantisch. Nach dem Abitur besuchte Kurt in Berlin eine Fachhochschule, 1941 kam der Kriegsdienst dazwischen. Wir sahen uns nur selten und wurden einander fremd. Er war von seinen Erlebnissen als Soldat geprägt und ich von meinem christlichen Glauben.

Als Kurt 1946 aus amerikanischer Kriegsgefangenschaft entlassen wurde, war unsere Heimat, das Warthebruch, längst Teil Polens. Er hatte Glück und fand Arbeit als Kulturreferent in Schwerin. Die erste Dienstreise nach Berlin nutzte er, um mich zu besuchen. Ich war so überrascht, dass ich ihn im ersten Moment für eine Erscheinung hielt. Er unterbreitete mir einen Heiratsantrag, den ich ablehnte, ohne mir auch nur Bedenkzeit zu erbitten. Wie hätte ich mich mit einem Mann vergnügen können, während in meiner Gemeinde hilfsbedürftige Menschen warteten! In diesen Zeiten voller Not, in der meine professionelle Hilfe von so vielen Menschen gebraucht wurde, war doch nicht ans Heiraten zu denken ...

Vielleicht war es auch Angst, einem so gut aussehenden, einnehmenden und Erfolg versprechenden Mann wie Kurt als Ehefrau nicht zu genügen. Rückblickend vermag ich das nicht recht zu beurteilen. Viele Jahre meines Lebens konzentrierte ich mich hauptsächlich auf meine Arbeit und ging im Glauben auf.

Meine Beziehung zu Kurt blieb distanziert. Er führte 1947 eine andere Frau zum Traualtar. Lange Zeit hörte ich nichts mehr von Kurt. Erst Mitte der fünfziger Jahre begegneten wir uns wieder. Bei einem Heimattreffen am Funkturm tauschten wir Telefonnummern aus und riefen uns jahrelang zu den Geburtstagen an. Als ich 1984 in eine kleinere Wohnung von Charlottenburg nach Friedenau zog, teilte ich Kurt meine neue Nummer nicht mit. Ich fand, das schicke sich nicht unbedingt gegenüber einem verheirateten Mann. Es gelang ihm nicht, mich unter den mehr als sechzig Fabers im Telefonbuch ausfindig zu machen.

Im Sommer 1991 trafen sich die Menschen aus meiner alten Heimat am Tegeler See. Mit einem Mal hörte ich eine vertraute Stimme. Jemand fasste mich am Arm: »Lottecken, dass ich dich endlich wiedertreffe!« Es war Kurt, nunmehr seit einem Jahr verwitwet.

Die lange Zeit, die seit unserer Jugend vergangen war, schien wie ausgelöscht. Wir wurden ein Liebespaar. Kurt war großzügig und versorgte mich auf Schritt und Tritt. In meinem Leben war ich noch nie so verwöhnt worden. Glücklich nahm ich seinen Heiratsantrag an. Die Ehe wurde am 11. August 1993 geschlossen, und wir bezogen eine Wohnung in Steglitz. Warum hatte ich so alt werden müssen, bis ich endlich das Glück fand?

Mit meiner neuen Familie, den Stiefkindern und dem leiblichen Sohn Kurts sowie deren Nachkommen, verstand ich mich sofort ausgezeichnet. Bis heute stehe ich mit ihnen in regem Kontakt.

Kurt und ich unternahmen viele kleinere und größere Reisen und feierten unvergessliche Feste. Doch nicht nur damit verbinden sich wunderbare Erinnerungen – auch unser gemeinsamer Alltag war glücklich und erfüllt.

Im Laufe des Jahres 1999 verschlechterte sich der Gesundheitszustand meines Mannes, ohne dass etwas Genaues diagnostiziert werden konnte. Kurt und ich begrüßten das neue Jahrtausend in der Hoffnung, noch mindestens zehn gemeinsame Jahre zu verleben. Doch dieser Wunsch sollte nicht mehr in Erfüllung gehen. Ende Januar 2000 wurde uns die schreckliche Diagnose eröffnet: Krebs.

Anfang Februar verreisten wir noch für ein paar Tage in den Harz. Kurt liebte verschneite Winterlandschaften. Wir nahmen uns viel Zeit für Gespräche und stellten uns auf das ein, was folgen würde.

Mitte Februar wurde Kurt vier Stunden lang operiert. Er erholte sich nicht mehr. Mitte März beschlossen die Ärzte, ihn in einen künstlichen Tiefschlaf zu versetzen, aus dem sie ihn erst vier Wochen später zurückholten. Er sollte die Möglichkeit erhalten, sich zu verabschieden.

Kurt konnte wegen eines Luftröhrenschnittes nicht mehr sprechen. Er schaute mich mit seinen blauen Augen an und legte seine Hand auf meinen Kopf. Ich dachte, die Haube würde ihn stören, die ich zusammen mit der Isolierkleidung in der Intensivstation tragen musste, und zog die Haarbedeckung weg. Doch in diesem Augenblick erinnerte ich mich an etwas, das Kurt mir erzählt hatte: Seine geliebte Großmutter hatte ihn auf dem Sterbebett gesegnet, da auch sie in ihren letzten Stunden nicht mehr sprechen konnte. Es war also nicht die Haube, die ihn störte. Kurt wollte mich zum Abschied segnen, wie es seine Großmutter mit ihm getan hatte.

Tränen kullerten über meine Wangen. Nun sollte mir dieser Mensch wieder entrissen werden, den ich so liebte. Ich konnte mir einfach nicht vorstellen, dass ich Kurt in diesem Leben nicht wiedersehen würde. Das Unabdingbare, das Unwiederbringliche war für mich kaum zu begreifen. Diesen Moment hatten wir alle kommen sehen, seit der Arzt die Diagnose mitgeteilt hatte. Dennoch konnte und wollte ich es nicht fassen. Es fällt uns Menschen oftmals schwer loszulassen. In unausgesprochenem Einverständnis taten die Ärzte auch in diesem Stadium der Aussichtslosigkeit alles in ihrer Macht Stehende. Doch je länger sich dieser Zustand hinzog, desto unmenschlicher empfand ich die lebensverlängernden Maßnahmen. Ich überlegte, ob es eine Grenze gibt, die zu überschreiten nicht mehr meinen ethischen Vorstellungen entspricht. Wann ist es sinnvoll, ein Leben zu verlängern? Wann ist es nur noch eine entwürdigende Qual? In diesen Tagen fand ich keine Antwort. Für mich selbst reifte jedoch der Entschluss, dass ich in solch einem Zustand nicht künstlich am Leben erhalten werden möchte. Das legte ich in einer Patientenverfügung fest.

Am 1. Mai 2000 tat Kurt seinen letzten Atemzug. Ich hielt seine Hand in meiner und versuchte, das Vaterunser zu beten. Mein Schmerz schien alles bisher Erlittene zu übertreffen.

In den folgenden Monaten erhielt ich viel Zuspruch und Mitgefühl von lieben Menschen. Meine Freundin Ruth kam zehn Tage nach Kurts Tod für viele Wochen zu mir in die Wohnung. Ich weiß nicht, wie es mir ohne diese Stütze in dieser schlimmen Zeit ergangen wäre. Dennoch: Meine Stimmungslage war noch lange von Traurigkeit geprägt. Die Trostlosigkeit ließ sich nicht durch verordnete Heiterkeit verscheuchen. Wenigstens versuchte ich, der Niedergeschlagenheit durch Ablenkung zu entfliehen.

Noch ein Wunder der Liebe

Im April 2001 veranstaltete der Verein für die Geschichte Küstrins die »Küstriner Festungstage« in Verbindung mit einer Schifffahrt auf der Oder. Auf dem Programm stand die Präsentation des kürzlich erschienenen Titels »Die Festung ›Oder-Warthe-Bogen‹« von Günter Leibner. Der Autor, ein ansehnlicher, vornehmer Herr, war nach der Vorstellung von vielen Menschen umringt. Gerne hätte ich mich auch ein wenig mit ihm unterhalten. Wer weiß, vielleicht auch wegen seiner sympathischen Erscheinung, jedoch gewiss wegen der Buchinhalte. Meine

Liebe zur alten Heimat war in all den Jahren der Trennung durch den »Eisernen Vorhang« nie geschwunden. Wie beglückend war es nun, wieder ungehindert auf den Spuren der Kindheit wandeln zu können. Da saß ich nun versonnen auf dem Dampfer, als die höfliche Frage »Ist da noch frei?« an mich gerichtet wurde. Die freundliche Stimme gehörte zu Günter Leibner, der den Rest der Fahrt an meiner Seite verbringen sollte.

Es war eine schicksalhafte Begegnung auf dem Schiff. Amor hatte wohl seine Hand im Spiel. Fortan standen wir in brieflichem Kontakt. Wir hatten außer den heimatlichen Wurzeln viele Gemeinsamkeiten: enge Verbundenheit mit dem christlichen Glauben, gleiche Erziehungsgrundsätze, die dörfliche Heimat und – nicht zuletzt – den Schicksalsschlag, den geliebten Ehepartner verloren zu haben.

Einige Monate später gab es ein freudiges Wiedersehen beim Heimattreffen in Berlin-Tegel. Ende Juli folgte ich Günters Einladung in seinen Wohnort Wedemark. Wir besuchten das nahe gelegene Hannover und seine prachtvollen »Herrenhäuser Gärten«. Die Königin der Blumen zeigte sich in herrlichster Blütenpracht und für uns begann die »Romanze der Rosen«.

Die Entfernung zwischen Berlin und Hannover ist nicht groß, aber sie wurde zu hinderlich für unsere Bedürfnisse. Wir wollten ein gemeinsames Leben führen und überlegten, wie wir diesen Herzenswunsch realisieren könnten. Die Wahl fiel auf Berlin. Nun leben wir, zwei wertkonservativ erzogene Alte, wie zwei unkonventionelle Junge ohne Trauschein in einer gemeinsamen Wohnung. Wir denken daran, eine Art Hochzeit in Verbindung mit einer kirchlichen Zeremonie zu feiern. Die unvermeidlichen Behördenwege, die eine standesamtliche Trauung mit sich brächte, wollen wir uns jedoch ersparen. Dies ist uns zu umständlich und mühsam.

Wir sind einander herzlich zugetan. Unser liebevolles Miteinander ist ein kostbares Geschenk im Alter, an dem wir uns tagtäglich erfreuen. Rosen blühen eben bis spät in den Herbst hinein. Wir möchten trotz kleinerer und größerer körperlicher Beeinträchtigungen die uns verbleibende Zeit auskosten.

Auch Günters Familie nahm mich herzlich auf. Besonders freute ich mich über die Art der Einführung in den weiteren Familienkreis. Als der siebzigste Geburtstag eines Vetters von Günter in größerem Rahmen gefeiert wurde, galten die ersten Sätze der Begrüßungsrede meiner Person. Mit warmen Worten wurde ich in der Verwandtschaft als neues Mitglied willkommen geheißen.

In diesem Sommer sind auf dem Terminkalender weitere Familienfeiern als Glanzlichter vermerkt. Unter anderem steht bald Günters 85. Geburtstag auf dem Plan. Dabei werden wir sein drittes Urenkelchen kennen lernen, das erst wenige Monate alt ist. Welche Freude macht das, wenn sich Nachwuchs einstellt und somit der Kreislauf des Lebens in der eigenen Familie Fortbestand erhält. Ich bin glücklich, daran teilzuhaben.

Den Tod fürchten wir im Moment nicht als unmittelbare Bedrohung. In unseren Jahren könnte er uns natürlich tagtäglich ereilen.

Wenn es einmal so weit ist, möchte ich, dass in dem Trauergottesdienst eine Predigt über meinen Konfirmationsspruch gehalten wird. Ich hatte ihn mir seinerzeit aus dem Brief herausgesucht, den Paulus an die Philipper richtete: »Der in Euch angefangen hat das gute Werk, der wird es auch vollenden bis auf den Tag Jesu Christi.«

Wie es in der letzten Stunde tatsächlich um einen bestellt sein wird, vermag ich nicht vorherzusehen. Wer kann das schon? Aber wir wissen um den Beistand des einen für den anderen. Dies nimmt dem Unausweichlichen viel von seinem Schrecken. Es liegt ein großer Trost in dem Gedanken an die zurückbleibenden »Spuren von Liebe«.

Gerhard Wilm

»Wir leben oder sterben, so sind wir des Herrn«

Aufgeschrieben von Jana Schrewe

Gerhard Wilm, 1913 in Berlin geboren, verbrachte prägende Jahre in der Bündischen Jugend. Hier lernte er seine Frau kennen. Sie bekamen sechs Kinder. Der Bauingenieur nahm in einem Pionier-Bataillon am Krieg teil, kehrte anschließend in seine Heimatstadt zurück und arbeitete im öffentlichen Dienst.

Unter dem Eindruck der Kriegs- und Nachkriegserlebnisse besann er sich auf den evangelischen Glauben. Das schlichte Gottvertrauen seiner Mutter wurde ihm zum Vorbild, Schicksalsschläge zu ertragen.

1989 erlitt seine Frau einen schweren Unfall. Gemeinsam mit der Familie pflegte er sie bis zu ihrem Tod im Jahr 2000.

Vor etwa hundert Jahren wählte ein Pfarrer aus unserer Verwandtschaft für sich einen Grabspruch. Seitdem findet er sich auf etlichen Grabsteinen unserer Familie, so auch auf dem meiner im September 2000 verstorbenen Ehefrau: »Leben wir, so leben wir dem Herrn; sterben wir, so sterben wir dem Herrn. Darum: Wir leben oder sterben, so sind wir des Herrn.« (Römer 14,8)

Mit meinen 92 Jahren schaue ich zurück auf ein langes bewegtes Leben, in dem ich gelegentlich Anlass hatte, mich zu ängstigen. Doch nicht vor dem Tod fürchte ich mich, dem ich immer wieder begegnete. Eher habe ich Sorge vor möglichem Streit in unserer großen Familie oder vor Krankheiten mit Schmerzen, die mich um meine Selbstbeherrschung bringen, mich zermürben und zerstören könnten. Und dass unter solchen Umständen selbstverschuldete Fehler und Misserfolge in der Erinnerung auftauchen und an den Kräften zehren könnten, wie es in der Nähe des Todes vorkommt.

Untergründig bewegt mich auch die Angst vor den Folgen der modernen Wissenschaft und Technik. Ich stimme dem Physiker Carl Friedrich von Weizsäcker zu, wenn er sagt, es werde zunehmend weniger geprüft, ob das, was wir machen könnten, auch tatsächlich gemacht werden dürfe. Mich bedrückt der Gedanke, dass wir Gefährdungen ausgeliefert sein könnten, die von Menschen verursacht wurden. Schon Albert Einstein mahnte, dass in unserer Zeit die Mittel stets vollkommener, die Ziele jedoch verworrener werden.

Doch bis heute hilft mir gegen alle Furcht das Gedenken an das schlichte Gottvertrauen meiner Mutter. Sie war getragen von einer unerschütterlichen Glaubensgewissheit, mit der sie ihre Schicksalsschläge ertrug.

Wir selbst fanden in unserer Jugend nach der Einsegnung alles andere wichtiger als Kirchgang und Teilnahme am Gemeindeleben. Erst durch die Kriegserlebnisse besannen wir uns auf die Kirche. Heute denke ich, dass meine Mutter mir auf ihre Weise von ihrer Sicherheit abgab und mir damit half.

Stationen auf dem Wege

Mein Großvater mütterlicherseits besaß ein großes Gut in der ehemals preußischen Provinz Posen, im heutigen Polen. Dort wurden seine acht Kinder geboren. Er war preußischer Landtagsabgeordneter, im Vorstand des Bundes der Landwirte und Kriegsteilnehmer 1866 und 1870/71. Missernten und eine Bürgschaft für einen verschuldeten Gutsnachbarn warfen ihn und seine große Familie unerwartet ins Unglück. Plötzlich standen sie fast mittellos da. Die beiden Söhne mussten ihren Gymnasialbesuch abbrechen und ins Militär eintreten. Die sechs Töchter verloren ihre Aussteuer und schlugen sich als Krankenschwestern und Verkäuferinnen durch.

Mein Großvater ging mit seiner Familie nach Berlin. Hier war er gezwungen, als Knecht bei einem Bauern in Schöneberg zu arbeiten, um die Seinen durchzubringen. Tatkräftig und unbeirrt wurde er dabei von meiner Großmutter unterstützt, einer tapferen, zierlichen Frau. Die Familie war unverschuldet an einem Tiefpunkt angelangt.

Unerwartet starb eine wohlhabende, unverheiratete Tante. Aus deren Erbschaft bekam mein Großvater einen namhaften Anteil. Die sechs Töchter erhielten ihre Aussteuer und konnten eigene Familien gründen. Die beiden Söhne fanden ihren Weg als Feuerwerker beim Militär. Mein Großvater erlangte seine führende Stellung im Bund der Landwirte zurück und fand Zeit für seine schriftstellerischen Arbeiten. Es ging aufwärts.

Durch diese Ereignisse wurde meine Mutter gewiss geprägt. Sie war eine liebenswerte Frau, die drei Söhne zur Welt brachte, von denen einer nur wenige Stunden nach der Geburt starb. Ich selbst wurde im September 1913 in Steglitz bei Berlin geboren, mein Bruder Heinz 1916, mitten im Ersten Weltkrieg.

Gemeinsam mit seinen beiden Brüdern führte mein Vater ein Geschäft für Herren-Maßkleidung im Zentrum Berlins. So betreute meine Mutter mit Unterstützung einer Haushaltshilfe insgesamt fünf Männer: meinen Vater, seine beiden unverheirateten Brüder, meinen Bruder Heinz und mich. Die Erziehung der beiden lebhaften Knaben oblag ihr. Sie führte uns mit liebevoller, aber fester Hand. Wenn wir gelegentlich dabei auch Bekanntschaft mit dem Ausklopfer machten, empfanden wir das nicht als Strafe, sondern insgeheim als wohlverdient. Ich hatte zu meiner Mutter ein vertrauensvolles Verhältnis, das über ihren zu frühen Tod im Jahre 1948 anhält.

Mein Vater hätte gern gesehen, dass Heinz und ich in seine kaufmännischen Fußstapfen treten. Jedoch nur mein Bruder folgte diesem Wunsch und ging nach dem Abitur ins Bankfach. Ich aber interessierte mich schon früh für Bautechnik und das Militär. In der Waffengattung der Pioniere fand ich beides verbunden. Meine Eltern waren zwar nicht glücklich darüber, zeigten sich aber verständnisvoll und unterstützten schließlich mein Vorhaben. Im Herbst 1932 bewarb ich mich bei der alten Reichswehr und wurde zum 1. April 1933 zu einem Pionier-Bataillon einberufen. Nach der Grundausbildung begann ich ein Bauingenieurstudium in München und Berlin und schloss es nach acht Intensivsemestern ab.

In der alten Reichswehr galt die kluge Regel, dass es den Soldaten erst im Alter von 25 Jahren gestattet war zu heiraten. Man nahm an, dass sie bis dahin eine Position erlangt hätten, um eine Familie zu ernähren. Erika und ich verlobten uns bereits 1934, doch erst 1938 durfte in Berlin die Hochzeit stattfinden. Mit meiner ersten Stelle wurden wir nach Breslau versetzt. Wir fanden eine kleine Wohnung am Stadtrand und fühlten uns sehr wohl. Das Glück währte jedoch nur wenige Monate, dann kam der Krieg.

Meine Frau (im Oktober 1912 in Berlin geboren) und ich hatten uns bereits als Jugendliche in der Bündischen Jugend kennen gelernt. Die Jungen- und Mädelgruppen waren an sich getrennt, aber bei Veranstaltungen, Krippenspielen, Elternfahrten, Volkstanzfesten und gemeinschaftlichen Gau- und Bundestagen begegneten wir uns.

Etwa zehn Jahre nahmen wir aktiv am Leben in der Bündischen Jugend teil und wurden von dieser Gemeinschaft geformt. Im Juni 1933 wurde die Organisation von Adolf Hitlers Reichsjugendführer Baldur von Schirach aufgelöst, um den ungestörten Aufbau der Hitlerjugend zu ermöglichen. Direkt nach dem Krieg stellten die Bundesge-

führten den Kontakt untereinander wieder her, um sich gegenseitig zu helfen.

Im Zweiten Weltkrieg und der Nachkriegszeit begegnete uns der Tod in vielerlei Gestalt. Als unser erstes Kind geboren wurde, war der Krieg gerade ausgebrochen und ich saß als Soldat beim Festungsbau am Niederrhein. Ich glaubte meine Frau in Breslau in guten Händen, da sie bereits während der Schwangerschaft von dem Professor einer Privatklinik begleitet worden war.

Zu unserem Unglück wurde dieser Arzt schon in den ersten Tagen des Krieges als Sanitätsreserveoffizier eingezogen. Nur mit Mühe fand er einen jungen Arzt für die Klinik, und der war im entscheidenden Augenblick nicht erreichbar: Bei der Geburt legte sich die Nabelschnur um den Hals unseres Kindes. Jeder Arzt hätte sofort helfen können. Doch die Hebamme stand machtlos daneben. Sie durfte diesen geringen operativen Eingriff nicht ausführen, sonst hätte sie ihre Lizenz gefährdet. So starb unser gesundes Kind.

Unsere beiden nächsten Töchter brachte meine Frau vorsorglich bei Kurzaufenthalten in Berlin zur Welt. Das zweite Kind wurde im September 1941 geboren. Bei der dritten Geburt 1943 fielen in Berlin bereits Bomben. Erika kehrte mit den Neugeborenen jeweils in Begleitung einer der Großmütter nach wenigen Tagen nach Breslau zurück. Dort wähnte man sich in Sicherheit.

Doch im Februar 1945 mussten die Frauen mit ihren Kindern Breslau verlassen. Sie wurden in Dörfern der Umgebung untergebracht. Als die Russen die Oder überquerten, brach unter den Evakuierten das Chaos aus. Ganz auf sich allein gestellt schlug sich meine Frau mit unseren beiden Kleinkindern bei hohem Schnee und eisiger Kälte nach Niederbayern durch – ständig den drohenden Tod vor Augen, die Wege von Opfern gesäumt. Einige Wochen vor Kriegsende fanden wir uns unter unglaublichen Umständen wieder. Ich nahm meine Familie zu meinem letzten Einsatzort Mittenwald mit.

Nach dem Kriege hatte ich das Glück, nach nur kurzer Gefangenschaft in einem amerikanischen Lager in Baldham, östlich von München, im Juni 1945 bereits wieder entlassen zu werden. Wir entschlossen uns, von München aus die Rückkehr nach Berlin zu wagen. Unsere geringe Habe luden wir auf einen Handwagen und setzten unsere kleinere, zweijährige Tochter obenauf. Es wurde ein gefährlicher und beschwerlicher Weg, den wir in zehn Tagen und Nächten bewältigten.

Zunächst kamen wir in dem zur Hälfte zerstörten Haus meiner Eltern in Steglitz unter, danach in der Charlottenburger Wohnung meiner Schwiegereltern.

Ich bemühte mich sofort um Arbeit und suchte einige Wochen lang vergeblich. Anfang August 1945 erschien mein Vater, zu Fuß aus Steglitz, gerade erst nach schwerer Krankheit leidlich genesen.

»Der Berliner Senat sucht Ingenieure«, berichtete er. »Ich habe es gerade von einem Bekannten erfahren.«

Sofort bewarb ich mich und wurde als Betriebsleiter in Nikolassee eingestellt. Wir erhielten eine Dienstwohnung in Steglitz, in die wir glücklich einzogen. Möbel hatten wir nicht, abgesehen von einigen Stücken aus einer nahe gelegenen ehemaligen Wehrmachtsbaracke.

Im Februar 1946 kamen unsere Zwillingstöchter Helga und Yelva zur Welt.

In dieser Zeit verlangte jeder Tag all unsere Kräfte, aber allmählich lebten wir uns in Berlin wieder ein. Mehr und mehr alte Freunde fanden sich bei uns ein. Jede Rückkehr aus der Gefangenschaft wurde mit unseren begrenzten Mitteln gefeiert. Gegenseitig halfen wir uns bei der Bewältigung der vielfältigen Alltagsprobleme.

Mein Arbeitsbereich in dem Senatsbetrieb umfasste damals den amerikanischen Sektor Berlins und einen Teil der angrenzenden Mark Brandenburg. So begegnete ich in dienstlichen Angelegenheiten oft russischen und amerikanischen Offizieren. Ich kam mit ihnen gut zurecht, denn ich verhandelte nicht devot, sondern auf Augenhöhe.

Mitten in der Blockade West-Berlins, als es an allem mangelte, stand die Geburt unseres sechsten Kindes bevor. Ich brachte meine Frau in eine Klinik in Steglitz. Am nächsten Morgen, am 29. Oktober 1949, rief mich eine Schwester an: »Herr Wilm, kommen Sie, kommen Sie! Ihr Kind ist da, ein Junge!«

Ich machte mich sofort auf den Weg. Als ich in der Klinik eintraf, war es dort recht unruhig. Ich hielt eine Schwester an und fragte: »Was ist denn los?«

Sie schüttelte nur mit dem Kopf und eilte fort. Plötzlich stand mit ernstem Gesicht ein Arzt vor mir: »Herr Wilm, Ihr Junge ist tot. Er hatte Fruchtwasser in der Lunge. Wir haben es nicht abwenden können.«

Vier unserer sechs Kinder blieben uns. Sie bescherten uns bis heute sechs Enkel und fünf Urenkel.

Als 1961 die Mauer gebaut wurde, war mein Tätigkeitsbereich von einem Tag auf den anderen nur noch halb so groß. Unsere Geschäftsleitung holte mich in die Hauptverwaltung, teilte mir Arbeitsgruppen zu, die ich aufbaute. Schließlich wurde ich stellvertretender Leiter einer Abteilung mit ungefähr 525 Mitarbeitern.

Dort blieb ich bis zu meinem Ruhestand im Jahre 1975. Nach 42 Dienstjahren hatte ich nun Zeit für meine große Familie, den Freundeskreis und ehrenamtliche Tätigkeiten.

Vorkehrungen für das Alter

1957 gaben wir unsere Dienstwohnung auf und zogen in unser fertig gestelltes Eigenheim in Zehlendorf. Nach und nach verließen unsere vier Töchter das Elternhaus und gingen ihre eigenen Berufs- und Lebenswege. In unserem neuen Zuhause fanden meine Frau und ich Zeit für Besinnung und Gedanken über Leben und Sterben.

Erika und ich trafen gemeinsam Vorkehrungen für den Fall unseres Ablebens. Wir suchten unsere Familiengrabstelle auf dem Friedhof der evangelischen Kirchengemeinde aus, in der wir von 1945 bis 1957 gelebt hatten.

Im Dezember 1970 verfassten wir bei unserem Notar ein gemeinschaftliches Testament nach Berliner Muster und setzten uns gegenseitig als Erben ein. Nach unserem Tod sollte jede unserer vier Töchter den gleichen Anteil an unserem Erbe erhalten.

Unsere Grundstücke nebst Gebäuden übereigneten wir schrittweise unseren Töchtern, behielten uns aber vorsorglich ein lebenslanges Nutzungsrecht in einem der Häuser vor. Mit den Kindern setzten wir durch einen Gemeinschaftsbeschluss unsere beiden ältesten Töchter als Testamentsvollstreckerinnen ein.

Während dieser Vorkehrungen traf uns völlig überraschend ein harter Schicksalsschlag. Im Juni 1989 stürzte meine Frau im U-Bahnhof Oskar-Helene-Heim von einem Treppenzwischenpodest über fünfzehn Steinstufen abwärts. Ich war einige Meter vorgegangen, um zu sehen, ob ein Zug kam. Erika erlitt schwere Verletzungen: einen Schädelbruch und einen Bluterguss im Kopf, Armbrüche, eine zerschmetterte rechte Schulter und Prellungen. Sie wurde ins Klinikum Steglitz eingeliefert, lag zwei Wochen im Koma auf der Intensivstation. Nach einigen Wochen Rehabilitation erholte sie sich erstaunlich schnell, so dass sie die folgenden sechs Jahre zu Hause betreut werden konnte. In dieser Zeit konnten wir sogar einige Wochen in unserem Ferienhaus im Bayerischen Wald verbringen.

1995 kam es ganz unerwartet zu einem Rückfall. Sie wurde in ein Pflegeheim aufgenommen, wo sie die folgenden fünf Jahre blieb. Täglich besuchten wir sie. Gelegentlich konnte sie auch einige Stunden mit uns nach Hause kommen. Im September 2000 verschlechterte sich ihr Zustand. Wir brachten sie im Krankenhaus Waldfrieden unter. Dort wurde sie rund um die Uhr im Wechsel von unseren vier Töchtern und mir betreut. Am 28. September 2000 starb meine Frau in den Armen unserer Tochter Edelgard.

Im großen Familien- und Freundeskreis bestatteten wir Erika in unserem Familiengrab auf dem Friedhof in Nikolassee. Die Pfarrerin predigte eindrucksvoll über den Römervers 14,8. Wir sangen Lieder und trugen Texte vor. Einen alten Organisten aus Nikolassee, der längst im Ruhestand war, hatten wir gebeten, noch einmal die Orgel zu spielen. Beim Beisammensein nach der Trauerfeier stellten wir ein Bild meiner Frau in unsere Mitte. So nahmen wir gemeinsam Abschied von ihr.

Nach dem Tod meiner Frau fertigte ich im Dezember 2000 einen längeren Vermerk »Wünsche und Hinweise für den Fall meines

Todes« an. Er wird von mir etwa jährlich aktualisiert und enthält alle mir wichtig erscheinenden Festlegungen.

Meine Wünsche für den Fall einer unheilbaren Erkrankung sind seit April 2003 in einer Betreuungsverfügung, einer Patientenverfügung und einer Vorsorgevollmacht für unsere beiden ältesten Töchter festgehalten. Ich möchte keine künstliche Lebensverlängerung mit den Mitteln der Apparatemedizin, keine Sezierung, keine Organspende, keine Feuerbestattung. Alle Vermögens-, Renten-, Steuer- und Rechtsangelegenheiten sind ebenfalls geregelt.

Meine Erdbestattung soll neben meiner Frau in unserer Familiengrabstätte auf dem evangelischen Kirchhof in Nikolassee erfolgen. Für den Pfarrer ist unser Bibelspruch Römer 14, Vers 8 festgelegt, ebenfalls die zu singenden Lieder und die musikalische Begleitung.

Obwohl ich diesen Vermerk erst nach dem Tod meiner Frau verfasste, gibt er doch unsere gemeinsamen Ansichten wieder. Wir hatten alles in diesem Sinne miteinander besprochen. Wer zuletzt sterben würde, sollte es für den anderen so einrichten.

Unsere vier Töchter waren diesem Thema gegenüber lange Zeit wenig aufgeschlossen. Aber inzwischen sind auch sie Anfang sechzig und geprägt durch die Erfahrungen aus der schweren Zeit nach dem Unfall ihrer Mutter.

Wenn ich heute auf mein Leben zurückblicke, bleibt mir nur der eine Wunsch: Ich möchte unsere Töchter bitten, miteinander Frieden zu halten und sich einander in Schwierigkeiten beizustehen.

Unsere Jüngste wohnt mit ihrem Mann im Obergeschoss unseres Hauses. Sie ist Beamtin in einem Sozialamt, seit drei Jahren wiederverheiratet und Adoptivmutter zweier Kinder.

Die zweite Tochter wohnt mit ihrem Mann nebenan. Sie war Lehrerin, hat einen Sohn und zwei Enkelkinder.

Auf dem übernächsten Grundstück lebt unsere älteste Tochter. Sie ist geschiedene Mutter zweier Kinder, dreifache Großmutter und Vorklassenleiterin im Ruhestand.

Unsere vierte Tochter, die eigentlich die dritte ist, weil sie fünfundzwanzig Minuten vor ihrer Zwillingsschwester zur Welt kam, hat seit eh und je einen sehr eigenen Stil in ihrem Leben. Heute ist sie Krankengymnastin mit einer eigenen kleinen Praxis, Mutter eines Sohnes und wohnt in ihrem Häuschen am Stadtrand Berlins.

Es gab Zeiten, da sahen wir uns nur selten. Diese Phase ist jedoch seit längerem vorbei. Meine Töchter besuchen mich häufiger, die Enkel bringen inzwischen ihre eigenen Kinder mit.

Was wird von meinem Leben bleiben?

Mit Dankbarkeit denke ich heute an meine behütete Kindheit und Jugend im Elternhaus, die prägenden Jahre in der Bündischen Jugend, an meinen Dienst als Pionieroffizier im Kriege und an meinen Beruf als Diplom-Ingenieur im öffentlichen Dienst meiner Heimatstadt Berlin. Immer wieder bewegt mich unsere Rückkehr zum evangelischen Glauben unter dem Eindruck der schweren Kriegs- und Nachkriegserlebnisse. Meine Frau und mich erfüllte eine große Dankbarkeit dafür, dass wir in zahllosen Gefährdungen oft unerwartet gelenkt und bewahrt worden waren. Das führte uns zur ehrenamtlichen Tätigkeit im kirchlichen Dienst, in der Sozialkommission und den Vereinigungen unserer Jugendgefährten.

Ich hatte in meinem Leben wohl weder besondere Anlagen noch ungewöhnliche Begabungen. Solche sind auch sonst in unserer Familie nicht sichtbar geworden. Vielleicht habe ich die beschränkten Erfolge in meinem Leben dadurch erreicht, dass ich stets bemüht war, im Sinne preußischer Tradition meine Arbeit zu tun. Das ist zwar heutzutage wenig gefragt, aber ohne Pflichtgefühl, Dienstbereitschaft, sachliche Nüchternheit, Selbstdisziplin und Sparsamkeit wird ein Gemeinwesen – auch eine Familie – auf die Dauer nicht existieren können.

Daher bemühte ich mich, nicht nach rasch wechselnden Ideologien, sondern nach langfristig geltenden Wertvorstellungen, wie sie auch der christliche Glaube bietet, zu leben und auf andere Menschen Einfluss zu nehmen. Ich verhielt mich dabei eher maßvoll und versuchte, die eigene Person nicht in den Vordergrund zu stellen, was jedoch ein gesundes Selbstwertgefühl nicht ausschließt. Absolute Zuverlässigkeit war mir bei der Erfüllung aller gestellten Aufgaben wichtig.

Mit meiner Frau verbanden mich vielseitige musische Interessen, in der Prosa, Lyrik und Musik. Erika las sehr gern. Sie konnte zahlreiche Balladen auswendig. Wir trugen sie uns gegenseitig vor und erfreuten uns daran.

Diese besondere Leidenschaft konnten wir bis in ihre schwere Zeit hinübertragen. Wenn es ihr etwas besser ging, begann ich damit, ein Gedicht zu zitieren und sie half mir über Gedächtnislücken hinweg.

Gelegentlich nahm ich zu unseren gemeinsamen Spaziergängen die Mundharmonika mit, und wir spielten die alten Lieder. Manchmal saß sie scheinbar teilnahmslos da, aber zuweilen sang sie mit.

Seit meine Frau tot ist, habe ich ihr Zimmer unverändert gelassen. Ich besuche sie dort täglich. Manchmal gehe ich in ihr Zimmer, um mit ihr über bewegende Ereignisse zu sprechen. Einmal in der Woche besuche ich ihr Grab. Ich setze mich auf einen Steinhocker, den ich dort aufbauen ließ, und rede mit ihr. Das alles ist sicher für viele Menschen unverständlich. Aber mir hilft es, das Alleinsein zu ertragen. Ich spreche leise Verse von Börries von Münchhausen, den wir sehr schätzten; Verse, die er für seine 1945 verstorbene Frau Anna schrieb: »Je länger du dort bist, um so mehr bist du hier, je weiter du fort bist, um so näher bei mir. Du bist mir notwendiger, als das tägliche Brot ist, du bist lebendiger, je länger du tot bist.«

Zu guter Letzt

In unserem klein gewordenen Freundeskreis bin ich von Menschen umgeben, die ähnliche Interessen pflegen. Doch Themen wie Krankheit, Tod und Sterben sind weitgehend tabu.

Das ist erstaunlich. Denn unsere gesundheitlichen Anfechtungen nehmen unübersehbar zu. Längst ist die Zahl unserer toten Freunde wesentlich größer, als die der noch lebenden. Bis vor wenigen Jahren trafen wir uns noch regelmäßig in unserem Hause. Heute geht das nicht mehr. Die alten Freunde sind tot oder leben in Pflegeheimen. Es wird einsam.

Leid und Tod sind nah und gleichzeitig fern. Wir wissen nicht, wann, wo und wie sie dem Einzelnen begegnen werden. Daher sind wir versucht, sie aus unserem Bewusstsein zu verdrängen, sie an den Rand unserer Existenz zu schieben.

Dieser Umstand wird dadurch verstärkt, dass die meisten Menschen heute nicht mehr zu Hause sterben, sondern in Krankenhäusern. Dort ist menschliche Zuwendung rar geworden. Der so genannte Fortschritt hat eben seinen Preis.

Doch wie auch die äußeren Umstände sein mögen, das Sterben war und bleibt ein Schritt in eine andere Welt, die uns nicht vertraut ist. Wir haben keine konkreten Informationen über sie. Das verunsichert uns, irritiert uns, die modernen, sonst mit Fakten überschütteten Menschen.

Mit der Zeit vor der Geburt geht es uns ähnlich. Wir müssen uns eingestehen: Hier versagt das Wissen. Hier beginnt der Glaube. Besonders deutlich wird uns das, wenn wir einen uns vertrauten Menschen bei seinem Gang auf die andere Seite begleiten. Jedoch liegt hier auch eine Chance. Sterben und Tod haben ja nicht nur mit Verlust und Schrecken zu tun, sondern ebenso mit Zuwendung und Barmherzigkeit. Wenn wir einem Sterbenden beistehen, gewinnen wir die Möglichkeit, den eigenen Tod zu bedenken, ja einzuüben.

Für den Christenmenschen finden Sterben und Tod in derselben Gegenwart Gottes statt, wie alles, was zuvor war und was folgt. So sagt es der Apostel Paulus, und so soll es auch auf meinem Grabstein stehen: »Leben wir, so leben wir dem Herrn; sterben wir, so sterben wir dem Herrn. Darum: Wir leben oder sterben, so sind wir des Herrn.«

Marion Dalchau

Unsere Seele ist unsterblich

Aufgeschrieben von Claudia Richter

Marion Dalchau wurde 1924 geboren und wuchs in Meißen auf. Sie arbeitete in Dresden als Buchhändlerin. Ihren ersten Mann verlor sie, noch nicht zwanzigjährig, durch den Zweiten Weltkrieg. Auch ihre beiden Brüder kehrten nicht zurück, wie viele Freunde aus der Jugendzeit.

Anfang der fünfziger Jahre zog sie mit ihrem zweiten Mann nach Berlin und baute in der Akademie der Künste das Heartfield-Archiv mit auf.

Das größte Glück im Leben von Frau Dalchau sind ihre beiden Kinder und die Enkel. Zu ihnen fühlt sie eine tiefe Seelenverbindung, die über den Tod hinaus bestehen wird.

Ich habe frühzeitig mit dem Tod zu leben gelernt. Dass Menschen sterben müssen, erfuhr ich zum ersten Mal beim Tod meines Großvaters mütterlicherseits. Mein Opa Franz war Witwer, er hatte seine Frau früh verloren. Meine Mutter war da erst elf Jahre alt. Sie erzählte mir jedoch so viel von meiner Großmutter, dass ich sie kenne, als wären wir uns begegnet.

Großvater war ein großer, schöner Mann. Er besaß eine Weinstube in Meißen. Wir wohnten bei ihm im Haus. Am 6. Dezember 1930 feierte er seinen 75. Geburtstag. Alle seine Freunde, Verwandten und Stammgäste waren eingeladen und begegneten ihm mit Respekt. An seinem 75. schaffte er noch zwölf Kniebeugen. Ein halbes Jahr danach starb er. Ich war gerade sechs Jahre alt. Meine Mutter bestand darauf, dass meine Brüder und ich von ihm Abschied nehmen. Zusammen gingen wir auf den Friedhof, wo er aufgebahrt lag.

Meine Ferien verlebte ich oft bei meiner zweiten Großmutter in Dürrröhrsdorf. Sie lebte mit Tante Else, Onkel Otto und Cousine Anneliese in einem schönen Haus mit großem Garten. Anneliese und ich verstanden uns gut. Wir verlebten lustige Ferientage bei der Großmutter. Der Sommer 1937 war wunderschön. Eines Abends machten wir alle zusammen einen Waldspaziergang. Wir alberten herum und erfreuten uns an der Natur.

Als wir nach Hause zurückkehrten, bereitete Tante Else das Abendbrot. Sie schnitt Stullen von einem großen Brotlaib. Onkel Otto schnitt zweimal eine halbe Scheibe ab, was Else ärgerte. Halb spaßig, halb ernst flogen die Bemerkungen hin und her. »Muttel, schimpf doch nicht«, scherzte Otto, »es ist meine allerletzte Stulle!«

Nach dem Essen erlitt mein Onkel einen Herzschlag. Else lief ins Dorf und holte den Doktor. Er konnte Otto wiederbeleben, wir waren erleichtert. Wenig später folgte der zweite Herzinfarkt. Mein Onkel starb. Wir waren unfähig, das zu begreifen.

Am Sarg meines Vaters

Mein Vater, Arno Große, war Ingenieur für Mühlenbau. Die Familie besaß eine Fabrik in Lohmen in der Sächsischen Schweiz, in der verschiedene Müllereimaschinen hergestellt wurden. 1918 heirateten meine Eltern. 1920 wurde mein großer Bruder Alexander geboren, 1924 kam ich zur Welt und ein Jahr später mein kleiner Bruder Wolfram.

1936 erkrankte mein Vater. Unter seinem Arm wucherte eine Geschwulst. Er musste schnell operiert werden. Meine Mutter fasste sich ein Herz und fragte direkt: »Herr Professor, es wird doch nicht Krebs sein?«

»Nicht jede Wucherung ist Krebs«, lautete die Antwort, »aber es ist der Anfang vom Ende.«

Nach der Operation fühlte sich mein Vater besser. Bei meiner Einsegnung 1938 ging es ihm gut, und er war sogar wieder füllig geworden. An einem sonnigen Tag gingen wir auf den Friedhof, um die Blumen auf Großvaters Grab zu gießen. Mein Vater setzte sich auf eine Bank und sinnierte: »Hier werde ich auch bald liegen.«

Meine Mutter erschrak: »Aber Vati, das musst du doch nicht, du bist doch wieder gesund.«

»Nein, nein, in vielen Jahren wird ein altes Mütterchen zum Friedhof kommen und die Leute werden fragen: ›Wer ist denn das?‹ ›Das ist die Frau Große. Ihr Mann ist schon lange tot.‹«

Im Jahr darauf erlitt Vater einen Rückfall. Der Krebs hatte seine Lunge und die Lymphdrüsen befallen. Im Januar 1941 – Alexander war bereits im Krieg – bat der Doktor meine Mutter: »Es steht schlecht um Ihren Mann. Er wartet so auf seinen Sohn. Bitte holen Sie ihn nach Hause.«

Tatsächlich bekam mein Bruder ein paar Tage Urlaub. Danach ging es rapide abwärts mit unserem Vater. Zu seinem Geburtstag am 20. April kaufte ich wunderbare Nelken, so richtige Puschelnelken. Die brachte ich ihm ans Bett und sagte: »Ich möchte so gerne, dass du gesund wirst.«

»Nein, mein Kind, ich werde nicht wieder gesund; es fragt sich nur, wie lange ich noch leben kann.«

Da lag er schon fest. Meine Mutter setzte ihn ans Fenster, und der Doktor sagte: »Na, das ist ja schön, Herr Große, dass Sie jetzt schon wieder aus dem Bett sind.«

»Ach Herr Doktor, Sie belügen mich genauso wie meine Frau.«

In der Nacht vor seinem Tod hatte er einen Albtraum. »Herr Kretzschmar, Herr Kretzschmar, helfen Sie mir doch, ich habe einen Schlaganfall!«, rief er, noch halb im Schlaf. Unser Doktor gab ihm Morphium, aber helfen konnte er ihm nicht. Am 19. Juli 1941 schlief er ein. Zu Hause. Meine Mutter, mein kleiner Bruder und ich waren bei ihm. Wir verhüllten in der Wohnung die Spiegel. Eine Heimbürgin kam und bettete meinen Vater in einen Sarg. Ein Auto brachte ihn zum Friedhof, wo er aufgebahrt wurde.

Drei Tage später sollte er bestattet werden. Per Telefon benachrichtigten wir die Verwandtschaft. Wir informierten auch meinen Bruder Alexander, der sich in Russland an der Front befand. Jedoch erreichte ihn das Telegramm erst nach Wochen. Am Beerdigungstag nahmen wir am offenen Sarg von meinem Vater Abschied. Wir begruben ihn, das Leben ging weiter.

Die Prophezeiung erfüllt sich

Mein großer Bruder hatte in seiner Tanzstundenzeit 1936/37 mit Freunden eine Kartenlegerin besucht. Zu Hause erzählte er: »Stellt euch vor, die hat gesagt, ich werde nicht älter als 23 Jahre.«

Meine Mutter erschrak und rief: »Bist du wahnsinnig!«

Aber er lachte nur und antwortete: »Das war doch nur ein Spaß. Wir haben das natürlich nicht geglaubt.«

Als der Krieg begann, dachte ich an die Wahrsagerin. Ich hoffte so, Alexander würde Recht behalten mit seiner »Das ist doch alles Humbug«-Haltung. Vor dem Krieg hatte er mit dem Studium in Leipzig angefangen, Germanistik und Geschichte. Er war sehr belesen. Ich denke, dass mein Bruder den Irrsinn des Hitler-Feldzuges bald durchschaute. Bei seinem letzten Urlaub 1942 sagte er: »Wir werden uns noch zu Tode siegen.«

Am 14. Februar 1943 wurde er 23 Jahre alt. Am 25. Februar fiel er.

Einer nach dem anderen geht

Mit dem Krieg in Russland verlor ich viele Schulfreunde und Bekannte aus der Tanzstunde. Meine Freunde legten 1939 nur ein Notabitur ab und wurden sofort eingezogen. Am 11. Dezember 1939 konnten wir gerade noch unseren Abschlussball feiern.

Ich hatte einen Tanzstundenfreund: Lothar. Von ihm bekam ich meinen ersten Kuss. Als er in den Krieg zog, schrieben wir uns Briefe. Ich glaube, er hoffte, dass wir ein Paar werden.

Als ich meinen ersten Mann kennen gelernt hatte, beendete ich unseren Briefwechsel. Ich schrieb Lothar, dass ich mich verliebt hätte und bat ihn, mir nicht böse zu sein. Drei oder vier Wochen später zeigte mir meine Mutter die Todesanzeige. Lothar war gefallen. Das gab mir einen Stich. Noch heute spüre ich den Schock, wenn ich daran denke.

Und so ging einer nach dem anderen. Aus der Tanzschule kannte ich Steffen – einen witzigen, sympathischen Jungen, mit dem ich manchmal spazieren gegangen war oder einen Kaffee für 35 Pfennig in der Konditorei getrunken hatte. Im Herbst 1942, er war schon verlobt, stand er plötzlich in Dresden in der Buchhandlung, in der ich arbeitete. Er strahlte mich an.

»Steffen, was machst du denn hier?«, rief ich erfreut.

»Ja, ich bin auf Urlaub und ich dachte, ich besuch dich mal.«

»Das ist aber lieb. Ich habe heute Nachmittag frei. Komm doch mit nach Hause, bei uns gibt es Hefeklöße.« Die aß er doch so gern.

Ein paar Tage später war ich in der Prager Straße auf dem Weg zum Bahnhof. Durch diese schöne Dresdner Geschäftsstraße fuhr auch die

Straßenbahn. Kurz vor dem Wiener Platz wurde sie langsamer. Da sprang ein junger Offizier mit Tornister von der Bahn und rannte auf mich zu. Es war Steffen. Ich erschrak mächtig – er hätte von einem Auto überfahren werden können! »Ach«, sagte er nur, »ob ich hier unters Auto komme oder an der Front sterbe, ist doch egal.«

Ich brachte ihn zum Zug. Ein Vierteljahr später war er tot.

Das Grab meines Liebsten

Während meiner Buchhändlerlehre fuhr ich täglich von Meißen nach Dresden und zurück. Die Fahrt dauerte eine Stunde. Eines Abends, auf der Heimfahrt, stieg ein junger Mann in Uniform mit Aktentasche und einer Rolle unterm Arm ein und setzte sich mir gegenüber. Das war am 24. Juni 1941.

In Coswig schaute ich aus dem offenen Fenster, weil eine Freundin zusteigen wollte. Plötzlich stand der junge Mann neben mir und sagte: »Entschuldigen Sie, ich würde auch gern mal rausgucken.«

Ich rückte mit einem verschmitzten »Bitte schön« ein wenig zur Seite, blieb aber am Fenster stehen. Als wir uns über der Fensterscheibe unauffällig beäugten, ging mir durch den Kopf: Der spielt mal eine Rolle in deinem Leben.

Wir sahen hinaus und unterhielten uns. Offensichtlich war er enttäuscht, dass ich nicht mit ihm in Meißen ausstieg, sondern bis nach Triebischtal weiterfuhr. Wir hatten uns nicht verabredet, ich spürte jedoch, dass ich ihn wieder sehen würde.

Mit Schmetterlingen im Bauch schwebte ich nach Hause. Ich stellte mich vor den großen Spiegel im Schlafzimmer meines kranken Vaters und trällerte glückselig: »Stellt euch vor, heute habe ich einen schicken Unteroffizier kennen gelernt.«

»Du, nimm dich bloß zusammen!«, stoppte die Mutter meinen Übermut. »Soldaten sind Soldaten.«

Genau eine Woche später – wieder saß ich im Zug – ging er an meinem Abteil vorbei. Nur – er hatte mich nicht gesehen. Kurzerhand stieg ich aus, als ob ich etwas vergessen hätte und wieder ein – natürlich in sein Abteil. Er strahlte mich an: »Kennen wir uns nicht?«

»Ich denke schon«, erwiderte ich schelmisch.

Diesmal überredete er mich, mit ihm in Meißen auszusteigen. Er lud mich zum Essen ein.

Das gefiel mir, doch musste ich erst mal meine Eltern fragen. Am Telefon war meine Mutter: »Na gut, wegen mir kannste gehen, aber um neune biste zu Hause.«

Es war schon sieben. Wir hatten trotzdem einen wunderbaren Abend im »Gambrinus«. Wilhelm, so hieß er, erzählte mir, dass er aus Berlin stamme, nun beim Militär in Meißen stationiert sei und Architektur studiere. Er war Gasthörer an der Technischen Hochschule Dresden und durfte dreimal in der Woche zur Vorlesung fahren.

Ich war so aufgeregt, dass ich keinen Bissen herunterbekam. Als es neun schlug, waren wir im Begriff zu gehen. In dem Moment klingelte im »Gambrinus« das Telefon. Ich hörte die Wirtin leicht amüsiert sagen: »Ja, ja, er hilft ihr gerade in den Mantel.«

Wir kannten uns vielleicht vierzehn Tage, da fragte mich Wilhelm, ob ich seine Frau werden wolle. Ich war 17 Jahre alt und fühlte mich viel zu jung, um diese Frage zu beantworten.

»Ne«, sagte ich. »Ne wirklich, das ist mir zu früh. Das kann ich jetzt noch nicht sagen.«

Ich hatte lauter nette Freunde aus der Tanzstunde und fürchtete, das alles könnte schlagartig vorbei sein. Am Totenbett meines Vaters im Juli 1941 bat mich Wilhelm zum zweiten Mal, seine Frau zu werden. In dieser Situation konnte ich nicht nein sagen. Wir verlobten uns heimlich. Wilhelm hatte große Angst, mich zu verlieren. Er gab mir einen Ring und bat mich: »Wenn du mich nicht mehr liebst oder einen anderen hast, gib ihn mir ohne ein Wort zurück.«

Am 19. Oktober 1943 heirateten wir. So richtig in Weiß und mit der ganzen Familie. Wilhelm bekam drei Wochen Urlaub. Wir verlebten eine wunderschöne Zeit. Leider wichen unsere Mütter kaum von unserer Seite. Wir hatten keine eigene Wohnung, in die wir uns zurückziehen konnten. Jedoch überließ uns meine Mutter ihr Schlafzimmer. Ich hätte gern ein Kind von ihm gehabt, doch es sollte wohl nicht sein. Wilhelm musste am 29. Oktober zurück nach Russland.

Ich schickte ihm ein Weihnachtspäckchen, und er schrieb, dass er bald zu einem Offizierslehrgang in die Heimat käme. Er hoffe, sogar schon vor dem Brief zu Hause zu sein. Ich schwebte auf Wolke sieben.

Dann kam ein kleines, grünes Blatt. Wilhelm hatte knapp mit Bleistift notiert: »Mein Chef hat sein Versprechen nicht halten können. Ich warte jetzt täglich auf den Abmarschbefehl.«

Ich hoffte trotzdem. Eines Abends, Anfang März 1944, kam ich von der Arbeit. Meine Schwiegermutter besuchte uns gerade. Beide Frauen saßen wie versteinert in der Küche. Da wusste ich: Wilhelm ist tot. Mit der Post war eine Nachricht vom Kompaniechef gekommen, in der uns mitgeteilt wurde, dass Wilhelm in den Morgenstunden des 14. Februar bei schweren Kämpfen in Südrussland gefallen war.

Das war furchtbar. So furchtbar! Ich war noch keine zwanzig Jahre alt – und eine Welt brach für mich zusammen. Diesen Schmerz habe ich mein ganzes Leben lang nicht vergessen. Wir waren so jung und so glücklich gewesen. In Meißen waren bis dahin keine Bomben gefallen, und es gab kaum Fliegeralarm. So hatte ich die Gedanken an den Krieg zeitweise völlig verdrängt und nur auf meinen Liebsten gewartet. Nun konnte ich nicht einmal sein Grab besuchen. Er wurde dort irgendwo in Russland verscharrt.

Als der Krieg ein Jahr vorbei war, begann der Wiederaufbau. Wir hofften auf bessere Zeiten. In Meißen wurde eine Buchhandlung eröffnet, ich bewarb mich und wurde als Fachkraft gern genommen. Ich verdiente ungefähr zweihundert Mark. Damit mussten meine Mutter und ich auskommen. Wolfram, mein kleiner Bruder, galt als vermisst. An der russisch-rumänischen Grenze verlor sich seine Spur. Angeblich trieb man die deutschen Soldaten dort in die Sümpfe. Nach dem Krieg versuchten wir zu erfahren, was mit ihm passierte und schrieben uns die Finger wund. Wir ließen unsere Anfragen sogar ins Russische übersetzen, doch hörten wir nie wieder etwas von ihm.

Uns begleiteten Trauer und Verlust, aber wir mussten und wollten weiterleben.

Langsames Erlöschen

Ich wollte nie wieder heiraten, aber Kinder wünschte ich mir so sehr! Und ich wollte von meiner Mutter weg. Ich war das Letzte, was meine Mutter hatte. Sie klammerte sich so stark an mich, dass ich diese Nähe als einengend empfand. So war die Ehe mit meinem zweiten Mann Gerhard eher eine Vernunftehe als eine Liebesbeziehung. Wir hatten jedoch tiefe Achtung voreinander – und bekamen zwei wunderbare Kinder.

Gerhard war siebzehn Jahre älter als ich und arbeitete als Architekt im Büro von Hermann Henselmann. Unter anderem war er am Bau des Hochhauses an der Weberwiese in Berlin beteiligt, in das wir im Juni 1952 einzogen. Später wurde er Stadtarchitekt in Magdeburg.

Ich habe Gerhard sehr verehrt. 37 Jahre war ich mit ihm verheiratet. Bevor er starb, habe ich ihn lange zu Hause gepflegt. Zwei Jahre war er bettlägerig. Er hatte Alzheimer, sein Erinnerungsvermögen wurde von Woche zu Woche schwächer. Am Ende hatte ich das Gefühl, dass er mich gar nicht mehr erkennt. Einmal fragte ich ihn: »Papi, weißt du noch, wie ich heiße?«

Da guckte er mich an, nahm mich in den Arm und sagte: »Du bist doch meine Liebe, meine ganz Liebe.« Meinen Namen wusste er nicht mehr. Sein Verstand hatte mich vergessen, doch sein Herz wusste, wer ich war.

Am Pfingstwochenende 1989 besuchte uns meine Freundin Ingelore. Wir hatten Gerhard für die Nacht fertig gemacht, ihn auf die Seite gelegt und seine wunden Stellen mit Salbe bestrichen. Seine Füße waren eiskalt. Ich spürte, dass es zu Ende ging und sagte zu Ingelore: »Geh schlafen, ich bleibe bei Gerhard sitzen.« Ich deckte die Lampe ein bisschen ab und stellte meinen großen Sessel neben sein Bett. Er atmete röchelnd. Ich befeuchtete ihm die Lippen mit einem teegetränkten Wattebausch. Das Röcheln wurde leiser. Irgendwann hörte ich sein Atmen nicht mehr. Ich ging zu Ingelore und sagte: »Ich glaube, es ist vorbei.«

Sie kam ins Schlafzimmer und schaute nach ihm. Mit einem letzten, tiefen Einatmen starb mein Gerhard. Wir hatten den 14. Mai 1989. Es war noch immer Nacht. Ich rief die Ärztin an. Sie kam zusammen mit einem Pfleger, stellte den Tod fest und schrieb den Totenschein aus.

Als sie gegangen war, band ich Gerhard das Kinn hoch und deckte ihn zu. Ingelore öffnete das Fenster. Wir versuchten zu schlafen. Am nächsten Tag wurde Gerhard in den Sarg gebettet und abgeholt.

Nun saßen wir da, es war Pfingstsonntag. Was tut man in so einer Situation? Ich hatte gelesen, dass es wichtig sei, sich zu beschäftigen – egal womit. Nur nicht herumsitzen! Ingelore hatte so eine zupackende Art, also begannen wir, Gerhards Zimmer umzuräumen. Ich hatte mir den Fernseher hineingestellt für die vielen Stunden, die ich bei ihm saß. Sein Bett stand in der Mitte des Raumes, damit man von allen Seiten zufassen konnte, um Gerhard zu bewegen oder aus dem Bett zu heben.

Wir stellten alles wieder um. Mich, die ich bis dahin jeden Tag mit einem festen Pflegeablauf gelebt hatte, rettete es davor, nicht sofort in ein tiefes Loch zu fallen. Es half für diesen Tag, später jedoch brach ich zusammen.

In der nächsten Woche ging ich mit dem Totenschein zum Standesamt, um die Sterbeurkunde ausstellen zu lassen. Hier nun erfuhr ich, dass die Ärztin ein falsches Formular benutzt hatte. Ich musste zur Warschauer Straße, um einen gültigen Totenschein zu bekommen. Zum Glück war meine Tochter Ines mit dem Auto dabei. Mit dem umgeschriebenen Totenschein ging es zurück zum Standesamt. Ich bekam die Sterbeurkunde und konnte mich um Gerhards Einäscherung und Beisetzung kümmern.

Das grösste Glück – meine Kinder und Enkel

Wenn ich zurückblicke auf die 81 Jahre meines Lebens und mich frage: Was hast du erlebt?, läuft ein Film an meinem geistigen Auge vorbei. Ich sehe all die lustigen und traurigen, die wichtigen und scheinbar unbedeutenden Szenen deutlich und farbig vor mir. An mancher Stelle würde ich gern sagen: Verweile doch, du bist so schön.

Was mir all die Jahre am meisten bedeutete, was mich wirklich erfüllte, waren meine beiden Kinder. Sie machen mich glücklich.

Ines wurde 1952 geboren und ich war überglücklich. Nach einem drei viertel Jahr bemerkte ich zunächst entsetzt, dass ich wieder schwanger war. Mein Mann Gerhard hatte sich schon bei der ersten Schwangerschaft einen Sohn gewünscht. Vielleicht würde es ja diesmal klappen?

Als meine Mutter den Anruf aus dem Krankenhaus entgegennahm, dass unser Sohn Norbert geboren war, gratulierte sie mir nicht, sondern jubelte: »Das muss ich sofort dem Gerhard sagen!« – und legte auf.

Gerhard war außer sich vor Freude. Seine Kollegen erzählten mir später, dass meine Mutter ihn mitten in einer Dienstberatung erwischt hatte. Mein Mann hatte zunächst gar nicht reagiert, dann jedoch stand er wie in Trance auf und verkündete feierlich: »Ich bin soeben Vater eines gesunden Sohnes geworden.«

Manchmal hat es mich geärgert, dass es unbedingt ein Sohn sein musste, doch der Norbert ist mir ans Herz gewachsen. Heute sage ich: Der liebe Gott schenkte mir einen Jungen, der sich um mich kümmert. Norbert ruft mich an, bringt mir Blumen, wir haben ein so wunderbares Verhältnis.

Glück bedeuten für mich ebenso meine drei Enkelkinder Clemens, Gregor und Antonia. Ein besonders inniges Verhältnis verbindet mich mit Antonia. Sie war als Kind oft bei uns, weil meine Tochter, Solotänzerin an der Staatsoper, nicht so viel Zeit für sie hatte. Antonia arbeitet mittlerweile als Hotelfachfrau in San Antonio in Texas. Wir telefonieren jede Woche miteinander. Auf alle drei Enkel bin ich sehr stolz.

Meinen Beruf, die Arbeit hätte ich in meinem Leben nicht missen wollen. Buchhändlerin zu werden, war seit jeher mein Traum. Schon als Lehrling spürte ich, dass mir das Verkaufen im Blut liegt. Wenn ich Briefe zur Post brachte oder andere Aufgaben erledigte, war ich so schnell und so fröhlich, dass Ebbo, unser alter Prokurist, mir nachrief: »Wissen Se Fräulein Große, von Ihnen sieht man ja bloß Beene.«

Ich arbeitete in verschiedenen Buchhandlungen in Meißen und Magdeburg. Immer hatte ich Spaß an der Arbeit und verstand mich gut mit den Kunden und den Kollegen.

Später bekam ich das Angebot, in der Akademie der Künste das Heartfield-Archiv mit aufzubauen. Anfangs war ich traurig, dass ich meinen eigentlichen Beruf aufgeben sollte. Da ich jedoch mit Heartfields Frau Tutti befreundet war, nahm ich das Angebot an.

Die Arbeit in der Akademie war eine spannende, neue Facette in meinem Leben. Hautnah erlebte ich so bedeutende Künstler der DDR wie Bertolt Brecht, Anna Seghers, Hans Marchwitza, Friedrich Wolf, Konrad Wolf, Johannes R. Becher, Professor Arno Mohr und Professor Werner Klemke. Die fünfzehn Jahre in der Akademie und die Freundschaft mit Tutti Heartfield haben mein Leben sehr bereichert.

Ein erfülltes Leben

Wichtiger als eine befriedigende Arbeit sind jedoch Freunde und Familie. Noch heute habe ich ein erfülltes Leben. Meine Kinder und Enkel sind oft bei mir. Ich habe viele Freunde und Bekannte, die sich um mich kümmern – oder ich mich um sie.

Wir organisieren sogar regelmäßig Klassentreffen in Meißen. In diesem Jahr trafen wir uns zum 75. Jahrestag unserer Einschulung. Siebzehn alte Klassenkameraden waren dabei. Ich besorgte siebzehn kleine Zuckertüten und füllte sie, bevor ich nach Meißen fuhr. Aber das Reisen wird mir von Jahr zu Jahr beschwerlicher. Am liebsten bin ich doch zu Hause. Einmal in der Woche gehe ich zum Schwimmen.

Mir ist es wichtig, auch zu den Verstorbenen, die ich einmal sehr gern gehabt habe, eine innere Verbindung zu halten. Sie gehören weiter zu meinem Leben. Als meine Mutter mit 89 Jahren an Herzversagen starb, ließ ich für sie einen Grabstein aus sächsischem Sandstein fertigen. Das Grab wurde nach zwanzig Jahren aufgelöst. Den Grabstein stellten wir auf unser Grundstück in Eggersdorf, an eine alte Kiefer gelehnt mit ein paar Blümchen davor. So ist meine Mutter immer ein bisschen bei uns, wenn wir in Eggersdorf sind.

In meinem Zimmer habe ich eine kleine Gedenkecke mit Bildern von meinen Eltern, meinen Brüdern, von Wilhelm und von Gerhard. Ich stelle frische Blumen hin und halte manchmal Zwiesprache mit meinen Lieben. Ich denke an den Spruch eines unbekannten Verfassers: »Immer wenn wir von dir erzählen, fallen Sonnenstrahlen in unsere Seelen. Unsere Herzen halten sich umfangen, so als wärst du nie gegangen.«

Ich habe keine Angst vor dem Tod, gar nicht. Ich bin vorbereitet. In meinem Testament habe ich eingetragen, dass meine Kinder alles übernehmen. Sie wissen, wo mein Testament liegt.

Nur wie werde ich gehen? Wenn ich sterben muss, möchte ich mich abends ins Bett legen und früh nicht aufwachen. Für den Fall, dass ich nicht mehr ansprechbar bin, habe ich eine Patientenverfügung geschrieben. Ich will nicht an irgendwelchen Schläuchen hängen und künstlich beatmet werden. Die Ärzte sollen mir etwas gegen die Schmerzen geben, mich aber einschlafen lassen.

Ich möchte auf die grüne Wiese. Mir genügt, wenn meine Kinder bei sich ein Bild von mir aufstellen und so an mich denken. Ich habe alles aufgeschrieben, auch wie meine Totenfeier ablaufen soll. Ohne große Reden, stattdessen wünsche ich mir, dass ein Gedicht von Annette von Droste-Hülshoff gelesen wird.

Letzte Worte

Geliebte, wenn mein Geist geschieden,
So weint mir keine Träne nach;
Denn, wo ich weile, dort ist Frieden,
Dort leuchtet mir ein ew'ger Tag!

Wo aller Erdengram verschwunden,
Soll euer Bild mir nicht vergehn,
Und Linderung für eure Wunden,
Für euern Schmerz will ich erflehn.

Weht nächtlich seine Seraphsflügel
Der Friede übers Weltenreich,
So denkt nicht mehr an meinen Hügel,
Denn von den Sternen grüß' ich euch!

Ich glaube nicht an ein Jenseits im christlichen Sinne. Mein erster Mann hatte mir in einem Brief geschrieben: »Wenn ich fallen sollte, werde ich eine Flamme im Weltall sein.«

Ich hatte ihn darauf gefragt: »Ob ich dich unter diesen vielen Flammen finden werde, wenn ich auch tot bin?«

Das ist nun 63 Jahre her. Den Ring, den er mir 1941 schenkte, den trage ich heute noch. Ich glaube, die Seele ist das, was mich im Leben und im Tod mit den geliebten Menschen verbindet. Bei Wilhelm spürte ich immer, wenn er auf Urlaub kam. Ich wurde unruhig, fuhr nach Dresden zum Bahnhof – und da stand er dann wirklich.

Als er das letzte Mal auf Urlaub kam, fühlte ich wieder so einen Druck auf der Brust. Er war jedoch nicht auf dem Bahnhof. Ich ging zur Arbeit, war nervös und fahrig. Da klingelte das Telefon, meine Mutter war dran: »Ich habe gerade ein Telegramm bekommen. Wilhelm erwartet dich in Riesa.« Ich fuhr nach Riesa und suchte jeden ankommenden Zug ab. Als ich schon fast die Hoffnung verloren hatte, sah ich ihn am Fenster des einfahrenden Zuges.

Auch als Wilhelm starb, wusste ich das. Es war am Geburtstag meines Bruders, der 14. Februar 1944. Ich war verzweifelt, weinte – und wusste gar nicht warum. Die Todesnachricht erhielt ich erst Anfang März.

Heute spüre ich diese Seelenverbindung mit meinen Kindern und Enkelkindern. Unsere Seele ist unsterblich. Sie ist das, was von uns bleiben wird.

In den letzten Jahren habe ich viele Freunde, Bekannte und entfernte Familienmitglieder verloren. Ich war jedes Mal sehr traurig. Trotzdem hat mich mein Lebensmut nicht verlassen. Ich bin ein positiv denkender Mensch und lache gern. Und ich danke dem Leben.

Ivan Loewe

Sterben ist ein andauernder Übergang

Aufgeschrieben von Titus David Hamdorf

Ivan Loewe wurde 1924 in Griechenland geboren. Nach dem Krieg stieg er in das Athener Familienunternehmen ein und verließ dieses Anfang der sechziger Jahre, um in München Philosophie und Psychologie zu studieren. Nach seiner Promotion begann der Privatier als Fotograf und Schriftsteller zu arbeiten. Er lebt heute mit seiner Frau in Süddeutschland, Berlin und Griechenland, unternimmt lange Reisen und beschäftigt sich intensiv mit buddhistischer Lebenspraxis.

Der Autobiografiker Titus David Hamdorf ist seit seiner Jugend eng mit Ivan Loewe befreundet.

ich durchquerte einst
beladen mit schätzen
alle gezeiten der welt

im laufe der jahre
warf ich die lasten
leicht über bord

Das Sterben ist für mich ein Bestandteil des Lebens. Ein Geschehen, das in meine Lebenszeit fällt. Ich sterbe, bis ich endgültig aufhöre zu leben.

Im Sprachgebrauch werden »Tod« und »Sterben« leicht vermischt. Wenn wir vom »Tod« reden, meinen wir häufig eher »Sterben«, jenen Übergang vom Lebendigsein zum Totsein, und nicht etwa den für uns rätselhaften oder geheimnisvollen Tod, der dem Sterben folgt. Der oft lange andauernde Sterbeprozess und der Tod danach sind zwei ganz unterschiedliche Stufen, die für sich stehen. Ich beschäftige mich mit ihnen, weil ich weit über achtzig bin. Ich befinde mich demnach mitten im Verlauf meines Sterbens, in der Zeit des Übergangs vom vertrauten Hier in ein unheimliches Dort. Doch wie werde ich damit fertig? Ich gebe es zu, ich habe Angst, eine fürchterliche Angst.

Eine meiner größten Befürchtungen ist, dem Sterben einmal ausgeliefert zu sein, dass es mir widerfährt und mich handlungsunfähig werden lässt. Passivität im Sterbeprozess wäre für mich ein höllischer Zustand. Solange ich noch das Gefühl habe, die Dinge selbst bestimmen und führen zu können, erlebe ich mich in meinem Sterben als aufrecht stehend.

Mich ängstigt die Ungewissheit. Oft peinigt mich die Frage, warum der Epilog, der Abgesang des Lebens, so schweres körperliches Leid mit sich bringen kann. Ich male mir schlimmste Szenarien aus. Was wird mit mir geschehen? Auf welche Weise werde ich sterben? Wird mein Geist vor Angst und Schmerz umnebelt sein? Oder werde ich glasklar sein und den körperlichen Zerfall wach miterleben? Wie werde ich damit fertig, wenn mein Leib leidet und verfällt?

Der Tod bleibt mir ein Rätsel

In meinem Leben begegnete ich verschiedenen Sterbearten, die mir auf meine drängenden Fragen und das Geheimnis Tod keine Antwort geben.

Ich diente im Zweiten Weltkrieg als achtzehnjähriger Matrose auf einem Alliierten-Zerstörer. Unser Schiff wurde jeden Tag von ein oder zwei Flugzeugen begleitet, die uns vorwiegend vor deutschen U-Booten warnten. Eines Tages stürzte ein Flieger unweit unseres Schiffes ins Meer. Wir sahen, wie der Pilot mit einem Fallschirm absprang. Sekunden später erhielten wir den Befehl, ihn zu retten. Der Kapitän ließ das Schiff so wenden, dass die Wellen den Verunglückten zu uns tragen würden. Wir setzten ein Rettungsboot bei. Die See wurde immer rauer, doch der Plan des Kapitäns ging auf. Nach wenigen Minuten konnte sich der Pilot am Boot festhalten. Ein Matrose kletterte rasch nach unten und streckte ihm die Hand entgegen. Doch als er den Verunglückten über die Sparren aus dem Wasser ins Boot hieven wollte, wurde der plötzlich mit einem Ruck unter Wasser gerissen. Wir sahen hilflos zu, wie er immer weiter sank und schließlich ganz unter dem Schiffsrumpf verschwand.

Was war geschehen? Wegen des starken Wellengangs musste unser Kapitän die Maschine laufen lassen, um nicht vom Kurs abgetrieben zu werden. Der Fallschirm, in dessen Geschirr der Pilot noch hing, war in die Flügelblätter der Schraube geraten und hatte ihn nach unten gezogen. In der aufkommenden Hektik an Deck wollte ein Kamerad mit einer Taucherausrüstung nach unten gehen. Er sprang mutig, doch ohne jegliche Erfahrung, in das brausende Meer.

»Holt ihn hoch, er ersäuft uns noch!«, rief der Kommandant.

Als Nächster wagte ich einen Versuch. Ich stürzte mich ohne Ausrüstung ins Wasser und tauchte mit kräftigen Zügen tiefer und tiefer, bis ich in der Nähe des Hecks einen großen hellen Fleck erkennen konnte, unter dem etwas Dunkles schwebte. Da packte mich eine panische Angst. Ich tauchte schnell wieder hoch. Das Meer tobte, gigantische Wellenberge. Es wäre zu gefährlich gewesen.

Nach mir ging ein junger Schotte nach unten, der so tief tauchte, dass er den Mann genau erkennen konnte. Doch auch er kehrte ohne Erfolg an Deck zurück. Schließlich gab der Kapitän den Befehl, die Schraube umgekehrt drehen zu lassen. Uns kam es vor wie eine Ewigkeit, bis tatsächlich der Schirm an die Oberfläche trieb. Wir bargen den bewusstlosen Mann und betteten ihn an Deck. Als ich ihn dort liegen sah, schwor ich mir: »Ich bringe ihn zurück ins Leben.«

Ich hatte als Junge bei den Pfadfindern ein wenig erste Hilfe gelernt, nicht aber die Mund-zu-Mund-Beatmung. Der Schiffsarzt wies mich in diese Technik ein und fixierte die Zunge des Piloten mit einem Bändchen, um das Ersticken zu verhindern. Während ich den Mann beatmete, hämmerte es meinem Kopf: »Ich bringe ihn zurück! Ich bringe ihn zurück!«

Die rauen Matrosen, diese »harten Jungs«, rannten davon. Selbst als ich jemanden bat: »Hilf mir, halte seine Zunge!«, drehte der sich um und verschwand. Ich weiß nicht, wie lang ich kämpfte, mir schien es wie eine oder zwei Stunden. Plötzlich bemerkte ich eine rosige Verfärbung auf dem Gesicht des Piloten. Ich schrie: »Er kommt zurück! Er lebt! Holt den Arzt! Er lebt!«

Doch der Arzt untersuchte den Mann und schüttelte den Kopf. Er legte mir seine Hand auf die Schulter: »Es ist aussichtslos, was du machst. Er ist tot.« Ich sah ihn fassungslos an.

»Das ist ein typisches Phänomen. Die Haut des Toten verfärbt sich. Es sieht dann so aus, als lebte er«, versuchte er mir zu erklären.

Doch ich wollte es nicht glauben und beatmete den Mann weiter, bis ich nicht mehr konnte. Es war furchtbar, als ich aufgeben und mir sagen musste: »Ich kann nichts mehr tun.«

Erschöpft rappelte ich mich hoch. Während ich mich wieder als Radar-Operator auf Wache befand, wurde der Pilot nach Seemannsart bestattet. Die Matrosen wickelten ihn in ein weißes Laken und ließen ihn unter Gebeten ins Meer hinabgleiten.

Etwas hatte mich tief bewegt: In den Taschen des jungen Piloten, der ein Jude aus Kanada war, fand sich das Bild eines griechischen Soldaten, eines so genannten Evzonas, in der Tracht des Freiheitskämpfers. Er hatte das Bildchen wie einen Talisman bei sich getragen und sollte in den Händen eines Griechen sterben. Ich glaubte an keinen Zufall.

Jahre später erlebte ich das Sterben und den Tod meines Vaters. Er erkrankte mit 73 Jahren an schwerem Nierenkrebs. Seine Ärzte in Griechenland stellten eine falsche Diagnose. Selbst ein aus München hinzugeholter Spezialist vertraute blind auf das katastrophale Urteil seiner Kollegen. Erst nachdem diese Scharlatane meinem Vater die falsche Niere entfernt hatten, wachten wir Kinder auf. Mein Bruder sorgte dafür, dass er in eine Fachklinik nach Deutschland überwiesen und weiter behandelt wurde. Jener Chefarzt, der den Ernst der Lage zuvor verkannt hatte, stellte bereits während seiner Erstuntersuchung fest, dass die Überlebenschancen meines Vaters nur noch gering waren.

Für meinen Vater begann ein furchtbares Leiden. Operationen, Chemotherapie. Sechs lange Monate. Wir ließen ihn in ein Münchner Krankenhaus in meine Nähe überführen. Ich holte meine Mutter und meine beiden Schwestern zu mir. Mein Vater sollte in unseren Armen sterben.

Meine Mutter, die in dieser Zeit unentwegt strickte, und wir Geschwister lösten uns bei der Krankenwache ab. Eines späten Abends saß ich mit meiner Mutter und meiner jüngeren Schwester im Wohnzimmer, um den schweren Tag ausklingen zu lassen. Da klingelte das Telefon. Meine ältere Schwester war dran. »Bring Mutter her, schnell. Ich fühle, dass er bald von uns geht«, flüsterte sie.

Ich wusste, wie stark ihre Intuition ist, und zögerte nicht. Wir stürzten in die Klinik, wo meine Mutter nicht mehr von der Seite meines Vaters wich. Er fieberte und ertrug in seiner Agonie nichts auf seiner Haut. Immer wieder befreite er sich von seiner Bettdecke. In ihrer Hilflosigkeit hob meine Mutter sie auf und deckte ihn zu. Irgendetwas wollte sie noch für ihren geliebten Mann tun. Nach dem siebten oder achten Mal verlor ich die Geduld und herrschte sie an: »Lass ihn doch endlich in Ruhe!«

Wir alle waren mit den Nerven am Ende. Ich entschuldigte mich und überzeugte sie, mit mir und meiner jüngeren Schwester nach Hause zu fahren. Ich wollte nicht wahrhaben, was uns die Krankenschwestern sagten, bevor wir die Klinik verließen: »Es kann jetzt jederzeit zu Ende gehen.«

Kaum hatte ich die Haustür aufgeschlossen, schellte das Telefon. Mein Vater war gestorben.

Da er in Griechenland beerdigt werden sollte und die gesetzlichen Bestimmungen besagten, dass der Tote spätestens drei Tage nach seinem Ableben unter der Erde liegen müsse, galt es, die Überführung seines Leichnams so rasch wie möglich zu organisieren. Ein schwieriges Unterfangen, da das Wochenende begonnen hatte. Doch mir stand ein Engel zur Seite.

Am nächsten Morgen erklärte ich einem Bestattungsunternehmer händeringend: »Hören Sie, es ist ziemlich kompliziert. Ich bin Grieche, meine Mutter ist alt … Bis Montag muss mein Vater in Athen sein!«

Der Mann sah mir still in die Augen und nickte ruhig: »Ja, ist gut.«

Innerhalb weniger Stunden stand der verplombte Sarg mit meinem seligen Vater in einer Kammer des Flughafens. Die Papiere, die Tickets, alles war fertig, wir konnten pünktlich abreisen.

Erst im Flugzeug spürte ich den Verlust meines Vaters. Nicht nur hatte ich ihn sehr geliebt und fühlte nun schmerzlich, dass er nicht mehr da war. Ich erkannte, dass ich selbst ab sofort zu den ältesten Männern meiner Familie gehörte. Ein Gefühl der Einsamkeit und Verlorenheit überkam mich. »Sobald der Vater tot ist, bist du kein Kind mehr!«, beschrieb meine ältere Schwester das sehr treffend. Ich wehrte mich dagegen. In diesem Zustand entwickelte ich eine Art kindischen Humor. Ich riss verrückt-verzweifelte Witze und spielte besonders vor meiner Mutter den Kasper. Nach einigen Wochen bei meiner Schwester in Athen kehrte ich innerlich noch immer aufgewühlt nach München zurück.

Doch auch dort konnte ich nicht stillhalten. Eine unbeschreibliche Ruhelosigkeit trieb mich um. Eines Morgens kurz vor Ostern packte ich mein Fahrrad, um ohne bestimmtes Ziel Richtung Italien aufzubrechen. Das größte Stück über die Alpen und die letzte Etappe legte ich mit dem Zug zurück. Am Karfreitag kam ich nach sieben Tagen Reise erschöpft und hungrig in Rom an. Ich kehrte in die erstbeste Wirtschaft ein und bestellte Speisen und Getränke, als säße eine ganze Kompanie mit am Tisch. Ich weiß nicht mehr, wie viel ich trank und welche Mengen ich verschlang. Die Kellner nutzten mein irrwitziges Gelage und betrogen mich mit dem Restwein aus fremden Gläsern. Ich schwieg dazu, verzehrte still, was sie mir vorsetzten.

Ich sehnte mich nach Einkehr an diesem hohen Feiertag. So beschloss ich, in die Stadt zu laufen und eine Kirche zu suchen. Es trieb mich zum Domplatz, wo die Glocken von St. Peter dröhnend zur Karfreitagsmesse riefen. Im Dom setzte ich mich weit nach vorn in die zweite Reihe und verfolgte die Zeremonie, die von zwölf vatikanischen Bischöfen und Kardinälen abgehalten wurde. Aufgrund meiner heillosen Prasserei noch vor einer Stunde fühlte ich mich schuldig und haderte mit mir: »Mein Gott, ich habe kein Recht, derart voll gefressen hier zu sitzen und die Kommunion zu feiern.«

Als die Gemeinde niederkniete, um die Hostie zu empfangen, die Bischöfe segnend die Reihen abschritten, blieb ich als Einziger stehen. »Ich bin nicht würdig, den Segen zu erhalten«, flüsterte ich vor mich hin und hoffte, der Priester werde an mir vorüberwandeln. Doch der Bischof, der mit gesenktem Haupt die Hostie verteilte, trat vor mich hin, blickte auf, schaute mir direkt in die Augen und gab mir das gesegnete Brot.

Ich fühlte mich unsagbar befreit. Das war ein Zeichen, dachte ich. Jetzt kannst du heimfahren. Meine Haltlosigkeit wich einer tiefen Ruhe und Klarheit.

Ein drittes Mal begegnete mir der Tod vor etwa fünfzehn Jahren. Mit einer schweren Herzklappenentzündung wartete ich in der Klinik auf meine Operation. Es war ein Wettlauf mit der Zeit. Der Virus zerstörte nach und nach mein Herz. Mein guter Arzt kämpfte um mein Leben.

Zwei Tage vor dem OP-Termin wollte man in einer Routine-Untersuchung den Druck zwischen den beiden Herzarterien prüfen. Man schob mich in den CT-Raum, verabreichte mir eine Spritze mit Kontrastmittel und – weg war ich! Mein Herz stand still.

Seligkeit erfüllte mich. Ich schwebte in vollkommenem Glück. Aus weiter Ferne hörte ich plötzlich eine Stimme: »Herr Loewe! Herr Loewe!«, jemand verpasste mir rechts und links unsanfte Ohrfeigen.

»Ich will nicht! Ich will nicht!«, schrie es in mir, während die Ohrfeigen weiterhin in mein Gesicht prasselten. Als ich widerwillig die Augen öffnete, sah ich ein weibliches Gesicht über mir schweben. »Eine Frau«, murmelte ich beruhigt und wollte weiter dämmern. Ein letzter Klaps, und ich war wach.

Am Fußende stand mein Arzt mit feuerrotem, schweißüberströmtem Gesicht und zeigte stumm auf den Monitor, wo eine noch ein wenig zittrige Pulskurve auf und ab hüpfte. Meine tiefe Empörung, gegen meinen Willen zurückgeholt worden zu sein, und die Erinnerung an diesen Zustand der Seligkeit ließen eine unbestimmte Sehnsucht in mir zurück.

Nach dieser Todesnähe hörte ich in den darauf folgenden Wochen zum ersten Mal eine Art innere Stimme, die ich – wie Platons Sokrates – für mich »Daimon« taufte. Mit ihm unterhielt ich mich in einem fort, wobei ich ihn sogleich duzte, mit ihm witzelte und lachte. Als jedoch mein Daimon meine Todessehnsucht spürte, redete er ein ernstes Wörtchen mit mir: »Denke an deinen jungen Sohn, Ivan. Willst du, dass er in der Kirche an deinem Sarg steht und weint? Willst du ihn wirklich schon allein lassen?« Dieses Bild zerriss mir das Herz, und ich begann, wie ein Löwe um mein Leben zu kämpfen.

Ich hänge mehr am Leben denn je

Heute erlebe ich meine Ängste bewusst und versuche, mich dem Geschehen des Sterbens hinzugeben, mit dem Leben mitzufließen. Manchmal bete ich: »Dein Wille geschehe!«, für mich eine urchristliche Formel, in der sowohl die höchste Form von Hingabe wie absolute Befreiung ihren Ausdruck finden.

Oftmals stritt ich mich darüber mit meinem Daimon: »Hingabe, sagst du, mein Daimon? Aber ich will doch führen! Ich will nicht, dass mir all das irgendwann einmal nur passiv widerfährt.«

»Natürlich sollst du führen. Hingabe bedeutet, sich auf einem Fluss treiben zu lassen, im tiefen Vertrauen, irgendwann ins Meer hinausgespült zu werden. Führen kannst du, indem du das Ruder hältst.«

»Und wenn ich mich auf diese Weise hingebe, wird das meine Angst lindern?«

»Mach dich darauf gefasst, mit der Angst zu leben. Sie schwillt an und ebbt ab, wie ein Meer.«

Meine eigene Biografie verstehe ich als einen Wechsel von Ebbe und Flut, als eine einzigartige Reihung von Ereignissen, die ich periodisch in vier Lebensphasen unterteile. In der Periode des Anfangs hatte ich das Gefühl: »Ich habe alles noch vor mir. Alles ist möglich!«

Mit dem Reiferwerden bekam ich den sicheren Eindruck: »Jetzt kann ich verwirklichen, was mir möglich ist. Ich habe das Leben noch vor mir und Zeit genug.« In dieser Haltung verschob ich wichtige Entscheidungen, lehnte Verantwortung ab oder veränderte meine berufliche Orientierung, nur um mir dieses Grundgefühl zu bewahren: »Es kommt noch etwas, das Wichtigste wartet noch auf mich.« Ich war nie dort, wo ich mich befand, dachte beim Essen an eine Reise, die ich in einer Woche unternehmen würde, oder sogar beim Sex an den nächsten Tag.

Dieser zweiten Lebensperiode, die sich stets erwartungsvoll in die Zukunft öffnete, folgte eine Phase, in der ich ernüchtert feststellte: »Ich habe nur wenige meiner Ziele erreicht. Einen Großteil meiner Wünsche werde ich wohl nie erfüllen können.« Ich wurde in meinen Träumen und Plänen bescheidener. Zeitweilig resignierte ich und zog mich zurück. Insgesamt wurde ich ruhiger und gelassener. Ich bemerkte: »Selbst die Ziele, die ich erreicht habe, brachten mir nicht die Erfüllung, die ich erwartet hatte. Das Erreichen eines Zieles ist wie das Grab meines Wunsches.«

Die vierte und letzte Periode, in der ich mich jetzt befinde, ist für mich überraschenderweise die interessanteste. Sie birgt einen unendlichen Reichtum, der mir zuvor nicht zugänglich war. Ich erlebe in jeder Sekunde bewusst, dass alles endgültig ist. Wenn ich einatme, weiß ich nicht, ob ich ausatmen werde. Dieses Bewusstsein schenkt mir die Kostbarkeit des Augenblicks und nährt zugleich die Todesangst in mir. Vor kurzer Zeit sprach ich mit einem etwa dreißigjährigen Freund über meine panischen Ängste und mein Glück, das Leben derart intensiv zu genießen. Ich schwärmte ihm vor: »Weißt du, ich glaube, dass jeder Mensch, der diese Stufe einmal erreicht hat, bevorzugt ist. Ich jedenfalls empfinde tiefes Mitgefühl mit dir, weil du noch so lange darauf warten musst!«

Mein Freund lächelte und meinte: »Du meinst also, ich sollte dich beneiden?« Wenn er so weit ist, was ich ihm gönne, wird er an mich denken.

Nicht immer erlebte ich die Phasen meines Lebens so deutlich. Eher schlitterte ich blind von einer Periode in die nächste, wunderte mich über die Eintönigkeit meines Alltags oder litt unter Lebenskrisen. Erst als ich mich nicht mehr mit tausenderlei Dingen von meiner Todesangst ablenkte, konnte mir der Reichtum eines jeden Moments bewusst werden.

Heute sitze ich beim Essen und denke nicht ans Nachher. In diesem Moment konzentriere ich mich voll auf das sinnliche Erleben der Speisen. Ich genieße, wie sie zubereitet sind, wie sie schmecken und duften. Ich liebe es, klares Wasser zu trinken, das sich mit einer Scheibe Zitrone in ein Gedicht verwandelt. All das wird für mich zu einem Gebet. »Welch ein Glück, dass ich noch so essen und trinken kann!«, sage ich mir voller Dankbarkeit. Ich werde demütig in dem Wissen, wie reich mich das Leben beschenkt.

Diese Intensität meines Erlebens begann, als mein Leben anfing aufzuhören. In der Phase des Sterbens versuche ich bewusst auf nichts fixiert zu sein, nichts zu wollen, mit nichts zu hadern. Eine Art Meditation, in der ich dankbar und intensiv die Fülle meiner Existenz wahrnehme und versuche, mit meiner Angst zu leben.

Doch nicht selten falle ich in Zustände aus anderen Perioden zurück. Erinnerungen nisten in mir wie ungebetene Geister, werden wieder aktuell oder verkleiden sich mit dem Gewand der Gegenwart. Ich sinke in einen vertrauten Zustand der traurigen Verzweiflung und bemitleide mich selbst: »Meine Beine werden schwach, mir wird beim Aufstehen schwindelig, meine Augen lassen nach, und ich werde nie wieder mit meinem tollen Auto fahren können!«

Glücklicherweise höre ich meist, wie mein Daimon mich leise auslacht und ermahnt: »Du hast Probleme! Schau dort, der Junge im Rollstuhl. Mit welchem Recht beschwerst du dich in deinem biblischen Alter über müde Beine?«

Mein Daimon ist ein guter Wächter. Sobald er meine Sentimentalität und Verzagtheit spürt, klopft er mir auf die Finger. Er erinnert mich unermüdlich daran, wie unfassbar reich das Angebot ist, in dem ich lebe. Dank seiner unbestechlichen Klarheit verliere ich das Gefühl meiner Dankbarkeit selbst dann nicht, wenn ich lebenssatt oder ängstlich bin. Er erinnert mich an die Menschen, die lebendig und liebevoll mit mir verbunden sind, wenn ich darüber klage, wie einsam und verlassen ich bin.

Nachdem ich dem Tod so knapp entronnen war, begannen mich die unterschiedlichen Formen der Bestattung zu beschäftigen. Ich suchte für mich nach einer tröstlichen Form des Abschieds vom Erdendasein und entdeckte einen Text wieder, der das griechisch-orthodoxe Begräbnis beschreibt. Darin steht Gott sei Dank nichts von einem Fegefeuer oder einem vernichtenden Jüngsten Gericht. Das beruhigt mich bis heute.

Bei meiner Lektüre unterschiedlicher mystischer und philosophischer Texte beeindruckten mich besonders die buddhistischen Vorstellungen vom Sterben. Die Buddhisten glauben an Seelenwanderung und Wiedergeburt in Form der Reinkarnation. Sie sprechen von einer Art Zwischenzustand, dem so genannten Bardo, worin sich die Seele des Gestorbenen aufhält, bevor sie in die Welt der Seelen (Nirvana) wandert. Für diesen Übergang braucht die Seele jedoch dringend die Hilfe der Lebenden. Es heißt nämlich, dass sie sonst nach dem Tod gar nicht erkennt, dass der Mensch gestorben ist, in dessen Körper sie einst lebte. Die Seele irrt zwischen ihren Liebsten umher, die ihre Anwesenheit jedoch nicht bemerken können. Sie wundert sich, warum sie nicht mehr gehört und gesehen wird. Es schmerzt sie. Daher ist es die Aufgabe der Lebenden, mit bestimmten Ritualen der Seele des Toten deutlich zu machen, dass sie sich in der Welt des Übergangs befindet.

Diese Vorstellung wirkt auf mich grausam. Welche Qual muss das sein! Ein infernalisches Szenario! Es könnte also Tage dauern, bis meine Seele versteht: »Mein Leben im Körper Ivans ist vorbei«, und endlich ins Reich der Seelen wandern kann.

Um mich von solchen Furcht erregenden Bildern abzulenken, bin ich dankbar für alles Schöpferische, das mich – zumindest für den Moment – von meiner Todesangst erlöst. Im Augenblick, da ich schreibe, erzähle, denke, meditiere, mit mir ins Reine komme, verlässt mich meine Furcht.

Jahrelang beschäftigte ich mich auch schreibend mit den philosophischen und naturwissenschaftlichen Theorien zu unserem menschlichen Dasein. Aus diesen Texten, vor allem jenen zu Erkenntnis-Philosophie, Buddhismus und Quanten-Physik, bildete ich eine Synthese, welche die Grundlage meiner eigenen Theorie vom Leben und Sterben darstellt. Dieses Erklärungsmodell erleichtert mir das bewusste Erleben des Sterbens und mildert hin und wieder sogar meine Ängste.

Was für manche Menschen der Trost eines ewigen Lebens nach dem Tode ist, wurde für mich die Unterscheidung in zwei Kategorien: »Aktualität« und »Realität«. Aktualität ist bedingt durch Raum und Zeit. Zu ihr gehört der Begriff des Vergänglichen. Was aktuell ist, ist in jedem Fall auch real. Realität hingegen ist unabhängig von Raum und Zeit. Sie ist im Unterschied zu Aktualität nicht vergänglich. Was also real ist, ist nicht in jedem Fall aktuell. Eine entscheidende Erkenntnis, die für mich persönlich maßgeblich wurde, ist, dass alles Sein in der Realität ewig und untilgbar ist.

In unserer Vorstellung von Leben und Tod sprechen wir von »Veränderung«, »Prozess« und »Vergänglichkeit«. Unser Bewusstsein und unsere Erfahrung orientieren sich an Raum und Zeit. Wir meinen damit die Aktualität, in der die Dinge eine Dauer haben und immerfort aufhören, aktuell zu sein. Mit meinem Begriff der Realität aber hört nichts auf. Wie sollte etwas, das einmal real ist, plötzlich un-real werden? Realität ist für mich eine – für uns leider unvorstellbare – Totalität, die aus unendlich vielen Elementen besteht.

Übertragen auf das Sterben heißt das: In der Aktualität bin ich als irdische Existenz in Raum und Zeit endlich. Meine Realität jedoch ist untilgbar. Ich kann versuchen, sie zu zerstören, könnte sogar Selbstmord begehen, sie ist nicht auszulöschen.

Zwar habe ich kein besonderes Interesse daran, diesen Ivan zu verewigen, und ich kann nur ahnen, warum Menschen sich dies wünschen. Doch meine Theorie widerspricht der Vorstellung, dass mit dem Tod alles vorüber sei. In der Meditation kann ich meine Theorie sogar erleben. Wovor habe ich also solche Angst, wenn ich die Vergänglichkeit als Illusion durchschaue? Ich fürchte mich vor der Möglichkeit, auf entsetzlich qualvolle Art zu sterben.

Meine Gemütsverfassung schwankt, und mit ihr verändert sich das Gesicht meiner Ängste. Manchmal geht es mir schlecht. Ich bin niedergeschlagen, müde, unzufrieden, traurig und lustlos. Mich beherrscht eine dunkle, diffuse Angst, die mich schier wahnsinnig werden lässt. Ich möchte einfach nur verschwinden, allein um ihr zu entkommen. Geht es mir jedoch gut, bin ich voller Elan, genieße den realen, ewigen Augenblick und vergesse meine Angst. Die Welt erscheint dann wunderbar. Als ich vor einem Jahr wieder einmal in diesem Schwung war, überlegte ich, meine kleine Berliner Wohnung um die benachbarte zu erweitern und alle Räume völlig neu einzurichten. Bevor ich loslegte, plagten mich jedoch Zweifel und ich fragte meinen weisen Daimon: »Sag mal, findest du die Idee vernünftig, obwohl ich so alt bin?«

Er schwieg beharrlich.

»Na ja, ich halte es ja selbst für eine Anmaßung. Nein, ich werde das nicht machen und Ruhe geben. Basta!«, rief ich unwirsch.

»Was redest du nur für Unsinn!«, meldete er sich. »Ob du nun noch zwei Stunden, zwei Monate oder zwanzig Jahre leben wirst. Mach's einfach! Schritt für Schritt. Du bist dabei zu sterben, na und? Das kann morgen vorbei sein oder noch ewig dauern. Also, bitte!«

»Aber du musst doch zugeben, dass die anderen das töricht finden werden.«

»Bist du nicht inzwischen alt und weise genug, um darüber zu stehen und zu lachen?«

Ich schmunzelte und begann sofort mit der Planung.

Seitdem beschäftigt mich dieses Projekt. Nebenbei schreibe ich weiter an meiner Theorie, treffe Menschen, gehe auf Reisen. Ich vermeide es wie der Teufel das Weihwasser, eines meiner Projekte zu beenden, da ich weiß, dass meine Todesangst dann mit Wucht zu mir zurückkehrt. Hinzu kommt die peinigende Furcht, all das lieb Gewonnene bald zu verlieren. Ich will es festhalten, besitzen, will selbst den kleinsten Gedanken nicht vergessen. Ich hänge daran, ich hänge mehr denn je am Leben. Selbst mein Daimon kann mir nichts über das Ende des Sterbens sagen. Ich hoffe, ich werde darauf vorbereitet sein. Wer weiß, vielleicht erlebe ich den Tod sogar als eine Art Befreiung?

Magda Egressy

Beim Sterben war ich nie dabei

Aufgeschrieben von Timo Piecha

Die Opernsängerin Magda Egressy wurde 1920 als Tochter eines jüdisch-ungarischen Kapellmeisters in Budapest geboren. Ihr Leben war die Musik, die Bühne und ihr Mann, ein Opernsänger, der ihr nach Deutschland folgte. 65 Jahre lebte sie mit ihm in Freiburg/Breisgau, bis er vor drei Jahren starb.

Natürlich habe ich Tote gesehen – viele. Direkt vor dem Haus in Budapest wurden Juden ermordet. Wir wohnten am Donauufer. Von der Margaretheninsel beschossen uns die kommunistischen Befreier und auf dem Dach, über unseren Köpfen, leisteten deutsche Geschütze letzten Widerstand. Ja, ich sah etliche Leichen. Doch ich dachte über den Tod nicht nach.

Jetzt bin ich 86 und noch immer fehlt mir der Bezug. Seit dem Krieg ging es ums Leben und Überleben; beim Sterben war ich nie dabei. Ein Mal fand ich einen überraschend gestorbenen Kollegen aufgebahrt. Er sah friedlich aus – das war alles, was ich bei seinem Anblick empfand. Wir Menschen fürchten uns vor dem Sterben, aber nicht vor dem Tod. Jeden Tag sterben wir ein wenig mehr, das hat mich das Leben gelehrt.

Unser unstetes Leben

Ich stamme aus einer ungarischen Musikerfamilie und bin 1920 in Budapest geboren. Mein Vater war ein namhafter Kapellmeister in Österreich-Ungarn. Als Kommunist verdächtigt, zog er nach meiner Geburt mit der sechsköpfigen Familie in die Niederlande. Erst Mitte der dreißiger Jahre kehrten wir nach Ungarn zurück. Dazwischen lagen Aufenthalte in Berlin und Wiesbaden, wo ich Deutsch lernte und meine gesangliche Ausbildung erhielt. In Berlin wohnten wir vorübergehend im Hotel Adlon – zusammen mit den Künstlergrößen der zwanziger Jahre. Von diesen Begegnungen geprägt, singe und spiele ich mein ganzes Leben.

Meinen Mann Georg lernte ich mit neunzehn in Sofia kennen. Der Zweite Weltkrieg hatte gerade begonnen. Nach unserer Heirat lebten wir bis 1955 in Ungarn. Mein Mann gehörte dem Ensemble der Budapester Staatsoper an. Als unbekannte ungarische Sängerin wurde ich am Dessauer Theater engagiert. Hier arbeitete ich, von meinem Mann und unserem zehnjährigen Sohn Toma getrennt, bis mir Georg folgte und in meine Nähe nach Dresden kam. Mit dem Ausbruch der

Revolution 1956 waren wir in Ostdeutschland vor der stalinistischen Willkür nicht mehr sicher und beschlossen unsere Flucht. Nach meiner letzten Arie verschwand ich als Königin der Nacht aus der »Zauberflöte« und aus Dessau. Begleitet von Georg und Toma – meinen beiden Männern – fuhr ich nach Ost-Berlin. Dort nahmen wir die U-Bahn in den Westteil der Stadt. Ich trug mein Opernkostüm und mein Mann seine Aktentasche. Mehr besaßen wir nicht.

Unser unstetes Leben gehörte der Musik. Sie diente uns als Wegweiser und führte uns zunächst nach Oldenburg und Lübeck. Zwar wohnten wir später über dreißig Jahre in Freiburg im Breisgau, doch reisten wir zunächst viel – durch die Gastspiele. Und selbst als wir die Sängerkarrieren an den Nagel hängten, blieben wir im Herzen Musiker und Schauspieler.

Unser Sohn Toma besuchte das Gymnasium und ich wurde sesshaft, fand eine Stelle in der Pharmaindustrie, leitete eine Abteilung mit zehn Mitarbeitern und betrachtete meine Tätigkeit als eine neue Rolle, die ich angenommen und zu spielen hatte. Georg, der mit fünfzig am Theater aufhörte, nachdem er sich als Computer-Programmierer weitergebildet hatte, bezeichnete uns als »Schaufenstermenschen«. Wir gehörten auf die Bühne.

Der unpersönliche Abschied

Die Flucht aus dem Ostblock bescherte uns ein großes Maß an persönlicher Freiheit, doch trennte sie uns von Familie und Freunden, was für mein Erleben von Tod und Sterben und meine Einstellung zur eigenen Vergänglichkeit Konsequenzen haben sollte:

Als Erster starb mein Vater. 1953 in Siebenbürgen. Da man unter Stalin innerhalb der kommunistischen Staaten nicht frei reisen konnte, wurde mein Vater begraben, ohne dass ich dabei sein durfte. Erst war ich völlig aufgelöst. Dann, nach drei Tagen der Trauer, hat er für mich weitergelebt. Er überwand den Tod, weil ich ihn nicht habe sterben sehen.

Seine Witwe führte eine Irrfahrt von Rumänien über Italien nach Ungarn. Auf ihrer Durchreise sah ich meine Mutter auf dem Baseler Bahnhof zum letzten Mal. Eine Woche später ging sie in Budapest von uns – ich war nicht dabei. Der unpersönliche Abschied zieht sich durch mein ganzes Leben.

Tibor, mein ältester Bruder, war Gesangslehrer und liegt in Mailand begraben. Ich gedenke seiner und so lebt er für mich weiter. Müde vom Kampf um seine Ausreise aus Rumänien, fand mein zweiter Bruder Richard seinen Frieden in Israel. Weit weg von mir. 1969 nahm ein Herzanfall meiner Schwester Rozi das Leben. In Abwesenheit weiterer Verwandter erledigte die unwissende Schwiegermutter die Formalitäten. Entgegen jüdischer Tradition wurde Rozi, die im Krieg den Krematorien entgangen war, in Budapest eingeäschert. Ist das nicht makaber?

Ich eröffne ungern, dass ich als Jüdin geboren bin. Zumal ich nie praktizierende Jüdin war und bis heute damit Angst verbinde. Besonders jetzt, da ich allein bin. Außerdem verabscheue ich das Vorurteil: klar, eine jüdische Biografie. Es ist meine persönliche Geschichte, das Leben der Magda Egressy.

Nun bin ich die Letzte, die noch nicht hat sterben müssen. Alle, die vor mir gingen, nahmen ein Stück gemeinsames Leben mit sich und beschenkten mich mit Erinnerungen. Deshalb sind sie nicht tot.

Jeden Tag stirbt man ein bisschen

So auch mein Mann Georg: Ein wunderbarer Mann (wie sonst wären wir fünfundsechzig Jahre miteinander glücklich gewesen?). Bis zum letzten Moment haben wir uns geliebt und ich liebe ihn noch. Im Januar 2004 ließ ich ihn gehen. Er war meine erste und einzige Liebe. Als erster Künstler der Budapester Staatsoper kündigte er seine dortige Lebensstellung. Nur um bei mir zu sein.

Mit vierundachtzig entdeckte man ein bei Männern seltenes Mamma-Karzinom in seiner Brust und operierte. Georg erholte sich wunderbar. Vier Jahre später wurde Leberkrebs diagnostiziert. Sein Todesurteil. So lange er konnte, half er mir im Haushalt. »Jetzt bin ich dir nur noch ein Klotz am Bein«, klagte er.

»Wie kannst du so etwas sagen!«, fiel ich ihm ins Wort. »Ich bin doch glücklich, dass wir noch beisammen sein können.«

Seine blauen Augen blickten traurig: »Ich weiß, du kannst nicht alleine bleiben. Wir müssten eigentlich zusammen sterben, müssten mit dem Flugzeug abstürzen, denn ich kann nicht ohne dich und du kannst nicht ohne mich leben.«

Täglich starben wir ein bisschen. Eine Chemotherapie blieb wirkungslos. Er wollte nicht mehr essen und hatte Schmerzen. Eines Morgens fand ich ihn halb nackt auf dem Boden sitzen und wie im Delirium vor sich hin grinsen. Der herbeigerufene Rettungsarzt unterhielt sich mit seinem Kollegen. Ich hörte ihn immer nur »Achtundzwanzig« sagen. »Achtundzwanzig, das gibt's nicht.« Ich verstand nicht, dass Georg unterzuckert war, begriff nichts – er war kein Diabetiker. Alles kam mir unwirklich vor. Ein tragisches Schauspiel, mit uns beiden in den Hauptrollen.

»Sie haben einen so liebenswerten Mann«, meinte der Arzt in der Uni-Klinik Freiburg zu mir. Hätt' ich ihn sonst geheiratet, diesen sanften Menschen, der still an seinem aufgedunsenen Körper litt? Wir entschieden, die Medikamente abzusetzen, um Georgs Qualen nicht unnötig zu verlängern. Bei klarem Verstand dachten wir nach, ob das Hospiz ein besserer Ort zum Sterben war. »Gyurikam«, sagte ich, »hier kann ich nicht bei dir sein. Dort kann ich sein mit dir …« Er verlor die Sprache. Eine Ärztin gab meinem Sohn und mir den Rat, ihn in Ruhe zu lassen. In unserer Gegenwart könne er nicht sterben. Unbewusst würde er bei uns bleiben wollen. Ich sah ihn schlafen, betrachtete sein entspanntes, schönes Gesicht und wünschte, er möge nicht mehr aufwachen. »Gehen Sie nur«, sagte die Ärztin, »wir rufen Sie, wenn es soweit ist.« Zu Hause weinte ich. Es war halb neun am Abend. »Gyurikam, ich lasse dich jetzt los – nun geh!« Als mein Sohn noch einmal nach ihm schaute, wurde ihm die Sterbezeit mitgeteilt: 20:35 Uhr. Ich war beim Sterben nicht dabei.

Leider begleitet mich nicht der Anblick des friedvoll Schlafenden. Ich sehe ihn, wie er »Oh Gott, oh Gott« auf Ungarisch stöhnte, weil er weder sitzen noch liegen konnte. Und ich hätte die Schere nehmen wollen, um ihm den aufgeblähten Bauch aufzustechen. Es war grauenvoll, ihn so hilflos zu sehen. Wie gesagt, jeden Tag starb ich ein bisschen. Mit Georg ist mehr als meine andere Hälfte gestorben. Seither fehlt mir der Sinn im Leben. Selbst unseren alten Freunden erschien unvorstellbar, wie ich ohne meinen Mann existieren soll. Wir waren eins.

Ich fürchte das Sterben, nicht den Tod

In Freiburg lebten wir unter tollen Nachbarn, spielten Karten und verfeierten die Spielkasse. Im Theater standen wir im Rampenlicht. Als wir in bürgerliche Berufe wechselten, traten wir an Wochenenden auf. Bei klirrender Kälte fuhren wir nachts von einem Gastspiel in Kassel nach Hause, um am Montagmorgen wieder in unsere Rolle im Büro zu schlüpfen.

Noch heute bedauere ich, nicht am Theater geblieben zu sein. Seit meinem zweiten Lebensjahr war ich der Bühne nahe. Den Abschied habe ich nie verkraftet. Die Bühne befriedigt das Geltungsbedürfnis des Künstlers, dort steht er im Mittelpunkt – ohne sie leidet er. So ist es auch bei mir. Immer spielten wir, als wäre das Leben ein Theaterstück.

Alle, mit denen ich früher sprach, sind weg. Zwar habe ich einen Sohn und einen Enkel, doch lebt der eine in München, der andere in Australien. Dabei ist Familie wichtig, mit das Wichtigste im Leben. Eine Existenz aufzubauen ist nicht leicht, das verstehe ich gut. Dennoch bedauere ich, dass so wenig Zeit füreinander bleibt. Wie schön ist es, miteinander zu frühstücken. Soll ich in meinem Alter umziehen? Dann bin ich in München und gräme mich. Das hat keinen Sinn. Also rede ich manchmal den ganzen Tag mit meinem Georg. Er ist bei mir. Und wenn's mir schlecht geht, erzähle ich es nur ihm.

Beim Gedanken an das eigene Sterben fühle ich keine Beziehung zum Tod. Wie fast alle fürchte ich das Sterben, doch nicht den Tod. Jeder wünscht sich, friedlich einzuschlafen. Kein Leid, kein Siechtum. Im Moment ängstigt mich der Gedanke, einmal hinzufallen und nicht mehr aufstehen zu können. Da muss ich an die Hilflosigkeit meines Mannes denken.

Eine Art Sterbehilfe, wie sie in der Schweiz praktiziert wird, halte ich für eine gute Sache. Noch bin ich gesund. Doch es würde mich beruhigen, die Möglichkeit zu haben, selbst über mein Sterben zu befinden. Wenn es einmal soweit ist, dass ich mich nicht mehr bewegen kann oder einfach müde bin. Ich möchte nicht ins Altersheim mit sechs Betten und Todgeweihten um mich herum.

Also treibe ich jeden Morgen Sport, nicht wie ein altes Frauchen, nein, ich turne wie vor dreißig Jahren, mindestens eine Stunde lang. Obwohl man mir wegen der Arthrose bereits vor dreißig Jahren den Rollstuhl prophezeite. Auf dem Balkon steht mein Heimtrainer, täglich radele ich ein halbe Stunde. Auch wenn es noch so schmerzt. Trotz meiner Arthrose schiebe ich mein Wägelchen durch den Ort. Aus einer lieben Gewohnheit heraus pflege ich mich wie früher und tue, was mein Mann so gerne an mir mochte. In einem Moment will ich sterben; doch nach zehn Minuten raffe ich mich auf. Ist das nicht komisch? Man tut alles, damit es irgendwie geht. Was treibt den Menschen?

Ich erzähle um mein Leben. Am meisten meiner Gesellschafterin. So nenne ich meine Putzhilfe, die oft bei mir sitzt und mir zuhört. Dadurch verdient sie die Bezeichnung Gesellschafterin sehr wohl. Sie behauptet, ich hätte ihr vieles geboten. Manches sieht sie durch meine Erzählung in einem anderen Licht. Jeden, der zu mir kam, habe ich aufgebaut. Von Kindheit an war ich ein Stehaufmännchen. Immer war ich diejenige, die alles erledigte, anderen zuhörte und sie aufrichtete. Vielleicht bin ich so etwas wie eine Seelsorgerin. Das ist doch eine Aufgabe!

Ohne das Interesse seiner Mitmenschen bleibt einem nichts. Ist man perspektivlos. Deshalb verstehe ich die Jugend. Man kann nicht ohne Hoffnung und ohne Freude leben. Wofür lebt man? Für die Rente? Für Geld überhaupt? Für mehr Verdienst? Dafür lebt man nicht! Leider sehen das viele Menschen anders. Ich wäre gerne mit Kindern oder Jugendlichen zusammen. Ich helfe gern und wo ich kann.

Hier und da erzählte ich aus meinem künstlerischen Leben und als es sich ergab, sang ich etwas. Das ist in meinem Alter beachtlich und ich bin stolz darauf. Andere können in diesem Alter nicht mal mehr sprechen. Eine Zugabe, dann war's gut. Man hatte seinen Auftritt, das baut für kurze Zeit auf. Dann hört man weder von dem einen noch vom anderen Zuhörer etwas. Da kehrt man in die Einsamkeit zurück. Ich fragte meinen Mann: »Pappilein, warum mach ich das noch?« Nachts verabschiede ich mich von ihm: »Schlaf gut!«

Gesund bin ich und bei klarem Verstand. Das weiß ich durchaus zu schätzen. Doch der Mensch braucht Liebe. Ohne Liebe kann man nicht leben. Die Seele verkümmert. Ohne Liebe nimmt jeder Tag mehr, als er gibt. Sie ist das Wichtigste im Leben.

Glaube an ein Jenseits?

Meinen Sohn und seine Familie wünsche ich mir bei meiner Beerdigung zugegen. Er soll sich, anders als ich, von seiner Mutter verabschieden können. Auch wenn ihn unsere Entscheidung betrübt, nicht wie Juden begraben werden zu wollen. Noch zu Lebzeiten meines Mannes legten wir unsere Einäscherung schriftlich fest. Zu dieser Zeit lebte unser Sohn in Australien und wir überlegten, wer unser Grab pflegt. Wir wollten ihn nicht belasten. Mein Mann sagte: »Was sollen wir mit einem Grab anfangen? In diesem Land werden die Gräber geschändet.« Anonym wollte er beigesetzt sein. Meinen Sohn fragte ich: »Wenn du in der Ferne bist, wirst du unser Grab besuchen?« Toma wünschte sich einen Ort der Erinnerung. Nicht am Grab, im Herzen soll das Andenken weiterleben. Die Erinnerung funktioniert so, dass man langsam die schlechten Zeiten vergisst und sich – Gott sei Dank – nur der schönen Augenblicke entsinnt. Soweit bin ich noch nicht.

Ich kann keine Kassetten hören, kann im Fernsehen keine Oper anschauen. Es ist über drei Jahre her, dass mein Mann starb. Man sagt, mit der Zeit wird es besser. Aber das Einzige, was ich kann, ist, nicht dauernd heulen. Vielleicht lebe ich deswegen noch, vielleicht warte ich, bis sich die Erinnerung an Georg verklärt und ich ihn in seiner Schönheit sehen kann. Oder sollte ich mich endlich loslassen?

Ich würde gerne noch ein Buch schreiben, denn ich finde es schade, dass mein Sohn mein Leben gar nicht richtig kennt. Es gibt vieles, was er wissen soll. Vieles, zu dem ich mich bisher nicht bekennen konnte.

Für mein Leben gern möchte ich bei einer Fernseh-Talkshow mitmachen. Ich hatte doch ein interessantes Leben oder nicht? Kürzlich hatte der Frank Elstner den Sohn von Willy Fritsch, dem berühmten Schauspieler, zu Gast. Da hätte ich einiges zu sagen gehabt! Ich kannte seine Mutter! In jungen Jahren waren wir gemeinsam im Moulin Rouge in Budapest engagiert gewesen. Auf meine Bitte, mich mit dem Thomas Fritsch zusammenzubringen, bekam ich nicht einmal Antwort.

Nichts wird bleiben, weder die Erinnerungen, noch der Leib, den ich wahrscheinlich der Forschung zur Verfügung stelle. Aus Zuneigung zu Freiburg hätte ich mich gerne der dortigen Uni-Klinik vermacht, aber auch nach dem Tod muss alles seine Ordnung haben. Mein Wohnsitz fällt nicht in deren Einzugsgebiet für Leichen. Daher soll die Uni-Klinik Frankfurt an mir forschen. Mein Körper ist ja recht gesund, den können sie sicher gut nutzen. Den unbrauchbaren Rest werden sie entsorgen – verbrennen. Dabei stört mich mein Verstoß gegen die jüdische Tradition nicht, der gegen die Religion schon gar nicht. Ich hasse Religion, nicht nur die jüdische. Ich bin der Auffassung, die Religion verursacht das Leid der Welt.

Obgleich die Natur oder eine höhere Macht unser Leben beeinflussen mag. So betrachtet, bin ich gläubig. Ich rede ja auch mit meinem Mann, obwohl er gestorben ist: Wer gestorben ist, ist noch lange nicht tot.

Wie gerne möchte ich an ein Weiterleben oder ein Jenseits glauben, aber das erlebte Leid lässt mich zweifeln. Dennoch bete ich jeden

Abend. Um der Erinnerung willen bete ich auf Hebräisch, auf Ungarisch und auf Deutsch. Damit ich spüre, was gewesen ist. Was ich auf Hebräisch bete, weiß ich nicht. Ich spreche die Worte, die mir mein Vater beibrachte. Das Ungarische mag lächerlich klingen: Bitte lieber Gott, mache, dass ich ans Theater komme und mache, dass meine Schwester gesund wird. Sachen aus der Kindheit eben. So auch im Deutschen: Müde bin ich, geh zur Ruh'.

Im Gegensatz zum versäumten Abschied von meiner Familie werde ich bei meinem eigenen Ableben dabei sein. Keine Ahnung wie man das macht: sterben. Keine Ahnung, welche Rolle ich dabei spiele. Immer war ich ein Bühnenmensch. Für mich ist auch der Akt des Sterbens mit einem Auftritt verbunden. Der letzte Auftritt im letzten Akt.

Werner Bab

Gestorben bin ich an Auschwitz

Aufgeschrieben von Bert Thinius

Werner Bab, 1924 in Oberhausen geboren, wurde im Januar 1943 beim Versuch, in die Schweiz zu fliehen, verhaftet und nach Auschwitz deportiert. Nach der Befreiung lebte er zehn Jahre in den USA. 1957 kehrte er nach Deutschland zurück und betrieb bis 2006 eine FIAT-Niederlassung in Berlin. Mit zweiundachtzig Jahren trat er in den Ruhestand.

Werner Bab beteiligte sich am Erzähl-Salon »Emigranten erzählen«, den Rohnstock Biografien 2005/2006 im Berliner Hotel Adlon veranstaltete. Aus den von ihm dort präsentierten Geschichten wurden Teile in diesen Text eingeflochten.

Diese Geschichte widme ich meinem Mithäftling Werner Krumme.

Angst vor dem Tod? Nein. Ein bisschen neugierig bin ich auf das Ungewisse. Es kommt mir so unwahrscheinlich vor: Man fällt um und alles soll weg sein? Manchmal denke ich, es ist eine Erlösung, ich habe meine Ruhe. Dass ich noch lebe, muss einen Sinn haben. Ich sollte schon zigmal tot sein. Vielleicht ließ Gott mich so lange durchhalten, damit ich alles noch erzähle. Alles?

Ich wollte schweigen, einen Schlussstrich ziehen. Ich habe geschwiegen. Verdrängt. Fast sechzig Jahre. Wie hätte ich leben sollen in Deutschland, wenn ich in jedem Gleichaltrigen einen ehemaligen Nazi gesehen hätte, der vielleicht an der Ermordung meiner Familie beteiligt war?

Die Menschen sind ja nicht ausgewechselt worden, die waren doch noch da. Und sie hatten zu entscheiden. Über meine Entschädigung für die KZ-Haft und als Zwangsarbeiter, über meinen Antrag auf Wiedereinbürgerung. Denn mit der Deportation nach Auschwitz war ich aus Deutschland ausgebürgert worden.

Wenn ich erzähle, sehe ich die Bilder vor mir. Bilder, die ich mein Leben lang verdrängte. Jetzt, im Alter, kommen sie wieder. Auch nachts. Als Albträume.

Hin und her

Von 1929 bis 1932 lebten meine Eltern mit mir in Berlin. Daran kann ich mich kaum erinnern. Auf den frühesten Bildern sehe ich mich als Achtjährigen, der von den Mitschülern fast täglich getriezt und geschlagen wurde. Wie mir ging es noch zwei Mädchen in der Schule. Wir drei waren die Juden. Von einem Tag auf den anderen hatten wir keine Freunde mehr. Die anderen schlossen uns komplett aus. Das war 1933 in Schneidemühl, Provinzhauptstadt der Grenzmark Posen-

Westpreußen. Nach der Scheidung meiner Eltern war meine Mutter mit mir dorthin gezogen, zur Großmutter, die ein Hotel führte.

Weil ich die täglichen Schikanen nicht mehr ertrug und keiner einen besseren Rat wusste, kam ich 1935 in ein jüdisches Waisenhaus nach Stettin. Juden unter sich, das war gut. Bis 1938. In der Pogromnacht brannte die Synagoge, alle Lehrer wurden verhaftet und abtransportiert. Das war das Ende der jüdischen Schule.

Auch das Hotel meiner Großmutter zerstörten und plünderten die Nazis. Sie schlugen meine Mutter, den Stiefvater Louis Lewin verschleppten sie nach Sachsenhausen.

Ich ging zu meinem Vater, der in Berlin geblieben war. Er wohnte in einem Untermietzimmer in der Prenzlauer Allee und durfte mich nicht aufnehmen. Bei polnischen Juden am Schönhauser Tor fand ich einen Schlafplatz. Kein eigenes Zimmer.

Keine Bleibe

Im November 1942 nahm mich der Meister zur Seite und sagte: »Als Jude hast du in Deutschland keine Zukunft. Sieh zu, dass du rauskommst.« Ich war achtzehn und kriegsdienstverpflichtet in einer Kunstharzpresserei, die für die Rüstung produzierte. Wir arbeiteten Nachtschicht und bekamen neunzehn Pfennig pro Stunde. Von den Juden fehlten immer wieder welche. Abgeholt. Keiner fragte, wo sie blieben. Jeden Tag konnte ich dran sein.

Raus aus Deutschland wollte ich schon lange. Gleich als ich in Berlin angekommen war, hatte ich mich für die Jugendalijah gemeldet. Das ist eine Initiative, die jüdische Jugendliche aus Deutschland nach Palästina brachte. Dort sollten sie in Kibbuzim leben und arbeiten. Ich hatte tagelang angestanden, endlich den Bogen bekommen und ausgefüllt. Man nahm mich nicht, schickte mich jedoch auf Haschara. Haschara hieß: Landwirtschaft lernen. Um eine Einreiseerlaubnis für Palästina zu bekommen, musste man dort nützlich arbeiten können. Ich begann die Ausbildung in Schniebinchen, Jessen und Hamburg.

1941 verboten die Nazis jede Berufsausbildung für Juden, lösten alle Haschara-Schulen auf und ich kehrte nach Berlin zurück.

Mutter war es schon 1938 gelungen, drei Passagen nach Shanghai zu erhalten. Für sich selbst, meine Stiefschwester und für meinen Stiefvater, den sie damit aus Sachsenhausen freibekam. Für meine Großmutter und mich gab es keine.

Vater arbeitete für die jüdische Gemeinde in der Oranienburger Straße. Er stellte Listen mit den Namen der zum Transport bestimmten Juden zusammen. Er musste ihnen sagen, was sie in ihrem Koffer mitnehmen durften. Heiligabend 1942 beging er Selbstmord. Konnte er das nicht mehr aushalten? Wäre er selbst auf der nächsten Liste gewesen? Ich weiß es nicht.

»Sieh zu, dass du rauskommst«, hatte der Meister gesagt.

Nur wie? Und wohin?

Verstoss gegen die Judengesetze: In die Schweiz!

Ich besorgte mir einen falschen Pass, nahm Geld und ein paar Sachen, fuhr nach München und von dort nach Waldshut, wo mich jemand illegal zur Grenze bringen sollte. Er begleitete mich und zeigte mir den Weg, den ich alleine weitergehen musste. Es war eine helle Winternacht. Plötzlich holte mich ein Motorrad ein. Zwei Grenzer stiegen ab und fragten nach meinen Papieren. Ich hatte keine Angst. Der Ausweis sah echt aus. Er hatte bisher funktioniert – trotz Kartoffelstempel …

»Ist zu dunkel hier«, sagte der eine, »komm mit, damit wir uns das bei Licht ansehen können.« Sie brachten mich nach Waldshut. Vier Wochen Einzelhaft. Anschließend kam ich nach Karlsruhe ins Gefängnis. Fünf Monate Einzelhaft. Gestapo-Verhöre. Die wollten wissen, wie ich zur Schweizer Grenze gekommen war, wer mir geholfen hatte.

Eines Tages musste ich ins Büro des Gefängnisleiters. Zwei Gestapo-Leute warteten: »Hier, unterschreib das!«

Wenn die Gestapo sagt: »Unterschreib!«, dann fragst du nicht, dann unterschreibst du. Der Wisch hieß Schutzhaftbefehl. Das sehe ich noch, als wäre es heute: Oben stand »Geheime Staatspolizei«. Darunter: »Der Jude Werner Israel Bab wird zu seinem eigenen Schutz in Haft genommen, weil er sich gegen die Judengesetze vergangen und versucht hat, die deutsche Reichsgrenze illegal zu überschreiten.«

Ich unterschrieb. Drei Exemplare in verschiedenen Farben. Acht Tage später kam ich auf Schub. Über Frankfurt nach Bautzen. Zuchthaus. Aha, dachte ich, vielleicht muss ich hier auf den Prozess warten.

Es ging weiter. In Breslau kamen Gefangene aus ganz Europa dazu. Vielleicht hundert, hundertfünfzig. Die meisten Kommunisten, Spanienkämpfer, nur wenige Juden. Ich grübelte: Was mache ich in Schlesien? Gibt es hier überhaupt ein deutsches Gericht? Noch immer wusste ich nicht, wohin die Reise ging. Auch die anderen hatten keine Ahnung. Sie dachten, dass sie in ein Arbeitslager kämen.

Ankunft in Auschwitz

Auf dem Bahnhof an der Rampe konnten wir lesen, wo wir waren. Doch keiner von uns wusste damals, was das war: Auschwitz.

Einzeltransporte wurden nicht selektiert, wir kamen gleich ins Stammlager. Alles, was wir hatten, wurde uns abgenommen. Man desinfizierte und tätowierte uns. Das taten Häftlinge. Die SS stand dabei und passte auf. Ich wurde zu Nummer 136857. Man schnitt uns die Haare ab und steckte uns für zwei Wochen in Quarantäne. Wir trugen Holzpantinen und gestreifte Häftlingsanzüge mit den entsprechenden Winkeln. Auf meinem war ein gelber für »Jude« und versetzt darüber ein roter für »politisch«.

Neben dem Quarantäneblock lag Block 11, der so genannte Bunkerblock. Durch Ritzen in der Barackenwand sahen wir, wie Menschen auf dem Hof, an der Mauer des Bunkerblocks, erschossen wurden. Das konnte kein normales Gefängnis sein …

Selektion

Nach der Quarantäne wurden wir in Arbeitskommandos eingeteilt. Mich steckte man in das Kommando Bauhof. Es war das größte und schlimmste Kommando, das es in Auschwitz gab. Wir mussten sehr früh aufstehen, bekamen nur ein bisschen Tee und etwas Brot. Dann antreten zum Appell. Für das ganze Kommando gab es einen Oberkapo, für die einzelnen Unterkommandos von je vierhundert bis fünfhundert Mann gab es Kapos. Die ließen durchzählen. Oft drei oder vier Mal, weil es nie stimmte. Wenn es endlich geklappt hatte und die übrigen Kommandos fertig waren, begann die Lagerkapelle zu spielen. Wir marschierten zum Tor. Der Oberkapo meldete: »Kommando Bauhof mit viertausenddreihundertsoundsoviel zur Arbeit.« Da zählte uns die SS, was nicht so schwer war, weil wir in Fünfergruppen liefen.

Wir arbeiteten den ganzen Tag. Zement, Steine, Sand schleppen, Gruben ausheben, alles, was auf dem Bau zu machen ist. Bewacht von der SS. Die meisten SS-Männer standen aber in der großen Postenkette, die aufgezogen blieb, so lange wir uns außerhalb des Lagers befanden. Wenn wir abends wieder drin waren und der Bestand stimmte, wurde sie eingezogen und nur das Stammlager bewacht. Der Zaun stand unter Strom, und von den Türmen aus konnten sie jeden Punkt beschießen.

Als ich ankam, wurde in Auschwitz noch jeden Sonntag selektiert. Alte und Schwache, die nicht mehr arbeiten konnten, wurden erfasst und mittags um eins auf Lastwagen verladen. Sie kamen nach Birkenau. Heute weiß man, dass sie dort vergast und verbrannt wurden.

Eines Tages wurde meine Nummer auch aufgeschrieben, denn im Kommando Bauhof war ich genauso entkräftet wie die anderen. Es war ein Uhr. Meine Nummer wurde nicht aufgerufen. Ich wunderte mich, aber in meinem Kopf war nur der Gedanke an das nächste Stückchen Brot.

Später, als ich Zutritt zu den Schreibstuben hatte, erfuhr ich den Grund: »Du hast einen Schutzhaftbefehl, wir hätten in Berlin anfragen müssen: Dürfen wir den Juden Werner Israel Bab vergasen oder dürfen wir ihn nicht vergasen? Es war Sonntag, und da sagten die: Am Sonntag ist in Berlin sowieso keiner im Büro, auch nicht während des Krieges, und schon gar nicht im Reichssicherheitshauptamt. Und wir haben so viele Menschen …«

Ich blieb am Leben. So hatten die Nazis den Schutzhaftbefehl sicher nicht gemeint, als sie mich zur Unterschrift zwangen.

Kommando Hundepfleger

Normalerweise entstanden in Konzentrationslagern keine Freundschaften. Jeder wollte nur überleben und am Ende des Tages ein Stück Brot. In Auschwitz gab es für mich einen einzigen Menschen, den ich als Freund bezeichne: Werner Krumme. Er war Deutscher, sprach meine Sprache. Es waren wenige deutsche Häftlinge in Auschwitz. Und er war beim Arbeitsdienst. Der bestand aus drei Leuten, die einteilten, wo jeder der zwanzigtausend Häftlinge eingesetzt wurde. Ich fragte ihn, ob ich nicht in ein anderes Kommando könne. Im Baukommando hätte ich nicht überlebt. Er konnte mir zunächst nicht helfen, doch wir freundeten uns an.

Krumme, Jahrgang 1909, stammte aus Dortmund. Aus der Wehrmacht war er wegen der »Mischehe« mit einer Jüdin als »wehrunwürdig« entlassen worden. Die Gestapo hatte ihn mehrmals besucht und aufgefordert, sich scheiden zu lassen. Er übersiedelte 1938 mit seiner Frau nach Breslau, hoffte, dort weniger drangsaliert zu werden. Doch Schwiegereltern und jüdische Bekannte kamen in Konzentrationslager. Krummes wollten die zurückgelassenen Töchter einer befreundeten Familie retten und in das nicht besetzte Südfrankreich bringen. Offenbar hatte sie jemand denunziert. Die Gestapo verhaftete sie und brachte sie nach Auschwitz. Krummes Frau wurde kurze Zeit später vergast.

Ihn selbst, einen der wenigen »reichsdeutschen Arier« in Auschwitz, betraute man mit der Funktion Arbeitsdienst. Er missbrauchte sie nie, blieb immer anständig und half, wo er konnte. Über ihn kann ich noch viel erzählen.

Nach einiger Zeit sagte er zu mir: »Das Kommando Hundepfleger ist frei. Wenn du Mut hast, kannst du das machen.«

»Was ist das?«

»Du musst die Hunde der SS versorgen. Füttern, bürsten. Das sind deren Privathunde. Neun oder zehn Stück, die sind nicht bissig und auch nicht auf Menschen abgerichtet.«

Hunde mochte ich. Zu verlieren hatte ich sowieso nichts. Also marschierte ich am nächsten Morgen allein durch das Tor. Ich meldete »Kommando Hundepfleger, ein Mann« und schon war ich innerhalb der großen Postenkette, wo sich die Hundezwinger befanden. Die ersten Tage kümmerte sich kein Mensch um mich. Ich marschierte morgens aus, abends ein und wurde in Ruhe gelassen.

Auf einmal fingen die Hunde an zu bellen. Ein Mercedes fuhr vor. Die Türen öffneten sich, ein hoher SS-Offizier sprang raus. Ich nahm die Mütze ab, stand stramm und meldete: »Häftling 136857 bei der Arbeit.«

Er guckte mich an und fragte: »Du bist Deutscher, woher kommst du?«

»Aus Berlin.«

»Bist du Jude?«

»Ja.« Was sollte ich sagen, er sah es sowieso an meinen Winkeln.

»Meine Hunde! Bei einem Juden! Das kann doch nicht wahr sein!«, brüllte er los. Er beruhigte sich überhaupt nicht mehr. Ich sah ihn schon die Pistole ziehen und schießen. Ich dachte nur: Ob es weh tut? Weiter dachte ich nichts. Er erschoss mich nicht. Er drehte sich um, stieg in sein Auto und brauste davon.

Wenig später bekam ich die Order: »Wenn du mit den Hunden fertig bist, gehst du jeden Tag zum Haus des Lagerkommandanten und reinigst die Öfen!«

Lagerkommandant war SS-Sturmbannführer Richard Baer – der, der mich bei den Hunden fast erschossen hätte. Als Höß mich bei Baer arbeiten sah, fand er, dass ich nicht ausgelastet sei und seine

Öfen auch reinigen könne. Höß war der ehemalige Kommandant und als Koordinator für die Vernichtung der ungarischen Juden wieder in Auschwitz. So wurden dann meine Tage: Hunde füttern und pflegen, Öfen reinigen in den Villen der Lagerkommandanten.

Hundefutter musste ich täglich aus dem Schlachthaus holen. Die Häftlinge dort legten mir meist ein paar Stücke Wurst darunter. Auch das Dienstpersonal von Baer und Höß versorgte mich mit zusätzlichen Lebensmitteln. Ich bekam meist so viel zu essen, dass ich anderen davon abgeben konnte. Die normale Häftlingsration reichte nur zum Sterben.

Läufer am Tor

Eines Tages ließ Höß mich rufen: »Anordnung aus Berlin: Das Kommando Hundepfleger wird aufgelöst. Wer hier Hunde hat, muss sie nach Hause nehmen. Häftlinge sollen dafür nicht mehr eingesetzt werden.«

Noch ehe ich irgendwas sagen konnte, fuhr er fort: »Was willst du machen? Such dir eine Arbeit aus!«

Ich beneidete die mit den schwarzen Armbinden, die sich im ganzen Lager frei bewegen konnten, die Läufer am Tor. Also wünschte ich mir: »Läufer am Tor.«

Von da an stand ich an dem berüchtigten Tor mit dem Satz »Arbeit macht frei«, öffnete und schloss den Schlagbaum. Morgens musste ich da sein beim Ausmarsch, abends beim Einmarsch der Arbeitskommandos. Baer und andere SS-Offiziere befahlen mir, Leute heranzuholen oder Nachrichten zu überbringen. Ich musste ständig durch das Lager laufen. Wir waren, glaube ich, drei Läufer am Tor. Die mittleren und unteren SS-Leute ließen uns vollkommen in Ruhe, denn sie wussten, dass wir dauernd mit den hohen zusammen waren.

Bilder, die ich nicht vergessen kann: Die neben dem Tor am Abend aufgereihten Leichen derer, die tagsüber bei den Arbeitskommandos gestorben oder umgebracht worden waren.

Früh am 26. Januar 1945 wurde ich geweckt und zu Höß gerufen. Ich sollte alle Kapos heranholen. Höß teilte uns mit, dass Auschwitz evakuiert würde, weil die Russen kämen. Mich stellte er vor die Wahl: »Willst du hier im Lager bleiben oder mit uns gehen?«

Was sollte ich machen? Dableiben sollten die Kranken. Man munkelte, dass die SS die Baracken vor dem Abmarsch anzünden würde, um keine Zeugen zu hinterlassen.

Leute, die ich kannte, Deutsche meist, hatten Angst vor den Russen. Ich auch. Wie hätte ich denn den Russen beweisen können, dass ich Häftling war und kein Nazi? So ne Nummer kann sich jeder tätowieren lassen. Also sagte ich: »Ich gehe mit.«

Todesmarsch

Als es losging, übergab mir Obersturmbannführer Dr. Schätz seinen Rottweiler. »Den nimmst du mit! Dort, wo du ankommst, nehme ich dir den Hund wieder ab.«

Der Weg, auf den wir uns machten, ist heute als Todesmarsch nach Pleß bekannt. Wer nicht mithalten konnte, wurde erschossen. Links und rechts blieben die Leichen liegen. Es war Januar, es war kalt, wir hatten schlechte Schuhe. Holzpantinen. Keine Strümpfe, nur Papier von Zementsäcken um die Füße gewickelt. Ich wurde immer schwächer und war bald am Ende des Zuges. Doch weil ich den Hund des Obersturmbannführers hatte, erschossen die SS-Leute mich nicht, sondern brachten mich in den Krankenwagen, in dem ich bis nach Pleß fuhr.

Wir wurden in offene Kohle-Waggons verladen und nach Mauthausen gebracht. Dort wartete tatsächlich der Schätz und nahm seinen Rottweiler.

Wir mussten heiß duschen und anschließend drei oder vier Stunden nackt in der Kälte stehen. Die Alten und Schwachen fielen um wie die Fliegen. Tot. Die Jüngeren, zu denen ich gehörte, überlebten auch das.

Ich wurde für ein Sonderkommando nach Melk eingeteilt. Dort trieben wir Stollen in einen Berg, in denen Teile für Flugzeuge und die Wunderwaffe V 2 gefertigt wurden. Die Arbeit war schwer. Viele starben. Nie gab es genug zu essen. Die Toten mussten abends mit ins Lager gebracht werden, damit der Bestand stimmte. Einmal rutschte ich mit einer Leiche aus und fiel in den Graben. Ein SS-Mann schlug mir seinen Gewehrkolben so ins Gesicht, dass mehrere Zähne herausbrachen.

Nach ungefähr zwei Monaten ging es weiter nach Ebensee. Wieder in Güterwagen. Die waren von außen verriegelt. Aus den Waggons der kriegsgefangenen Russen hörten wir laute Gesänge. Die sangen, um andere Geräusche zu übertönen: Sie schabten Löcher in die Waggonwand, fassten durch und öffneten die Verriegelung von außen. So gelang ihnen über Nacht die Flucht.

In Ebensee angekommen, wurden wir selektiert. Die meisten nach rechts, sie konnten ins Lager gehen. Fünfzig junge Männer, auch ich, nach links. Es hieß, wir werden erschossen. Als Strafe, weil wir die Flucht der Russen nicht verhindert hatten.

Neben mir stand ein Belgier. Dessen Vater, der mit ins Lager hätte gehen können, flehte: »Nehmen Sie mich und lassen Sie meinen Sohn gehen!« Der SS-Offizier nahm seine Peitsche und schlug auf den Alten ein. Da drehte ich durch, trat auf ihn zu und sagte, dass er den alten Mann in Ruhe lassen soll. Das war kein Heldentum, das war ganz unbewusst. Ich erreichte nichts, wurde aber auch nicht bestraft. Vielleicht, weil auf dem Bahnhof viele Österreicher zusahen. Der SS-Mann drehte sich um und ließ uns stehen. Drei oder vier Stunden in der Erwartung, erschossen zu werden. Nach dem Befehl: »Oberkörper freimachen!«, dachte ich wieder nur: Ob es weh tut? Schließlich kam ein hoher Offizier. Er befahl uns, uns anzuziehen und ins Lager zu marschieren. Der Lagerkommandant wollte offenbar nicht, dass in seinem Bereich kurz vor Kriegende noch so viele Leute erschossen werden.

In Ebensee gab es fast nichts zu essen. Die Leute aßen Gras. Hunde wurden geschlachtet, und aus Leichen die Herzen herausgeschnitten.

Befreiung

Eines Tages war die SS verschwunden. Wir konnten das Lager trotzdem nicht verlassen. Der elektrische Zaun war eingeschaltet und draußen stand der österreichische Volkssturm mit Gewehren. Lauter alte Männer.

Am 6. Mai 1945 fuhren zwei amerikanische Panzer durch das Tor. Als die Luke sich öffnete und ein Soldat herausschaute, rannten mehrere tausend Häftlinge voller Freude auf ihn zu. So schnell konnte keiner gucken, wie der wieder verschwunden war. Luke zu, Panzer raus. Die Amerikaner wussten nicht, was sie mit uns machen sollten.

Der ehemalige Lagerälteste von Auschwitz, Dr. Dürrmeier, verhandelte mit ihnen und erreichte, dass sechs Leute gehen durften, darunter auch ich. In Häftlingskleidung fuhren wir nach Wien. Als wir abends ankamen, verhafteten uns die Russen. Es war ja Ausgangssperre. Vom Lager ins Gefängnis. Dürrmeier verhandelte wieder. Wir wurden am nächsten Morgen freigelassen. Die anderen gingen zu ihren Familien, ich stand da, wusste nicht wohin. Mein Vater war tot, meine Mutter in Shanghai, wenn sie noch lebte. So blieb ich in Wien. Bei der katholischen Kirche bekam ich zehn Tage Asyl, Kleidung und etwas zu essen.

Dürrmeier wurde Polizeipräsident von Wien. In Auschwitz hatte ich ihm oft Lebensmittel gegeben und für ihn private Briefe weitergereicht. Jetzt bat ich um Hilfe. Ich wollte nur Arbeit, um meinen Lebensunterhalt zu verdienen. Es war schwer, zu ihm vorzudringen. Er versprach, sich zu kümmern. Tage später teilte er mir mit: »Es tut mir furchtbar Leid, ich würde dir gern helfen, aber du bist ein Marmeladinger. Deshalb kann ich nichts für dich tun.«

Marmeladinger ist ein österreichisches Schimpfwort für Deutsche. Schließlich fand ich einen Job bei den Amerikanern. Wien war damals wie Berlin von allen vier Alliierten besetzt. Ich lernte Autofahren und transportierte Kohle. Das machte ich, bis ich 1947 nach Amerika auswanderte. Zehn Jahre lebte ich in San Francisco. Anfangs fühlte ich mich sehr wohl, denn es gab alles im Überfluss. Doch Außenseiter blieb ich auch dort. Diesmal nicht als Jude, sondern als Deutscher. Dieses Deutschsein steckte immer in mir drin.

1957 kehrte ich nach Berlin zurück, und die Schwierigkeit, Arbeit zu finden, begann erneut. Mein ganzes Leben lang fehlte mir die Schulbildung. Ich hatte keine Zeugnisse. Das ist die Geschichte, die niemand hören will! Jeder verdrängt das und denkt: Gut, er hat Auschwitz überlebt, er kann glücklich sein. Doch die Zeit danach, und das sind jetzt sechzig Jahre, die leidet man beinahe genauso. Man ist und bleibt ein Außenseiter der Gesellschaft.

Ich war immer Hilfsarbeiter. Ich hätte mich nie auf eine gute Stelle bewerben können. Ich konnte mich nur selbstständig machen. So bin ich Händler geworden, Autohändler. Von außen sagt mancher: »Du hast es doch zu etwas gebracht. Und alles aus eigener Kraft.«

Ja, es sieht so aus.

Alles normalisierte sich in Deutschland. Doch für mich wurde nichts normal. Ich war auf großen Empfängen. Wenn jemand erzählte: »Ich war in Cambridge«, blieb ich stumm. Hätte ich entgegnen sollen: »Ich war in Auschwitz«? Oft hatte ich den Eindruck, es wäre ihnen lieber, wenn es mich nicht gäbe. Auf einem Treffen der FIAT-Lancia-Händler sagte einmal jemand: »Bei uns in der Branche gibt's keine Juden. Bei uns nicht.«

»Doch, mich«, widersprach ich. Das fanden alle peinlich.

Nach sechzig Jahren wieder in Auschwitz

27. Januar 2005. Es war das gleiche Schneetreiben wie 1943 bei der Ankunft an der Rampe. Mit dreitausend ehemaligen Häftlingen stand ich da.

Europäische Staatsoberhäupter hielten Reden. Unser Bundespräsident Köhler sagte nichts. Alle waren dick angezogen, außer Putin. Der ist Kälte gewohnt, redete nur in Anzug und ohne Mütze. Wir froren. Polnische Soldaten brachten uns heißen Tee. Dann sollten wir den zwei Kilometer langen Weg vom Tor zum Lager laufen. Viele Alte schafften das nicht. Es war vor allem eine Veranstaltung, mit der die Politiker sich selbst beweihräucherten.

Bewegend war es für mich, an dem Galgen zu stehen, an dem man Höß 1947 erhängte. Er ist tot, ich habe überlebt.

Ja, es war Genugtuung, was ich empfand.

Auf dem Rückflug kam Köhler kurz zu mir. Ich fragte ihn, warum er keine Redezeit bekommen hatte. »Lieber Herr Bab, was hätte ich denn sagen sollen?«, war seine Antwort, und: »Entschuldigt haben wir uns oft, doch Auschwitz ist nicht zu entschuldigen.«

Bundesverdienstkreuz

16. Mai 2006. Die Verleihung war sehr feierlich, die Rede des Präsidenten der Humboldt Universität ausgezeichnet. Ich empfand es als Ehre. Doch was ist es wert?

Was soll ich davon halten, dass man mir einerseits Ehrungen antut, aber zugleich verweigert, was ich mit meiner achtzigprozentigen Behinderung wirklich brauche: einen Parkschein, der mir erlaubt, meinen Wagen auf Behindertenparkplätzen abzustellen. Ich habe das beantragt, hätte wohl auch ein Anrecht darauf. Doch die Berliner Bürokratie lehnte mein Gesuch nach einjähriger Prüfung ab. Laufen kann ich nicht mehr weit. Wenn ich das Auto nicht in der Nähe abstellen darf, muss ich zu Hause bleiben. Es gibt Schlimmeres. Es ist nur absurd – und ich fühle mich noch einmal missachtet und zweifele an der Aufrichtigkeit der Ehrung mit dem Bundesverdienstkreuz. Ich bin nach wie vor ein Mensch, den der Staat nicht will. Untergründigen Antisemitismus gibt es immer noch.

Ich habe immer selbst für mich gesorgt. Und für andere. Erst mit zweiundachtzig Jahren setzte ich mich zur Ruhe, schloss mein Autohaus. Das war im vorigen Herbst. Es ging nicht mehr.

Als nach dem Herzinfarkt auch noch ein Schlaganfall hinzukam, musste ich die Grenzen akzeptieren, die mir der Körper setzte. Es erwischte mich am Schreibtisch. Meine Mitarbeiter riefen den Notarzt und meine Frau an. Die sorgte dafür, dass ich ins Auguste-Viktoria-Krankenhaus kam, wo es eine Spezialabteilung für Schlaganfallpatienten gibt. Die Ärzte warteten schon. Sie stellten immer wieder die gleichen Fragen. Ich dachte: Was wollen die denn? Du hast doch schon geantwortet. Aber ich hatte nicht geantwortet. Es kam kein Laut aus mir heraus, ich war gelähmt. Doch das merkte ich nicht.

Als Jude sterben

Dass ich Jude bin, brachten mir erst die Nazis bei. Die Eltern erzogen mich nicht im jüdischen Glauben. Zwar war mein Großvater Kantor in Berlin, er liegt auf dem jüdischen Friedhof in Weißensee begraben. Doch mein Vater war urdeutsch und trug stolz sein EK II – als Mitglied im Reichsbund jüdischer Frontsoldaten. »Hitler meint uns nicht, der meint die andern«, hatte er lange geglaubt.

Auch meine Großmutter fühlte sich mehr deutsch als jüdisch. 1933, da war sie bestimmt schon 75 und konnte nicht mehr gut laufen, holten freundliche SA-Männer sie ab und fuhren sie zur Wahl. Als sie wiederkam, fragten die Leute: »Na, was hast du gewählt?«

»Selbstverständlich Adolf Hitler. Wir müssen ja Ordnung haben in Deutschland«, antwortete sie. Meine Großmutter, die Jahre später vergast wurde, hat 1933 die Nazis selbst gewählt!

Heute gehe ich in die Synagoge, halte den Shabat. Ich habe in Auschwitz gelitten, weil ich ein Jude bin und nun möchte ich als Jude sterben.

Fast sechzig Jahre habe ich über das alles nicht gesprochen. Bis ich wieder Angst bekam. Angst vor den stärker werdenden Rechten. Ich will erzählen. Doch ich kann das nicht erzählen. Das kann sowieso keiner glauben, was Menschen ... Das ist wohl zu viel verlangt.

Niemand aus meiner Generation soll Glauben finden, wenn er sagt, er habe von nichts gewusst. Juden, die abgeholt wurden, hatten Freunde, Nachbarn, Bekannte, die ihr Verschwinden bemerkten! Wie lief das ab: Die Menschen wurden verladen, ihre Wohnungen wurden aufgelöst, ihre Möbel verteilt – ja an wen? An die Nachbarn! Das Schlimmste aber ist, dass keiner fragte, wo die Menschen blieben. Wenn sie sagen: »Wir hatten Angst, wir haben uns nicht getraut«, das kann ich verstehen. Aber: »Nichts gewusst« – nein!

Vermutlich werde ich nicht mehr viel ausrichten, doch was ich noch kann, will ich tun. Ich gehe in Schulen und erlebe großes Interesse bei den Jugendlichen. Glauben Sie, ein Erwachsener hätte mich je nach der Nummer gefragt, die hier auf meinem Arm tätowiert ist? Keiner!

Die Jungen fragen, Gott sei Dank.

Seit 1933 wurde ich verfolgt. Dabei wollte ich einfach nur ein Mensch sein. Jetzt bin ich alt. Vergeben, das kann ich. Vergessen nicht.

Ich lebe gern in Deutschland und habe doch Angst. Mehr vor dem Leben als vor dem Tod. Vielleicht sterbe ich an Altersschwäche, vielleicht an einem Infarkt. Gestorben bin ich an Auschwitz.

Ingetraut Burghardt

Der Tod erschreckt mich nicht mehr

Aufgeschrieben von Susanne Plath

Ingetraut Burghardt, geboren 1925, stammt aus Königsberg. Sie wollte Gewerbelehrerin werden. 1945 geriet sie für dreieinhalb Jahre in sowjetische Gefangenschaft. Nach der Entlassung kam sie nach Berlin und heiratete den Verwaltungsdirektor Heinrich Burghardt. Seit zwanzig Jahren ist die Mutter dreier Töchter verwitwet und wohnt allein in Berlin Westend. Aufgrund einer Rheumaerkrankung lebt sie mit Schmerzen. Doch sie vertraut auf ihren Glauben, genießt die schönen Künste und sieht es als reizvolle Aufgabe, ihre Enkel ins Konzert zu führen.

Ich habe schon früh mit dem Sterben gelebt. Seit meinem vierzehnten Lebensjahr war ich gezwungen, mich damit zu beschäftigen. Mein Blick auf Leben und Tod entwickelte sich im Laufe der Zeit: Als Tochter meines Vaters war er ein anderer als der als Schwester meiner Brüder, als Überlebende in der Gefangenschaft oder als Frau meines Mannes. Weil ich älter wurde, weil ich den Tod in immer anderer Form erlebte.

Es war anders mit fünfzehn, als die ersten Familienmitglieder fielen, anders mit zwanzig, als der Krieg zu Ende war, anders mit 24, als ich aus der Gefangenschaft entlassen wurde, und es ist anders heute, im Alter.

Sicher, vieles ist lange her. Doch auch nach über sechzig Jahren sind noch die Gefühle vorhanden, die ich damals hatte. In dem, was in einem ist, gibt es keinen Unterschied.

Meine Kinder wollen wissen, was mir geschehen ist. Ich habe ihnen das »Ostpreußische Tagebuch« von Graf Lehndorff geschenkt und jedem eine Bemerkung hineingeschrieben. In diesem Buch steht ein Teil meiner Geschichte.

Den Tod ständig vor Augen

Ich komme aus Königsberg. Als mein Vater und meine drei Brüder zum Kriegsdienst einberufen wurden, war ich vierzehn Jahre alt. 1939 wurden sie in den Krieg hineingeworfen und verwundet. Sie überlebten, mussten nach der Genesung zurück an die Front und fielen. Einer nach dem anderen. Während des Krieges war der Tod jeden Tag gegenwärtig.

Anfang 1945 fiel die Festung Königsberg und die Stadt wurde von den Russen eingenommen. Sie trieben uns Zivilisten durch die Straßen in ein Krankenhaus, das als Lazarett diente. Meine Mutter war an meiner Seite. Verzweifelt lief sie auf Graf Lehndorff, den deutschen Leiter des Lazaretts zu: »Bitte, können Sie uns helfen? Was sollen wir nur tun? Retten Sie meine Tochter!«

Der Arzt nahm mich zur Seite. Er schwärzte mein Gesicht mit Kohle, legte mir einen Kopfverband an und platzierte mich zwischen die Verwundeten. Aber es half nichts. Die Russen hatten ihre Taschenlampen, blendeten einen nach dem anderen ab und sahen: Da ist ein Mädchen. »Frau, komm!«

Das waren die ersten Vergewaltigungen. Von diesem Moment an dachte und fühlte ich: Ich will gar nicht mehr leben. Wenn ich irgendwo an ein Wasser kam, wollte ich hinein. Doch es überfiel mich der Gedanke: Hat ja keinen Zweck, du kannst schwimmen. Und du hast deine Mutter bei dir.

Sie war Mitte fünfzig und für mich eine alte Frau. Es ist interessant, wie sich die Wahrnehmung verschiebt. Jetzt würde ich sagen, sie war *erst* Mitte fünfzig. Heute sind meine Töchter in dem Alter.

Meine Mutter und ich kamen ins Lager der Kolchose Koppelbude bei Königsberg. Sie war geplagt von Schuldgefühlen: Bevor ich in russische Gefangenschaft geriet, hatte ich im letzten Semester studiert. Ich wollte Gewerbelehrerin werden und absolvierte mein letztes Praktikum in der großen *Schichau*-Schiffswerft von Königsberg, wo ich das Jugendwohnheim für Lehrlinge leitete.

Durch meine Tätigkeit hatte ich Schiffskarten für die *Gustloff* bekommen. Doch meine Mutter weigerte sich, mit mir zu flüchten: »Das können wir nicht machen! Der Winfried lebt doch noch. Und er ist so überzeugt, dass wir den Krieg gewinnen. Bleib mal hier.« Mein jüngerer Bruder war der Einzige, von dem wir noch Nachricht hatten. Er stand im Kampf um Königsberg. Alle anderen waren bereits vermisst.

Bis zu ihrem Tod mit 86 Jahren machte meine Mutter sich Vorwürfe, dass sie nicht versucht hatte, mit mir rauszukommen. Auch sie selbst war vergewaltigt worden. »Was wäre dir bloß erspart geblieben«, sagte sie immer wieder.

Dabei ist bekannt, was uns auf der *Gustloff* geblüht hätte. »Alle ertrunken«, versuchte ich ihr bis zum Schluss klar zu machen.

»Aber es sind auch welche gerettet worden«, entgegnete sie.

Wir verbrachten dreieinhalb Jahre in Gefangenschaft. In diesem Leid war ich ständig mit dem Tod konfrontiert. Ich lebte in Etappen. Von einem Tag zum anderen, von einem Monat, einem Jahr zum nächsten. Immer überfielen mich die gleichen Fragen: Lebe ich morgen noch? Wie geht es weiter? Was passiert mit uns? Wann werde ich das nächste Mal verprügelt? Wann werde ich das nächste Mal eingelocht?

Eines Abends lernte ich einen Mann kennen. Nach unseren schweren Arbeitstagen durften wir abends für eine Stunde nach draußen gehen. Ich kam an der Kommandantur vorbei. Wir wussten, dass die russische Küche dort manchmal für Deutsche etwas Suppe ausgab. Der Mann stand vor der Tür und holte aus den tiefen Taschen seines Militärmantels ein großes Stück Brot.

Das Wort »Brot« spielte eine elementare Rolle. In den ersten Tagen der Besetzung hatte ich mit anderen hungernden Deutschen am Straßenrand gesessen. Da waren Russen vorbeigekommen, die uns Konservendosen zuwarfen. Darin war Trockenbrot. Brot bedeutete Überleben.

Der Mann vor der Kommandantur rettete mein Leben. Am nächsten Abend kam ich wieder. Schließlich jeden Tag. Bald brachte ich andere Frauen mit. So lernten wir uns kennen. Er war als entlassener Kriegsgefangener in einer russischen Einheit Chauffeur bei einem hohen Offizier. Als solcher durfte er ab und zu in den Straßen Patrouille gehen. Wir blieben zusammen.

1947 befahl Stalin, Ostpreußen und Weißrussland zu »säubern«. Alle Deutschen wurden ausgewiesen. Im Mai wurden die deutschen Männer zur Kommandantur bestellt, um ihre Ausreisegenehmigung abzuholen. Da fuhren Lkws vor. Alle Männer wurden aufgeladen und abtransportiert. Auch mein Bekannter war unter ihnen. Ich war im sechsten Monat schwanger. Er wurde der Vater meiner ältesten Tochter.

Im August 1947 brachte ich Bärbel zur Welt. Viele Kinder wurden in der Gefangenschaft geboren. Sie stammten zum Teil aus Vergewaltigungen, die noch immer vorkamen, obwohl sie schwer bestraft wurden. Kaum ein Baby überlebte. Ich kämpfte um meine Tochter. Eine

Frau gebar zur gleichen Zeit ihr Kind wie ich. Es starb. Die Mutter hatte Milch. Sie stillte meine Tochter.

Das war ein tragender Moment für mein Verhältnis zu Leben und Sterben: der Beginn neuen Lebens, begleitet vom Tod. Eines greift ins andere.

Und es war ein wesentlicher Moment für meinen Glauben. Meine Tochter überlebte, zwischen allen, die um uns herum starben. Ich kann es mir nicht anders erklären: Dass dieses Kind am Leben blieb, das ist ein Wunder.

Ich stellte später Nachforschungen an, um den Vater meiner Tochter zu finden. Man hatte die Männer nach Sibirien gebracht. Es heißt, er sei bei einem Fluchtversuch erschossen worden. Doch das muss nicht stimmen. Lange Jahre suchte ich bei den zuständigen Stellen und hoffte. Ohne Erfolg.

Ende 1948 wurden wir aus der Gefangenschaft entlassen. Sie verluden uns in Viehwagen und schickten uns nach Berlin. Vierzehn Tage dauerte die Reise.

Wir kamen zur Zeit der Blockade an, die Stadt wurde aus der Luft versorgt. Deshalb brachten sie uns nach Torgau, in ein Sammellager.

Dort wurden wir durch Schleusen geschickt. So muss es den Juden gegangen sein, dachte ich inmitten der gedrängten Menge. Nur war das Ende dieser Menschen das Gas, bei uns war es eine Entlausung. In dem Raum herrschten fürchterliche Gerüche. In einer scheußlichen Prozedur wurden wir gesäubert, um Seuchengefahr im Lager zu verhindern.

Aufgehoben sein

Wenn ich mich heute an diese Jahre erinnere, frage ich mich: Wie habe ich das geschafft? Ich denke, es war mein Glaube, der mich gerettet hat. Und ich war jung. Man hat als junger Mensch andere Kräfte, seine Situation zu verarbeiten.

Nach der Entlassung nahm uns eine Tante in Berlin auf. Sie kümmerte sich um uns drei. Wir erhielten die notwendige Zuzugsgenehmigung und ich fasste hier Fuß. Nachdem ich mein Studium nicht hatte abschließen können, war ich froh, im Krankenhaus Westend eine Stelle als stellvertretende Leiterin der Großküche zu finden. Bei dieser Arbeit lernte ich Heinrich Burghardt kennen, der im Haus Verwaltungsdirektor war. Er litt an Kinderlähmung und war anerkannt kriegsgeschädigt. Viele fragten mich: »Was willst du mit diesem behinderten Mann? Du hast nur Belastungen und Arbeit.«

Ich habe ihn sehr geliebt. Ein Psychologe sagte mir später, dass es wohl noch einen tieferen Grund gäbe, warum ich diesen Menschen wählte. Das Unterbewusstsein ließe mich fühlen: Da bist du gut aufgehoben, es passiert dir nichts. Da wirst du nicht vergewaltigt, hast einen ruhenden Pol. Das war mir natürlich nicht bewusst. Ich wusste nur, Heinrich würde mir nie etwas antun. Er war behutsam und fürsorglich.

1950 heirateten wir und zogen in eine Dienstwohnung im Krankenhaus. Auf den Wunsch meines Mannes gab ich meine Stelle auf, und wir bekamen zwei gemeinsame Töchter. Auch meiner Ältesten war Heinrich ein toller Vater, den sie voll akzeptierte. Daran änderte sich auch nichts, als wir Bärbel in einem entsprechenden Alter die Geschichte ihrer Herkunft erzählten. Mein Mann und ich führten eine gute Ehe, bis er vor zwanzig Jahren starb.

Meine älteste Tochter ist leider auch verwitwet. Sie lebt in Westdeutschland, die anderen sind in Berlin. Das mittlere meiner drei »Mädchen« ist eine Angsttochter. Karin leidet unter Agoraphobie. Ich kann sie nicht betreuen, da ich selbst behindert bin. Sie ist austherapiert. Die Krankheit geht auf ihre früheste Kindheit zurück. Als sie etwa ein Jahr alt war, musste ich plötzlich ins Krankenhaus. Meine Mutter war nicht in der Lage, Karin zu versorgen, und mein Mann konnte das aufgrund seiner Behinderung auch nicht leisten. Anfang der fünfziger Jahre gab es noch keine Kinderbetreuung, die man in solchen Notfällen schnell ins Haus holen konnte. So verfügte mein

Mann, die Kleine in die Kinderklinik zu bringen, wo wir sie gut aufgehoben glaubten. Wir wussten nichts von Psychologie. Heute sage ich: »Hätten wir doch nur.« Haben wir aber nicht.

Meine Tochter lebte mit Ängsten und Problemen. Sie heiratete und bekam einen Sohn. Nils ist mein dritter Enkel. Ich liebe ihn sehr und betreute ihn vor allem während der ersten vier Jahre, weil seine Mutter es allein nicht schaffte. Als auch das nicht mehr ging, nahm ihn meine jüngste Tochter Regine in ihre Familie auf.

Meine Jüngste selbst hat ein Mädchen und einen Jungen. Die Älteste hat zwei tolle Söhne. Ich habe also fünf Enkel: Rafael, Phillip und Nils, dann kommt Gott sei Dank eine Julia, und schließlich der Jan. Vier Jungs und ein Mädchen, das hatte ich mir gewünscht. Aber eigentlich sind es acht, fünf echte und drei zugereiste.

Gefasst und gelassen, meistens fröhlich

Für mich hat der Tod seinen Schrecken verloren. Das bedeutet nicht, dass ich mich niemals fürchte. Vor dem Sterben habe ich manchmal Angst.

Bei der Frage nach dem Tod spielt der Glaube eine große Rolle. Wenn ich glaube, fürchte ich mich nicht so sehr. Zum Sterben gehört der Gedanke des Leidens: Wie wird es ablaufen? Muss ich leiden? Wie leide ich? Und wie werde ich damit fertig?

Solche Gedanken sind besonders nah, wenn man krank ist. Ich habe Rheuma und lebe seit über 25 Jahren mit Schmerzen. Ich wurde schon sieben- oder achtmal operiert, mit »Gelenkersatz«, wie man so schön sagt. Wie oft habe ich schon den Satz gehört: »Du hast ja ein richtiges Ersatzteillager.« Es soll ein Scherz sein. Heute kann ich darüber lachen.

So versuche ich, mit Anstand und Würde meine letzten Jahre zu schaffen. Ich bin froh, dass ich noch genügend Kraft habe und nicht hinter dem Ofen sitze, um mein Schicksal zu bejammern.

In jüngster Zeit sterben viele in meiner Umgebung. Vor kurzem fragte mich eine alte Nachbarin: »Bitte, können Sie ein Weilchen zu mir kommen?«

Ich kümmerte mich eine Zeit lang um sie und sorgte schließlich dafür, dass sie in ein Sterbehospiz kam. Mich bitten öfter Menschen um Beistand. Vielleicht liegt es an meinen Erfahrungen mit Krankheit und Schmerzen. Es ist nicht jedem gegeben, sich dem zu stellen. Vielleicht spielt aber auch hier mein Glaube eine Rolle. Ich nehme die Dinge in die Hand und sage: »Also, jetzt muss ein Pfarrer her.«

Zum Pastor meiner Gemeinde habe ich guten Kontakt. Er wird auch mich absegnen, wenn ich sterbe.

Wenn ich eines Tages das Gefühl habe, jetzt ist es so weit, bin ich bereit. Bis dahin habe ich für den Notfall meinen roten Knopf, das Armbändchen mit dem Sender für den Hausnotruf von den Johannitern. Manchmal vergesse ich es, doch ich habe es schon mehrfach gebraucht. In einigen Fällen war es gar nicht nötig, aber in der Angst drückte ich doch. Schnell waren sie da, nahmen mich mit und brachten mich auf meinen Wunsch wieder nach Hause. Es sollte noch nicht sein, ich war noch nicht dran.

Selbstverständlich habe ich eine Patientenverfügung. Auch meine Beerdigung ist vorbereitet. Obwohl es gegen meine christliche Auffassung ist, möchte ich verbrannt werden und unter den grünen Rasen. Meine Töchter sollen keine Arbeit mit meinem Grab haben, und die Gärtnereien sollen ruhig mit anderen ihr Geld verdienen.

Es wird nur eine Abschiednahme stattfinden. Die Bestattungsfirma *Grieneisen* hat eine wunderbare kleine Abschiedshalle. Kommen sollen meine Kinder, meine Enkel und zwei, drei Freunde, von denen ich überzeugt bin, dass sie gefestigt im Glauben sind und meine Einstellung teilen. Das ist alles. Damit hat sich der Fall. Menschen, von denen ich weiß, dass sie nur darüber lächeln, will ich nicht dabeihaben. Es ist komisch, aber ich habe das Gefühl, dass ich irgendwie spüren werde, was sich in meinem Körper noch so abspielt, und das will ich nicht.

Ich habe mit *Grieneisen* alles abgesprochen und gut aufgepasst, dass sie mich nicht über den Tisch ziehen. Ein Beerdigungs- oder Sterbekleid brauche ich nicht, ich habe ein schönes weißes Konzertkleid, das will ich tragen. Ich weiß, dass ich die Knöpfe davon abmachen muss. Es geht ja um eine Verbrennung. Ich weiß auch, dass ich vor der Bestattung noch einmal unters Messer kommen werde. Ich habe zwei Knieprothesen, zwei Hüftprothesen, eine Platte in der Schulter und einen Schrittmacher. Die müssen vor dem Verbrennen entfernt werden.

Nun warte ich, wie Bonhoeffer sagt, getrost auf jeden neuen Tag. Ich sage nicht, dass es mich nicht ängstigt, das Sterben. Ich wäre ja ein Übermensch, wenn ich behaupten könnte, es macht mir nichts aus.

Nein, ich denke, man soll dazu stehen und zugeben: Ganz so ist es nicht. Ich bin gefasst und gelassen, ich bin meistens fröhlich, aber es gibt auch Tage, an denen ich aufgrund meiner Schmerzen Probleme habe.

Na ja, wie der Berliner sagt: »Wird schon wieder wern mit Mutter Behrn, mit Mutter Horn is ooch jeworn.« Und solange ich mich noch in der Philharmonie herumtreibe, solange geht es mir gut.

Die Musik ist neben meinem Glauben und der Liebe zu meinen Kindern der wichtigste Bestandteil meines Lebens. Ich habe ein Abo in der Philharmonie und sitze oben in der Versehrtenloge. Mit meinem Ausweis suche ich mir die Konzerte aus, die ich möchte, es kostet nur die Hälfte. Ich bin froh, dass ich noch mit dem Auto dorthin fahren kann. Vor meinem Haus habe ich einen Behindertenparkplatz für mein kleines rotes Auto. Zur Philharmonie komme ich »blind«. Ich fahre ziemlich sicher, auch wenn mir dieser olle Kreisverkehr an der Goldelse unbehaglich ist. Die Oper ist gleich um die Ecke. Jedes Mal bin ich beglückt und dankbar, dass ich das habe.

Ich selbst kann leider nicht mehr musizieren. Ich hatte lange Jahre Klavierunterricht und lernte Geige. Letztere durfte ich nach großen Bitten an meinen Vater endlich ad acta legen, Geige war nicht mein Instrument. Stattdessen habe ich mein Leben lang gesungen. Meine letzte große Aufführung im Chor war die Matthäuspassion in der Kaiser-Wilhelm-Gedächtniskirche vor etwa acht Jahren. Ich hatte große Schmerzen, doch ich dachte: Das muss ich durchstehen. Ich nahm Zäpfchen und Tabletten. Es ist ein sehr langes Oratorium – doch ich schaffte es.

Das geht nun nicht mehr. Wenn ich ein Klavierkonzert höre, sitze ich manchmal da und mache stumme Fingerübungen. Bei Werken wie dem Mozart-Requiem oder dem Weihnachts-Oratorium singe ich im Geiste eine ganz kleine Stimme mit. Mein Gehör ist in Ordnung. Auch meine Augen sind noch gut, ich brauche keine Brille zum Autofahren, nur ein bisschen zum Lesen.

Hören und Sehen funktioniert, da habe ich beim lieben Gott wohl zweimal »Hier!« gerufen.

Mit fünfzig Jahren lernte ich ein letztes Instrument: die Orgel. Als mein Mann pensioniert wurde, verließen wir nach 25 Jahren unsere Wohnung im Krankenhaus und zogen nach Reinickendorf – genau neben eine Kirche. Nun erfüllte sich mir ein Wunschtraum, den ich seit Kindertagen hegte. Mein Großvater besaß als Lehrerkantor und Küster ein altes Harmonium. Es stand im Hause meiner Großeltern und begründete meinen Wunsch, Orgelspielen zu lernen. Ja, Großeltern, die können viel bewegen!

Entsprechend versuchte ich ganz bewusst, meine Enkel in die Musik einzuführen. Ich besorge regelmäßig Karten und sage: »Ihr könnt wählen, einer muss mit!«

Ich nehme sie mit, die Töchter, die Schwiegersöhne und Enkel. Es macht ihnen Spaß, das bestätigen mir alle. Rafael sagte mir einmal: »Omi, du hast uns den entscheidenden Tritt gegeben. Ich gehe heute ins Konzert. Das hätte ich ohne dich noch nicht entdeckt.«

So kann man auch im Alter noch etwas rüberbringen. Ein schönes Gefühl.

Ich bin neugierig auf viele Dinge im Leben. Beispielsweise eröffnet mir manches aus der zeitgenössischen Musik, was mir vor Jahren noch fremd war, einen ganz neuen Zugang, wenn ich es ein paar Mal in der Philharmonie gehört habe. »Siehste«, sage ich mir dann, »man soll nicht so schnell urteilen« – und genieße.

So gibt es auch im hohen Alter noch Dinge, die das Leben lebenswert machen. Ich muss es bloß sehen wollen. Und die Tage, an denen es mir nicht so geht, kann ich nur hinnehmen. Für das Sterben bitte ich Gott: Sei einfach gnädig.

Und so machen wir das. Bis es einmal nicht mehr geht. Gefasst und gelassen, mal mehr, mal weniger.

Hans Werk

Ob ich meine Schuld bis zum Tod abtrage?

Aufgeschrieben von Antonia Häusler

Auch wenn Hans Werk im August 2007 achtzig wird, ist er als Zeitzeuge unermüdlich im Einsatz für die politische Aufklärung. Er meldete sich freiwillig zum Krieg, kam zur SS und wurde u.a. in Buchenwald eingesetzt. Bis heute kämpft er mit seiner Schuld. Von seinen Fehlentscheidungen berichtet er jungen Leuten, um ihnen ein ähnliches Schicksal zu ersparen. Hans Werk lebt mit seiner Frau in Berlin-Spandau und hat eine Tochter.

Als Junge war ich bereit, den Heldentod zu sterben. So wurden wir erzogen. Ich wurde am 14. August 1927 in Berlin geboren, meine Kindheit erlebte ich in Dolgen, in der Neumark, das gehört heute zu Polen. Der Ort hatte 175 Einwohner und eine einklassige Volksschule. Der Lehrer, ein Berliner Sozialdemokrat, war nach dem Ersten Weltkrieg nach Dolgen gekommen und wurde 1933 zum Ortsgruppenleiter der NSDAP. Morgens kam er in die Schule und rief: »Heil Hitler, aufstehen!« Anschließend sangen wir vaterländische Lieder. An der Wand hingen zwei Bilder, eins mit der Aufschrift »Gemeinnutz geht vor Eigennutz« und das Führerbild.

Wir lernten zeitweise in der »Judenfibel« lesen. Herausgeber war Julius Streicher. In der Fibel waren die Nürnberger Rassengesetze mit Bildern für Kinder aufbereitet. Ein Bild ist mir besonders in Erinnerung: Es zeigt einen Metzgerladen. Ich stamme aus einer Metzgerfamilie. Meine Großeltern hatten eine Metzgerei und mein Vater auch.

Dreckig und schmierig zeigte das Bild den Laden, eine Ratte guckte raus und ein Jude mit speckigen langen Haaren und fleckiger Schürze. Neben ihm standen deutsche Verkäuferinnen. Blonde Haare, blaue Augen, weiße Schürze – ganz sauber. Ich vergaß den Text, doch die Darstellung der »armen« arischen Frau, die bei dem schmutzigen Juden arbeiten muss – der noch die Hand anzüglich hinter ihr hält –, hat sich mir eingeprägt.

Durch die Metzgerei hatten wir Kontakt zu jüdischen Händlern. Der Fellhändler Piefke war mit meinen Eltern befreundet. Ich freute mich auf die Freitage, an denen er kam, um mich mit in das neun Kilometer entfernte Woldenberg zu nehmen, wo er seine Geschäfte machte. Wir hatten viel Spaß zusammen und während er arbeitete, ging ich zum Frisör.

Eines Tages war der Piefke verschwunden. Als ich meine Eltern nach ihm fragte, sagten sie, er wäre nach Palästina gegangen. Zu der Zeit gab es schon den Judenstern und andere Hetzkampagnen, doch ich nahm die Antwort hin. In einem blauen Opel Blitz kam ein neuer Händler, ein großer Blonder. Rompe hieß er. Nun fuhr ich mit ihm mit. Er sang deutsche Volkslieder.

Meine Eltern waren anderer Gesinnung. Als der Ortsgruppenleiter versuchte, mich auf die Adolf-Hitler-Schule zu bringen, sagte mein Vater: »Kommt nicht in Frage, du gehst aufs Gymnasium.«

Meine Mutter erzählte mir später, meine Eltern hätten sich zu Hause nicht über Politik unterhalten, aus Angst, ich könne dem Lehrer etwas erzählen. Ich hätte meinem Vater gerne noch gesagt, dass er mit seiner politischen Ansicht Recht hatte.

Er war nicht in der Partei, obwohl das sozialen Druck und geschäftliche Nachteile brachte. Es gab Regelungen, wie viel geschlachtet werden durfte, und da wurden Nazis natürlich bevorzugt.

Warnungen

Ich ging vier Jahre aufs Gymnasium und wurde 1942 in die Lehre auf ein großes Gut nach Polen geschickt, um Gutsverwalter zu werden.

Im Frühjahr 1943 meldete ich mich in Hohensalza als Kriegsfreiwilliger. Wir glaubten noch an den Endsieg. Im März 1944 beendete ich die Lehre und bewarb mich nach dem Arbeitsdienst bei der Waffen-SS, obwohl ich ursprünglich zur Luftwaffe wollte. Die Waffen-SS umwarb uns junge Männer mit der Darstellung als Eliteeinheit, die an den Brennpunkten eingesetzt wurde. So versuchten sie, uns für diese Truppe zu begeistern. Gegen die Warnungen meines Vaters schloss ich mich an. Meine Mutter unterschrieb, da ich noch minderjährig war, die Meldung.

Meine Großmutter hatte uns alle schon viel früher gemahnt: Wenn ich frei hatte, ging ich mit ihr an den Dolgener See, um die Wäsche zu spülen. Ich lachte sie aus, als sie 1937 sagte: »Es wird Krieg geben durch Adolf, und die Russen werden kommen. Dann werd ich eine Flasche Schnaps nehmen, austrinken und mich hier im Dolgener See ersäufen.«

Hat sie nicht gemacht. Sie wurde, wie meine Mutter und andere Frauen, vergewaltigt. 1945, als die Russen kamen. Als die überlebenden Dolgener von den Polen vertrieben wurden, lief sie zu Fuß mit dem Handwagen nach Stendal. Sie lebte bis zu ihrem Tod in Niedersachsen.

Ich bestand die Aufnahmeprüfung für die SS-Führerschule in Bad Tölz. Dort sollten wir für den Einsatz nach dem Krieg als »Wehrbauern« vorbereitet werden. Doch zur Ausbildung kam es nicht mehr. Alle Jungs bekamen den Einberufungsbefehl, nur ich nicht. Das ließ mir keine Ruhe. Ich fuhr mit dem Rad zum Wehrbezirkskommando nach Woldenberg und beschwerte mich. Die Antwort war: »Du hast Glück, es ist einer krank geworden. Du kannst seine Stelle antreten.«

So wurde ich nach Weimar, Buchenwald, geschickt. Ich wusste nicht, was Buchenwald war.

Buchenwald

In Weimar wurden wir von den SS-Ausbildern in Empfang genommen und nach Buchenwald hochgefahren. Das Konzentrationslager und die SS-Baracken standen etwas voneinander entfernt.

Die Kasernen der Wachmannschaften befanden sich davor. Ich wurde dem SS-Kraftfahr-Ersatz-Ausbildungsregiment zugeteilt, welches woanders ausgebombt und nach Buchenwald verlagert worden war. Ich gehörte nicht zu den Wachmannschaften, hatte daher mit dem KZ nichts zu tun und durfte nicht rein.

Eigentlich hatte ich nur einen richtigen Kontakt mit Gefangenen. Drei Tage nach meiner Ankunft, am 17. August 1944 um zwölf Uhr, es war ein schöner sonniger Tag, wurde Fliegeralarm gegeben. Amerikanische Bomber griffen an. Mein Kamerad und ich gingen nicht wie befohlen in den Splittergraben, sondern legten uns zum Sonnen ins Gras. Wir sahen mehrere große Verbände von Fliegern über uns.

Plötzlich wurden Markierungen abgeworfen. Wir lagen mitten im Zielfeld! »Pass auf, rechts und links ...« Ich hatte es noch nicht ausgesprochen – zwei Treffer!

Als ich zu mir kam, hatte ich keine Schuhe mehr an, der Luftdruck hatte alles weggerissen. Mein Kumpel war tot. Der erste Tote, den ich sah. Ich bekam eine Ahnung, was es bedeutet, den Heldentod zu sterben.

Zwei polnische KZ-Häftlinge zogen mich in den Splittergraben. Sie retteten mein Leben. Als die nächste Luftdruckwelle kam, wurden wir verschüttet. Ich höre die beiden heute noch beten: »Boze, Boze.«

Nach dem Angriff befreiten sich die beiden Häftlinge aus dem Graben und brachten mich schwer verletzt zum Lazarett. Dort war alles kaputt und es lagen Blindgänger herum. Deshalb wurden wir ein paar hundert Meter weiter zum Verbandsplatz geschickt. Abends ging es runter nach Weimar. Dort war ein großer Sammelplatz, von wo aus die Verwundeten auf Lazarette verteilt wurden. Auch KZ-Häftlinge wurden dort versorgt oder bekamen das Sterbegebet von einem Pfarrer.

Ich erwähne dies ungern, es klingt, als wären die Häftlinge gut behandelt worden. Damals aber dachte ich genau das.

Im Lazarett in Bad Berka hatte ich Zeit, die Eindrücke zu verarbeiten. Den ersten Toten. Ich bekam Angst. Angst, dass der Heldentod nicht so großartig ist, wie es uns versprochen worden war.

Schicksal?

Durch die Verwundung und den folgenden Genesungsurlaub entging ich der Grundausbildung bei der SS. Ich absolvierte eine Kraftfahrerausbildung. Vor dem Fronteinsatz bekam ich noch einmal Heimaturlaub. Bei meiner Abfahrt sah ich meinen Vater zum letzten Mal. Er kam mit dem Fahrrad zum Bahnhof geeilt, um sich von mir zu verabschieden. Als ich früh das Haus verlassen hatte, war er schon zu Hausschlachtungen unterwegs gewesen.

»Ich muss mich verabschieden. Du Idiot musstest dich ja freiwillig melden. Jetzt sehe ich dich nicht wieder.« Das waren seine letzten Worte. Und so kam es. Nur dass ich zurückkehrte und er nicht mehr da war. Die Russen hatten ihn verschleppt. Wir hörten nie wieder etwas von ihm.

Ich selbst hatte Glück. Ich dachte, weil ich mich freiwillig gemeldet hatte, werde ich von oben beschützt. In Buchenwald kam ich einmal zu spät in die Baracke – ich hatte den Zapfenstreich verpasst. Bei der SS bedeutete das: Haft im Bunker. Der zuständige Unteroffizier zitierte mich zu sich: »Ich will nicht wissen, wie du reingekommen bist, nur, ob dich jemand gesehen oder angehalten hat?«

»Nein.«

»Dann hau ab.« Er drückte ein Auge zu, weil ich zur Marschkompanie gehörte, die am nächsten Tag abrückte.

Jetzt ging es in den Krieg. Doch ich bekam kein Gewehr! Den ganzen Krieg über hatte ich keine Waffe!

Das Ziel war die Ardennen-Offensive, ich sollte zum SS-Panzerkorps Leibstandarte »Adolf Hitler«. Die Nachrichtenkompanie, zu der ich gehörte, wurde weit hinter der Front eingesetzt.

In der Eifel zog ich mir Erfrierungen an den Füßen zu und kam in ein katholisches Kloster bei Bonn, das zu einem Lazarett umfunktioniert worden war. Nach ein paar Tagen, als es mir besser ging, bat ich um meine Entlassung. Ich wollte zu meiner Truppe und für den Endsieg kämpfen. Ich suchte nach meiner Kompanie, und fand sie.

An der ungarischen Grenze lief ich los, um nach einem Quartier zu suchen. Das wäre nicht meine Aufgabe gewesen, dafür gab es die Quartiermacher. Doch ich hatte wieder Glück. Obwohl ich bei der SS war, nahm mich eine ungarische Familie freundlich auf. Wahrscheinlich sahen sie, dass ich noch ein halbes Kind war. Sie schenkten mir einen kleinen Kalender, in dem ich die Geschehnisse vermerkte. Ich besitze ihn noch.

Kriegsende

Am 5. Mai 1945 erteilte mir der Kompaniechef den Auftrag, mit einem Kollegen eine (Pferde-)bespannte Einheit abzuholen. Doch wir wurden vom Kriegsende überrascht. Uns gelang die Flucht zu den Amerikanern, wir kamen in Gefangenschaft.

Im August 1945 wurden wir aus dem Lager nach Ebensee, in ein ehemaliges KZ, verlegt. Am Bahnhof lud man uns aus, weiter mussten wir zu Fuß laufen. Gerade befreite KZ-Häftlinge bewarfen uns mit Steinen. Dort angekommen, sortierten ehemalige Häftlinge die Männer der SS aus, die sie noch kannten. Was mit ihnen geschah, erfuhren wir nicht.

Ich sollte in eine Baracke gehen. Auf der Schwelle lag eine Hakenkreuzfahne. Ich trat nicht mit meinen Schuhen darauf, sondern sprang darüber. Ein amerikanischer Offizier, der am Tisch saß, forderte mich auf: »Zurück, Füße abtreten.« Ich tat es nicht und legte ihm stattdessen meinen Wehrpass und mein Soldbuch vor.

Er fragte: »Hitlerjunge gewesen?«

»Ja.«

»Führer?«

»Ja, Hauptjungzugführer.«

»Und, glaubst du heute noch daran?«

Ich bejahte wieder. Was mit der Judenfrage sei, wollte er wissen. Da wusste ich nicht, was er meinte. Wahrscheinlich hatte der Offizier Mitleid, weil ich so jung war. Ich bekam meine Entlassungspapiere. Ich war frei. Da stand ich nun: 18 Jahre alt, allein in einem zertrümmerten Deutschland. Ohne Heimat, ohne Eltern und Bruder. Ich stand vor dem Nichts.

Praxis der Seele

Ich weiß nicht, ob es ein zweites Leben gibt oder Engel. Angst muss man nur haben, wenn man kein reines Gewissen hat. Deshalb bemühe ich mich, mit mir ins Reine zu kommen. Für meine letzte Stunde ist es beruhigend, dass ich niemanden umgebracht habe. Wie man geboren wird, so stirbt man. Oder gibt es doch eine höhere Instanz, die uns richtet?

Ich muss mich mit den praktischen Dingen des Sterbens auseinander setzen. Meine Frau erinnert mich daran. Also habe ich mir vorgenommen, bis zu meinem achtzigsten Geburtstag alles zu erledigen. Ich muß mich rechtzeitig um die Formalitäten kümmern. Auch wenn ich einen schönen schnellen Tod will, für meine Frau und meine Tochter ist es wichtig, dass alles geregelt ist.

Schulden haben wir keine, das ist gut. Ich muss darüber nachdenken, wie die Feier aussehen soll und wer eingeladen wird. Ich möchte nicht, dass die Menschen zu sehr trauern, so wie ich nicht wollte, dass meine Eltern traurig sind, wenn ich meinen Heldentod gestorben wäre.

Was wird von mir bleiben? Vielleicht die Seele? Damit die Seele ihre Ruhe hat, wurde der Kampf gegen Rechts und jede Diktatur zu meiner Lebensaufgabe. Dagegen arbeite ich, so lange ich kann. Ich erzähle an Schulen von meinen Erfahrungen und Fehlentscheidungen. Weil die jungen Leute bohrende Fragen stellen, ist es manchmal so anstrengend, dass ich nachts nicht schlafen kann. Die Diskussion mit mir selbst ist die schwierigste. Warum hast du keinen Widerstand geleistet und warum hast du nicht auf deinen Vater gehört?

Ich habe keine Kontakte mehr zu früheren Kameraden. Doch kürzlich protestierte ich gegen eine NPD-Veranstaltung und als ich zu viel Ärger machte, kam einer im Anzug, den ich für einen ehemaligen SS-Offizier hielt. Da konfrontierte ich ihn: »Sie waren doch Offizier bei der SS, Sie müssen doch wissen, dass es wahr ist, was ich sage!«

»Aber doch nicht so laut ...«, sagte er.

Meine Frau und meine Tochter wollen mich manchmal bremsen. Ich sage zu meiner Tochter: »Damit kannste nicht aufhören. Das ist so ein Verbrechen, was wir begangen haben, in deutschem Namen. Du bist nicht schuld, ich bin eigentlich auch nicht schuld. Aber meine Generation trägt die Verantwortung und ihr müsst dafür sorgen, dass sich das nie wiederholt. Deswegen müsst ihr wissen, was passiert ist.«

Hans Sammel

Um zu sterben, muss man gelebt haben

Aufgeschrieben von Corinna Dommes

Hans Sammel, Jahrgang 1912, verbrachte seine Kinder- und Jugendjahre in Bad Oeynhausen und Berlin, wo er mit neunzehn die Liebe seines Lebens fand. Hier begann auch seine berufliche Laufbahn in der Automobilbranche.

Eine von Gewalt geprägte Schulzeit und zwei Weltkriege beeinflussten die Lebenseinstellung des überzeugten Christen. Heute lebt der zweifache Vater, Groß- und Urgroßvater in Neuss.

Ich danke Gott und freue mich
Wie's Kind zur Weihnachtsgabe,
Dass ich bin, bin! Und dass ich dich,
Schön menschlich Antlitz! habe.
Matthias Claudius

Um zu sterben, muss man gelebt haben. Und mein Leben ist nicht weniger kostbar, wenn ich leide, als wenn ich glücklich bin. Ja, dass ich *bin*, ist wahrlich wunderbar. Ich bin voller Dankbarkeit für das Leben, das ich gehabt habe, wenngleich es oft schwer und gefährlich gewesen ist. Ich erinnere mich an Zeiten großer Angst, ja, Todesangst. Nicht erst in den bitteren Jahren des Zweiten Weltkrieges empfand ich diese. Nein, schon viel früher, in meinen Kinder- und Jugendjahren. Bereits damals hat mich irritiert, was Jesus zu seinen Jüngern sagte: »In der Welt habt ihr Angst; aber seid getrost, ich habe die Welt überwunden« (Johannes 16, 33). Dieser Satz macht mich ratlos, weil Jesus für sich den Weg aus der Angst heraus in die Göttlichkeit fand, die Menschen jedoch in ihren Ängsten beließ. Das passt nicht zu dem Bild, welches ich von Jesus habe, und half mir in meinen Kinderjahren auch nicht.

Angst und Trost

In den Jahren der Volksschule, also bis zum neunten Lebensjahr, fügten brutale Mitschüler mir oft so grausame Schmerzen zu, dass meine Einschätzung von männlicher Gewalt meine Lebenseinstellung nachhaltig geprägt hat.

Unser Schulhof war durch einen in Längsrichtung bis zum Schuleingang laufenden gepflasterten Weg in zwei Hälften geteilt. In den Pausen mussten sich die Jungen auf der linken und die Mädchen auf der rechten Seite des Weges aufhalten. Ich war als schwarzhaariges, braunäugiges, zartgliedriges Jungchen ein Exot unter all den blonden, blauäugigen westfälischen Bauernburschen. Meine Fremdartigkeit reizte sie, mich zu schubsen, zu verfolgen und verprügeln. Ich war schüchtern, weder gewalt- noch verteidigungsbereit. Das machte mich angreifbar. Daher bestand meine Beschäftigung während der Schulpausen oft darin, der brutalen Verfolgung meiner Mitschüler zu entkommen. Bemerkten dies die Mädchen auf der rechten Seite des Schulhofes, so retteten sie mich aus der Gewalt dieser Burschen auf ihre friedliche Seite herüber, trösteten und liebkosten mich und fütterten mich mit Süßigkeiten, in mütterlicher Zuwendung.

Einmal trieb mich eine Gruppe von sechs Mitschülern in den Wald, warf mich in eine flache Grube und prügelte mich mit an Schnüren befestigten Gummiklötzen halb tot. Danach drohten sie mir, wenn ich jemandem davon erzählen würde, wäre das mein Ende. Folgerichtig wollte ich niemandem davon erzählen. Doch als meine Mutter beim Baden die blutunterlaufenen, hoch aufgeschwollenen Flecken an meinem Körper entdeckte, musste ich mein Schweigen brechen.

Trotz meines Protestes ging sie mit mir in die Schule und zeigte dem Lehrer und der Klasse meine Blessuren. Die Täter gestanden, wiesen allerdings als so genannte Waffen nur kleine, kümmerliche Gummistücke vor, mit welchen man solche Verletzungen keineswegs hätte hervorrufen können. Der Lehrer drohte strenge Konsequenzen an, sollte sich jemand an mir rächen. Für die Schule war der Fall damit erledigt. Nicht jedoch für mich: Einige Zeit später versuchte man, mich im Schwimmbad durch ständiges Unterwassertreten zu ertränken. Wie ich mich aus dieser Situation gerettet habe, weiß ich nicht mehr. Nur an die Todesangst erinnere ich mich noch heute.

Große Angst hatte ich auch vor meinem Vater. Er war streng und autoritär. Ich muss vorausschicken, dass mein Vater der Älteste von neun Geschwistern war. Sein Vater, mein Großvater also, starb mit 48 Jahren an Gallenkrebs. In der Tradition der Familie galt es, dass der älteste Sohn nach dem Tod seines Vaters das Sagen hatte, auch über seine Mutter.

So war also mein Vater verantwortlich für alles, was geschah oder nicht geschah. Das hat ihn geprägt. Nie war er gütig oder gar zärtlich zu mir, oft verprügelte er mich aus nichtigem Anlass, schlug mich mit dem Stiefelabsatz auf den Kopf, warf mit Büchern nach mir. Betrat er die Stube, fürchtete ich mich. Diese Furcht brachte mich einmal dazu, eine mit Fünf benotete lateinische Klassenarbeit zu Hause nicht zur Unterschrift vorzulegen. In meiner Not fälschte ich die Unterschrift meines Vaters. Das kam heraus. Ich kam mir vor wie ein Schwerverbrecher und wurde auch so behandelt. Die Strafe fiel dennoch unverhältnismäßig niedrig aus. Meine Eltern hatten wohl begriffen, dass nur meine übergroße Furcht mich zu dieser Fälschung veranlasst haben konnte.

Meinen drei Jahre jüngeren Bruder Harry griff mein Vater nicht an, obgleich der ihm auch schon einmal ein Bein stellte, so dass er hinfiel. Dann haute der Übeltäter ab in die rauen Berge, wo er gern Indianer spielte. Harry entzog sich, wo er konnte. Er war ganz anders als ich. Ich musste mich um alles kümmern: um das Haus, den Garten, die Koksheizung, das Auto. Sah mein Vater aus dem Fenster, so fand er immer noch irgendwo im Kies einen Grashalm, den ich herausziehen musste. Ich war total eingespannt, meine Freizeit recht begrenzt.

Erst viel später begriff ich das Verhalten meines Vaters. Kurz vor seinem Tode besuchte er mich hier in Neuss, und wir sprachen uns aus. Die große Verantwortung für die Familie hatte meinen Vater überfordert – so sehr, dass er in jener Zeit gar an schweren Asthmaanfällen litt. Im hohen Alter bedauerte er es, früher so hart mit mir umgegangen zu sein.

Nun bin ich an diesen schrecklichen Angsterfahrungen nicht zugrunde gegangen. In Bad Oeynhausen, wo wir damals wohnten, gab es jenseits der Goethestraße ein riesiges Kornfeld. Dorthin ging ich in meinen freien Stunden. Ich legte mich in das Feld und richtete meinen Blick in den Himmel, wo wunderschöne Wolken vorüberzogen und die Lerchen sangen. Vom Duft der Ähren eingehüllt, war mir – ohne etwas zu empfinden, was man religiös nennen könnte –, als täte sich mir ein Fenster auf in eine Welt, in die mein Vater und alle Nöte meines Alltags nicht hineinwirken konnten. In diesen Momenten überkam mich ein tiefes Glücksgefühl. Später hörte ich einmal ein Lied von Hermann Allmers, das Brahms vertont hat.

Feldeinsamkeit

Ich ruhe still im hohen grünen Gras
Und sende lange meinen Blick nach oben,
Von Grillen rings umschwirrt ohn' Unterlass,
Von Himmelsbläue wundersam umwoben.

Und schöne weiße Wolken ziehn dahin
Durchs tiefe Blau, wie schöne stille Träume; -
Mir ist, als ob ich längst gestorben bin
Und ziehe selig mit durch ew'ge Räume.

Dieses Lied passte gut zu meiner damaligen Stimmungslage und hat mich tief beeindruckt. Obgleich es hier heißt: »Mir ist, als ob ich längst gestorben bin«, hat dieser Satz überhaupt nichts Beängstigendes an sich. Dieses Längst-Gestorbensein heißt so viel wie: Ich bin gelangt in eine bessere, schönere Welt, in eine schmerzlose, friedvolle Welt. Und wenn man die Verse so interpretiert, verbreiten sie ein riesiges Glücksgefühl – »und ziehe selig mit durch ew'ge Räume«.

Nun aber bleiben Glaube, Hoffnung, Liebe, diese drei;
aber die Liebe ist die größte unter ihnen.
1. Brief des Paulus an die Korinther, 13, 13

Glück

Ich war ein Einzelgänger. Bis mich meine Lilly fand. Das war an einem Sonntag im April 1932, und es war zauberhaft. Wirklich zauberhaft. Ich war neunzehn, der Berliner Frühling frohlockte, die Königin-Luise-Schule und das Helmholtz-Realgymnasium hatten zu einem Schülerball ins Parkrestaurant Südende, »Paresü« genannt, eingeladen. Ich ging mit meinem Bruder Harry hin. Wir waren guter Dinge und tanzten auch das eine oder andere Mal, obwohl wir niemals Tanzunterricht genommen hatten.

Plötzlich erklang ein Tusch, und es wurde Damenwahl verkündet. Eine bildhübsche, sechzehnjährige, süße kleene Person kam auf unseren Tisch zugesegelt. Harry, der dachte, er sei gemeint, schickte sich an aufzustehen, musste aber zu seinem Leidwesen erkennen, dass nicht er, sondern ich ausersehen war. Ich erhob mich ungläubig, zögernd, weil ich es für unmöglich hielt, dass ein Mädchen wie dieses mich unscheinbaren jungen Mann unter all den attraktiveren auswählte. Doch mich forderte sie auf. Mit einem Charme … Ich musste an das Schubert-Lied denken: »Wie du mir je im schönsten Lenz der Liebe/ Mit Gruß und Kuss entgegenkamst,/ (…) Sei mir gegrüßt, sei mir geküsst.«

Man spielte einen Walzer, und ich sagte, ich könne keinen Walzer tanzen. »Das ist nicht schwer, das bringe ich Ihnen schon bei«, entgegnete sie fröhlich und schwenkte mich im Dreiviertel-Takt herum. Mir war, als sei meine Seele von einem himmlischen Licht erleuchtet worden. Wir tanzten den ganzen Abend bis tief in die Nacht miteinander. Vor lauter Aufregung zerbröselte ich die Garderobenmarke in meiner rechten Jackentasche, so dass wir am Ende des Abends warten mussten, bis der vorletzte Mantel abgeholt worden war, bevor ich endlich auch meinen in Empfang nehmen konnte. Dann brachte ich meine Liebste nach Hause. Wir tauschten unsere Adressen aus, und ich tänzelte heim, trunken vor Glück.

Später erzählte mir Lilly, warum sie mich und nicht meinen Bruder zum Tanzen aufgefordert habe: »Du saßest bescheiden, ja, fast schüchtern vor deiner Limonade – und Harry saß froh und unbekümmert vor einem Glas Bier.« Da habe sie sich für den schüchternen Limonadentrinker entschieden. Im Übrigen habe sie mich schon lange beobachtet und gern angesehen.

Im Oktober 1938 heirateten wir. In einem innigen Brief, den sie mir am 11. Mai 1943 schrieb, als ich Soldat war, vertraute sie mir an, dass sie, nachdem sie mich kennen gelernt hatte, so etwas wie mütterliche Zärtlichkeit verspürte: »Denn ich muss eingestehen: Als Sechzehnjährige fühlte ich mich dir überlegen. Ich hatte das Bedürfnis, dich zu führen, und das dumpfe Empfinden, dass du als fast Zwanzigjähriger noch großen seelischen Schwankungen unterworfen warst.«

Da hatte sie Recht. Und sie führte mich mit Gottes Hilfe und mit ihrer liebevollen, mütterlichen Art zu klaren Lebensvorstellungen, welche es mir ermöglichten, später auch meinen Aufgaben als Familienvater gerecht zu werden und Verantwortung zu übernehmen. Lilly war mein rettender Engel. Sie war voller Gottvertrauen und vermochte es, dieses Gottvertrauen auf mich zu übertragen. Sie hat mich zu dem Menschen gemacht, der ich bin. Dafür danke ich ihr mein Leben lang.

Niemanden hassen, jeden belassen

Meine Lilly hat ein Gedicht verfasst über ihr Leben.

Du gabst Talent mir und die Gabe
Menschenherzen freundlich zu gewinnen.
Und dazu noch überreichlich Habe,
Denn du wusstest: manches wird zerrinnen.

Hab ich deine Güter treu verwaltet?
Hab ich ausgeschöpft die teuren Gaben?
Habe ich mein Leben so gestaltet,
Dass ich treulich trennte Soll und Haben?

Der Talente Gaben hab ich nicht geachtet,
Nicht gewuchert mit dem teuren Pfunde
Nach Erfolg niemals getrachtet
Mit dem Leben war ich stets im Bunde.

Denn ich war der Liebe so verschrieben,
Dass ich stets verschenkte und verteilte
Vieles ist mir aber doch geblieben,
Weil dein Segen stets auf mir verweilte.

Die Liebe – wie für meine Lilly, so war sie auch für mich das Wichtigste im Leben. Die Liebe zu allem und jedem. Die sinnliche Liebe ganz besonders. Meine Frau und ich, wir haben uns sehr geliebt. Wir waren sehr leidenschaftlich. Doch nicht nur unsere erotische, auch unsere geistig-seelische Beziehung war intensiv. Und: Gemeinsam waren wir kreativ. Sie hatte die künstlerische Ader, ich handwerkliches Talent. Aus der Kombination unserer Begabungen sind wunderschöne Dinge entstanden. Auf unserem Balkon haben wir beispielsweise eine farbige Glaswand gestaltet. Sie stellt eine Pflanze dar, die aus dem Erdreich bis in den Himmel wächst, wo der Mond strahlt. Auch eine Tiffany-Lampe mit schönen Blatt- und Tiermotiven fertigten wir gemeinsam. Meinem Bruder Harry bastelte ich zum siebzigsten Geburtstag eine Stehlampe. Lilly entwarf die Motive, die den Lampenschirm schmücken. Das gemeinschaftliche Konzipieren und Gestalten unserer Kunstwerke bereitete uns riesige Freude.

Ich empfand schon als Kleinkind eine Leidenschaft dafür, Dinge zusammenzufügen und Beschädigtes zu heilen. Als Vierjähriger bemerkte ich einmal, dass die Tür eines gusseisernen Ofens, vor dem ich saß, zerbrochen war. Ich holte mir aus dem Werkzeugkasten meines Vaters eine Kneifzange und verzinkten Eisendraht, fügte die beiden zerbrochenen Teile aneinander, reparierte mit der Zange und dem Eisendraht diese Tür und hängte sie wieder ein. Das bereitete mir große Freude. Auch meine Mutter freute sich darüber. So war ich jederzeit bestrebt, etwas Kaputtes zu reparieren.

Mit zunehmendem Alter wuchs mein Interesse an den Gesetzen der Natur, ihren elementaren Bausteinen und deren Wechselwirkungen. Ich hätte als junger Mann sehr gerne Physik studiert. Das Studium war mir jedoch nicht möglich. So begab ich mich als Praktikant bei den *Adlerwerken vorm. Heinrich Kleyer AG* in Berlin direkt in das Berufsleben. Dank meiner Begabung, meines Fleißes und meiner Ausdauer wurde ich nach stetigem Aufstieg in der Automobilbranche später technischer Leiter der *Daimler-Benz*-Vertretung Arthur Brüggemann in Düsseldorf.

Ich hatte in diesem Beruf nicht nur mit Technik zu tun, sondern musste mich in besonderem Maße um die Menschen kümmern, welche mit mir zusammenarbeiteten. Ich denke, ich habe das gut gemacht. Die meisten mochten mich gern. Ich hätte trotz meines mittleren Alters etwas Väterliches an mir, meinten sie. Nie kam es mir in den Sinn, jemanden, an dem ich etwas auszusetzen hatte, in der Öffentlichkeit abzumahnen. In solchen Situationen bat ich den betreffenden Mitarbeiter in mein Büro und wir sprachen uns aus. Das tat ich oft, und es kam bei meinen Mitarbeiterinnen und Mitarbeitern sehr gut an. Ich lernte, mit Menschen menschlich umzugehen. Mir hat das gut getan. Den anderen auch.

Ich habe den Wunsch, dass die Menschen liebevoll miteinander umgehen. Weil sie sich beträchtlich unterscheiden in ihren Genen, in ihren Prägungen und in ihren Erfahrungen, gelingt es oft nicht, Brücken zu bauen zwischen ihnen. Doch auch wenn sie einander nicht verstehen, sollten sie einen jeden annehmen, wie er ist. Wie Christian Morgenstern einst schrieb.

Niemanden hassen,
Jeden belassen
In seinem Wesen,
In jedem lesen
Die ewige Meinung;
Das macht genesen
Zum Allumfassen,
Zur Allvereinung.

Einen großen Platz in meinem Herzen findet der Satz aus dem Vaterunser: »Und vergib uns unsere Schuld, wie auch wir vergeben unseren

Schuldigern.« Das ist eine Basis, auf der Menschen miteinander umgehen können – auch wenn sie einander nicht verstehen oder nicht verstehen wollen. Es ist die einzige, die das menschliche Miteinander in diesem schwierigen, komplizierten Leben ermöglicht.

Oh wie schön ist deine Welt,
Vater, wenn sie golden strahlet!
Wenn dein Glanz herniederfällt,
Und den Staub mit Schimmer malet,
Wenn das Rot, das in der Wolke blinkt,
In mein stilles Fenster sinkt!

Könnt ich klagen, könnt ich zagen?
Irre sein an dir und mir?
Nein, ich will im Busen tragen
Deinen Himmel schon allhier.
Und dies Herz, eh es zusammenbricht,
Trinkt noch Glut und schlürft noch Licht.
Carl Gottfried Lappe

Den letzten Weg geht man allein

Eine Frage hat mich tief angerührt und ein unermessliches Erstaunen in mir hervorgerufen. Wir, die wir hier beisammen sind, die ganze Lebewelt auf Erden, sind wohl einmalig in den schier unendlichen Möglichkeiten *nicht zu sein*. Das Universum mit seinen Milliarden Galaxien und Milliarden Sternen ist nicht fähig, Leben zu tragen. Wer kann begreifen, dass sich Stoffwechselvorgänge in unserem Gehirn, in unserer Leber oder wo auch immer in Tausendstelsekunden abspielen und dadurch unser Leben auf geheimnisvolle Weise gewährleisten? Woher weiß mein Körper, wenn ich eine Wunde habe, wie der Heilprozess ablaufen soll? Welche Macht hat dich und mich und alles

Lebendige zu unserem Sein geordnet und lenkt seine überaus differenzierten körperlichen und geistigen Funktionen? Ich kann diese Macht nur Gott nennen und ihr ehrfürchtig danken für das Wunder meines Daseins.

Der Dominikanermönch Meister Eckhart sagte vor ungefähr siebenhundert Jahren, man könne Gott viele und immer wieder neue Eigenschaften zuordnen, ohne jemals sein ganzes Wesen zu erkennen. Wenn wir den umgekehrten Weg gehen, erkennen wir, dass Gott das Nichts ist. Vor dem Urknall muss eine völlig immaterielle und energielose geistige Bereitschaft für die Schöpfung bestanden haben, welche mit der von Meister Eckhart angenommenen Gottheit identisch ist. In dieser Bereitschaft liegt die Ursache des mit dem Urknall beginnenden Schöpfungsanfangs und seiner Geschichte – der Evolution – begründet. Nur die absolute Leere, das Nichts, birgt in sich die Möglichkeit für alles Werden und Sein.

Weil wir Menschen nur fähig sind, uns der Schöpfung von außen nach innen zu nähern, wobei wir das bereits Geschaffene benutzen müssen, fällt es uns so schwer zu begreifen, dass im Anfang das Nichts gewesen sein muss. Die Ursache alles gewordenen Seins – und damit auch du und ich – lag im Schoße des Nichts. Hier fallen die Erkenntnisse der modernen Naturwissenschaft und des im christlichen Mittelalter wirkenden Meisters Eckhart zusammen. Und das ist erstaunlich.

Anlässlich der Geburt eines kleinen Mädchens schrieb ich ein Gedicht.

Ein Himmelsseelchen aus den Sternen
Erwählte sich aus fernsten Fernen
Dies liebevolle Elternpaar.
Es kam herab auf diese Erde,
Damit es Euer Kindlein werde,
Ein kleines Mädchen, wunderbar.
Es will in Euerm Schutz geborgen
Mit seinem Lächeln Euch erbaun,
Mit Sternenaugen aller Morgen

In Euer liebes Antlitz schaun.
Ein Engel wird das Kind begleiten
und wachen über sein Geschick.
Dann mag es seinen Weg beschreiten,
In seinem Schutze, Stück für Stück.

Weil ich glaube, dass das winzigste Geschehen im Universum geistig bedingt ist, glaube ich auch, dass Menschen, bevor sie geboren werden, geistig angelegt sind im Transzendenten. Und dass sie dorthin zurückkehren. Ich habe das Wort »Tod« nicht gern. Es hat so etwas Endgültiges, Irreversibles. Der körperliche Fortgang von dieser Erde ist nach meinem Dafürhalten nur ein Übergang.

Bevor ich ins Jenseits hinübergehe, möchte ich noch meine Lebenserinnerungen aufschreiben und mit Bildern aus der Vergangenheit versehen. Es soll ein Buch daraus werden für meine Verwandten und Freunde. Im Übrigen überlege ich mir, eine Rede für meine Beerdigung zu konzipieren – meinen Nachruf. Dann wäre ich nicht einer Fehlbetrachtung unterworfen, die droht, wenn andere einen nicht ganz genau kennen. Und wer kennt mich so genau, wie ich mich kenne?

Schließlich möchte ich noch einmal in der Sonne stehen und dieses wunderbare Leben und diesen wunderbaren Planeten in Ehrfurcht bestaunen. Und dankbar sein dafür. Wenn der Abschied dann kommen will, nun, dann kommt er eben. Ich ängstige mich nicht.

Ich habe vor nichts mehr Angst. Meine Ängste habe ich restlos verloren, seit ich Lilly begegnet bin. Im Krieg erlebte ich Situationen, die nach menschlichem Ermessen für mich tödlich hätten enden müssen. Dennoch hatte ich nie auch nur einen Anflug von Angst. Ich wusste: Mir geschieht nichts. Dafür gibt es eklatante Beispiele: Im Gelände fetzten die Geschosse über mich hinweg und zerbarsten knapp über mir, während ich mich in einer Mulde versteckt hielt. Ich wusste: Mich trifft nichts. Oder: Auf dem Hauptbahnhof in Leipzig standen ungeheure Menschenmengen, als es plötzlich Fliegeralarm gab. Ich befand mich auf dem Bahnsteig, von dem links und rechts jeweils eine

Treppe hinunter zu den unteren Bahngleisen führte. Gerade wollte ich die linke Treppe nehmen, als ich sah, wie auf der rechten Seite eine junge Frau sich mit ihrem Kinderwagen abmühte. Ich rannte zu ihr, trug den Kinderwagen mit dem Kind nach unten, und in dem Moment schlug in die linke Seite eine Bombe ein. Eine Fünfhundert-Kilo-Bombe. Ein Desaster sondergleichen. Wenn ich der Frau nicht geholfen hätte, wäre ich heute nicht mehr. Ich kann nicht sagen, dass ich mutig gewesen wäre. Mir passierte einfach nichts. Und: Seit ich meiner Lilly begegnet bin, habe ich ein unglaubliches Gottvertrauen.

Inzwischen habe ich meine Lilly Gott anvertrauen müssen. Ihre Altersdemenz und Alzheimer-Krankheit führten in ihren beiden letzten Lebensjahren zu einem Persönlichkeitsverlust. Oft wusste sie nicht mehr über sich Bescheid, über mich schon gar nicht. Das war bitter.

Am 8. März 2000 kam sie ins Krankenhaus. Am Abend des 9. März begann sie zu sterben. Mein Sohn Michael, meine Schwiegertochter Margret und ich saßen in ihrem Sterbezimmer. Sie atmete schwer. Ich wusste nicht, dass es zu Ende ging. Der Arzt hatte es mir nicht gesagt. Mein Sohn hingegen war informiert, er kannte auch die Krankheitsursachen. Wir saßen an ihrem Bett, und sie atmete immer schwerer. In den frühen Morgenstunden des 10. März schlug sie die Augen auf. Ich sprach sie an: »Primelchen, weißt du denn, wer ich bin?« Sie nickte. Dann sah sie unseren Sohn an und flüsterte: »Mein Michaelchen.« Sie sah ihn als Säugling – »mein Michaelchen«. Noch einmal holte sie tief Luft und sagte mit einem unbeschreiblichen Gesicht: »Jetzt ist der Messias zu mir gekommen und nimmt mich in seine Arme.« Das waren ihre letzten Worte. Da war ich glücklich. In allem Leid war ich glücklich: Er hatte sie aus meiner Obhut in seine übernommen. Das war so tröstlich: Nicht in Leid und in Einsamkeit starb sie, sondern in der Geborgenheit von Jesus.

Wenn mir das so vergönnt sein sollte, wäre ich sehr froh. Und wenn in meinen letzten Stunden auch meine Tochter bei mir wäre. Das wünsche ich mir von ganzem Herzen. Sie war beim Tod meiner Lilly nicht dabei, was mich sehr schmerzte. Ich möchte auch, dass mein Sohn, meine Schwiegertochter und meine Enkelkinder zugegen sind, vielleicht die Urenkel. Letztere jedoch nicht unbedingt. Es muss nicht sein, dass sie so etwas erleben. Doch ich weiß: Auch wenn alle Angehörigen dabei sind – den letzten Weg geht man allein. Und das ist richtig so. Ich habe das Gefühl: Wenn ich meinen letzten Weg gehe, gehe ich ins Licht. In himmlisches Licht.

Ich hatte einmal einen Traum: Ich befand mich am Fuße einer vierseitigen Pyramide. Als ich die Pyramide emporblickte, wurde ich eines unglaublich hellen, milden Lichts an ihrer Spitze gewahr, von dem ich mich angezogen fühlte. Ich schickte mich an, die Seitenwand der Pyramide emporzusteigen, diesem überirdischen Licht entgegen. Als ich nach großer Mühe oben angelangt war, schaute ich die anderen Seiten der Pyramide herab und sah, dass auch andere Menschen nach oben strebten, in dieses Himmelslicht. Da wurde mir klar: Alle haben dasselbe Ziel, aber unterschiedliche Wege.

Wenn ich mich einst aus diesem herrlichen Erdenleben verabschieden muss, will ich frei sein von allen Wünschen, Erwartungen und Hoffnungen, frei auch von aller Kritik. Frei will ich in Gottes Frieden, in Gottes Liebe und in Gottes Geborgenheit gelangen. Wenn ich dennoch hoffe, meine Lilly und all meine Lieben bei Gott wiederzusehen, so ist diese Erwartung menschlich wohl verständlich. Ich kann daran glauben, auch wenn ich es nicht weiß. Sollte sich meine Hoffnung hingegen nicht erfüllen, so nehme ich dies hin, in großer Ehrfurcht, weil ich frei vor meinen Gott treten will.

Mit meiner Lilly spreche ich jeden Tag, besonders abends. Ich wende mich ihrem Bilde zu, das über meinem Sofa hängt, und sage zu ihr: »Ich weiß, du bist im Hause seines Vaters, bei deinem Messias, und hast deinen ewigen Frieden.« Das ist gut so, und darüber bin ich glücklich. Ich erzähle Lilly, was ich tagsüber gedacht und getan habe. Dann danke ich meinem Jesus, meinem lieben Freund und Bruder, dass er mir meine Sünden vergeben hat. So kann ich als freier Mensch leben. Ich wollte, ich hätte die Sünden nicht begangen. Doch ich bin ein fehlbarer Mensch und habe nicht die Macht und Kraft, das zu vermeiden. Ich sage: »Ich danke dir, mein lieber Jesus. Und ich danke dir, mein lieber Herrgott, dass ich einen erfüllten und wunderbaren

Tag erleben durfte und dass ich noch da bin. Und dass du uns alle beschützt hast, ein Leben lang, und immer noch beschützt. – Gute Nacht, mein Primelchen.«

Ja, ich bin als das unbegreifliche, erstaunliche Wunderwesen Mensch auf diesen unbegreiflichen, erstaunlichen, wunderbaren blauen Planeten gekommen, um hier für eine kleine Zeitspanne mit allem übrigen Lebendigen das Wunder des Lebens zu teilen. Alle Billionen Zellen dieses Hans Sammel sind von tiefer Dankbarkeit beseelt. Und: Ich habe ein Urvertrauen, in der Geborgenheit Gottes zu sein. So kann ich dem Sterben und dem Tod ohne Furcht, in Freiheit und im Frieden Gottes entgegengehen. Und finde Trost in dem Gedanken: »Christen sehn sich nie zum letzten Mal!«

Walter Marschik

Angst vor dem Tod? Dafür fehlt mir die Zeit

Aufgeschrieben von Sabine Schneider

Walter Marschik, geboren 1923 in Grottau, schloss eine Lehre als Kaufmann ab. 1941 wurde er eingezogen und schwer verwundet. Nach dem Krieg ging er zunächst nach Köthen und arbeitete als Einkäufer für den Verband der »Magnet«-Kaufhäuser. 1947 heiratete er Ruth, sie bekamen drei Kinder, die ihnen vier Enkel und drei Urenkel schenkten. Ein vor der Ehe geborener Sohn lebt in Brasilien. Seit 1959 wohnt Walter Marschik in Dessau.

Ich werde 82 Jahre alt. Dass ich irgendwann sterben muss, weiß ich. Ich schiebe das nicht weg. Angst vorm Tod habe ich nicht, dazu fehlt mir die Zeit.

Was mich bedrückt, ist die Diskriminierung der alten Menschen heutzutage. Gehe ich zum Arzt oder in einen Laden und wäre als Vierter an der Reihe, komme ich oftmals erst als Zehnter dran. Poche ich auf mein Recht, sagen die Leute: »Sie sind doch Rentner, Sie haben doch Zeit!« So etwas geht mir durch Mark und Bein.

»Lernen Sie bloß weiter Gedichte!«

Dabei habe ich genauso wenig Zeit wie andere. Seit 1993 meine Frau starb, muss ich alles allein schaffen: einkaufen, die Wohnung in Schuss halten, Staub wischen, Fenster putzen, kochen, die Hausordnung erledigen. Gut, die Bücher liegen nicht so ordentlich da, weil ich sie immer im Gebrauch habe.

Außerdem tue ich etwas für andere Menschen. Ich trage Gedichte vor. Oft wälze ich meine Bücher durch, um etwas Passendes für eine bestimmte Veranstaltung zu finden. Die Sudetendeutschen schätzen mich als Mundartsprecher. Zweimal im Monat treffen wir uns in Dessau. Wir plaudern, trinken Kaffee, und ich rezitiere.

Auch aus anderen Städten – aus Köthen, Roßlau, Stendal, Bernburg, Stuttgart und Wittenberg – bekomme ich Einladungen. Es gibt nicht mehr viele, die unseren Dialekt sprechen. Die Menschen aus meiner Heimat hören ihn gern. Besonders liebe ich Gedichte von Heinz Kleinert, einem sudetendeutschen Autor. Sieben Bände besitze ich von ihm. Mit einfachen Worten beschreibt er das Leben. Ein Gedicht beginnt so:

Su moichmoul froi ich mich doch glei:
Ob uns de Zeit beschummlt?
Su schnell ös doch a Juhr vrbei,
und wie sich s ofte tummlt!

Mr denkt sich: Jesses, tut dos stömm,
wie su a Juhr hiefejdrt?
Kaum ogefangn, schunt ös ös röm,
ols hätt s dr Wind vrplejdrt.

Grod hout mr doch noch Schnie geschurt,
glei kömmt de orschte Hötze.
Kaum hout mr n Huchsummr gespurt,
braucht mr de Pudlmötze!

O su enn Juhre ös nöscht dro
und kejs hilt s o dr Leine.
De Zeit spult ihre Stundn ro
Und mir warn alt drbeine ...

Erich Kästner ist auch einer meiner Lieblingsdichter, ich kenne viele seiner Verse. Gerade hat mir eine Bekannte ein Gedicht von Clemens Brentano und eines von Albert Schweitzer geschickt. Ich bin ständig auf der Suche nach neuen Sachen. Es macht mir so viel Spaß, sie vorzutragen und zu sehen, wie sich andere darüber freuen. Dass ich meistens heiter gestimmt bin, hat mit den Gedichten zu tun. Die geben mir so viel. Trage ich sie vor, ist es mir egal, ob ich vor fünfzig oder hundert Leuten stehe. Weil ich von dem, was ich vortrage, überzeugt bin.

Ich fühle mich gar nicht so alt. Natürlich weiß ich, dass ich es bin – auch, dass ich schwerbehindert bin. Aber ich gebe dem nicht nach.

Vor ein paar Jahren hatte ich Durchblutungsstörungen im Gehirn. Auf einmal lag ich gelähmt in der Stube. Arme und Beine reagierten nicht mehr, aber durch das viele Gedichte-Lernen blieb mein Geist wach. Ich wusste: Du musst irgendwie ans Telefon kommen, die Tochter anrufen.

Beim ersten Versuch, das Telefon zu erreichen, stürzte der Sessel um. Das Telefon fiel herunter, landete hinterm Sessel, ich konnte es nicht erreichen. Fast eine Stunde lag ich so. Langsam füllte sich meine Blase. Ich dachte: Du kannst hier nicht auf den Teppich pinkeln. Aber wie sollte ich ins Bad kommen? Ich robbte zentimeterweise vorwärts. Irgendwie schaffte ich es, mein Geschäft zu erledigen. Als ich die Wasserspülung betätigte, ging das Rohr ab. Das Wasser floss auf den Boden, ich wurde nass und fror entsetzlich. Ich bekam später eine Lungenentzündung.

Mit dem Mund riss ich die Handtücher samt Plastikhaken herunter, zerrte sie in den Korridor, wälzte mich darauf, so dass ich trockener lag. Irgendwie zog ich mir das Nachthemd über und kroch ins Schlafzimmer. Zum Glück stand die Tür offen. Ich kam sogar ins Bett und schlief sofort ein.

Am nächsten Morgen probierte ich, meine Arme zu bewegen. Es ging. Auch meine Beine konnte ich wieder gebrauchen. Ich stieg aus dem Bett, zog das Telefon hinterm Sessel hervor, rief meine Tochter an. Christine alarmierte einen Notarzt. Eine Ärztin kam, untersuchte mich und sagte: »Sie hatten einen Schlaganfall, Sie müssen ins Krankenhaus.« Weil sie nicht so lange auf den Krankenwagen warten wollte, nahm sie mich in ihrem Auto mit. Christine half mir einzusteigen, dann musste sie zur Arbeit.

Die Ärzte sagten nach der Untersuchung: »Dass Sie denken konnten, war ein Glücksfall. Lernen Sie bloß weiter Gedichte!«

Eine schützende Hand

Ich habe dem Tod so oft ins Auge geschaut, dass ich mich manchmal wundere, noch am Leben zu sein. Wahrscheinlich gibt es jemanden, der die Hand über mich hält.

Mit zwanzig Jahren wurde ich in Russland schwer verwundet. In der Nacht zuvor hatte ich das im Traum gesehen. Ich hab noch den Satz im Kopf: »Ach, so ist es, wenn du abkratzt.«

Als Melder hatte ich am Abend die Sturmgeschütze zu holen: Wie ich so über einen Knüppeldamm laufe – die Sümpfe von Pripjet waren teilweise zugefroren, es herrschten eisige Temperaturen –, höre ich ein

Wimmern. Da lag eine Frau, eine Russin, mit einem Oberschenkelschuss. Die Wunde sah brandig aus. Ich dachte: Der Frau musst du helfen.

Ich gab ihr ein Taschentuch, in das sie beißen konnte, und goss aus meiner Feldflasche Schnaps auf die Wunde, um sie zu desinfizieren. Anschließend verband ich ihr hastig das Bein. Dann musste ich weiter, die Sturmgeschütze holen. Auf dem Rückweg lief ich noch einmal zu der Stelle. Die Frau war fort. Ich hoffe, sie kam durch. Vielleicht lebt sie heute noch.

Meine Reservekompanie wurde dort eingesetzt, wo der Russe in unsere Stellungen eingebrochen war. Mittags gegen ein Uhr – es war der 9. Februar 1944 – sollten wir einen Gegenstoß unternehmen. Ich lief als Melder vorneweg. Da sehe ich vorn an der Straße Sturmgeschütze – nicht unsere, sondern die der Russen! Es krachte. Mein Mund lief voll Blut. Ich dachte: Lungenschuss – und spürte, wie ich das Bewusstsein verlor. In meinem Kopf der gleiche Satz wie in der Nacht zuvor im Traum: »Ach, so ist es, wenn du abkratzt.«

Der Sanitäter meinte wohl: Der krepiert sowieso. Er klebte mir eine Kompresse auf die Einschussstelle, aber hinten lief das Blut weiter. Er und die anderen versuchten, mir die Wintergarnitur auszuziehen. Sie wollten sie für sich selbst haben. Als sie meine Arme hochhoben, muss es mir so einen Schmerz verursacht haben, dass ich aus der Bewusstlosigkeit erwachte. Ich spürte hinten, wo die Granatsplitter aus dem Körper ausgetreten waren, das Blut laufen und schrie den Sani an: »Ich hab einen Lungenschuss. Mach mir einen Druckverband!«

Dann dämmerte ich wieder weg. Es bestand wohl kaum noch Hoffnung für mich. Sie legten mich über das Sturmgeschütz und fuhren zum hinteren Gefechtsstand. Mein Kopf hing nach unten. Wie wir so über den Knüppeldamm fuhren, bildete sich durch die Erschütterung eine Blutblase vor meinem Mund. Da schrie der Spieß: »Mensch, der lebt ja noch!«

Sie brachten mich in einen Bunker, in dem bereits ein Offizier lag. Es war mittlerweile gegen sechs Uhr abends. Draußen schossen die Russen mit schwerer Artillerie, alles wackelte, den Raum beleuchtete nur ein ärmliches Hindenburglicht. Durch den Beschuss kam ich kurzzeitig zu mir. Ich hörte: »Kameraden, Sie werden gleich abgeholt, der Sanka ist bereits unterwegs.« Sie brachten mich zum Hauptverbandsplatz. Anderthalb Wochen war ich dann nicht transportfähig. Am neunten Tag luden sie mich zusammen mit anderen Verwundeten in ein Flugzeug, einen »Fieseler Storch«, und deckten mich nur mit einer leichten Decke zu. Steif gefroren kamen wir in Brjansk an. Russenfrauen badeten uns. Ich bekam hohes Fieber und Schüttelfrost. Sie setzten mich in einen Lichtkasten, nur der Kopf guckte oben heraus. Mir wurde tüchtig eingeheizt.

Wie ich so in dem Kasten sitze, kommen zwei Sanitäter herein und erzählen: »Morgen fliegt eine Ju 52 nach Deutschland.« Ich denke: Mensch, da musst du mit. Raus aus der Scheiße.

Als der Stationsarzt fragte: »Wer ist denn fieberfrei?«, meldete ich mich. Das Thermometer zog ich bei 36,8 raus. So wurde ich in die Ju 52 verladen, diesmal warm eingepackt in einen Papiersack.

Wir landeten nicht in Deutschland, sondern in Baranovici im heutigen Weißrussland. Dort bekam ich wieder Schüttelfrost. Sie legten mich ins Himmelfahrtszimmer. Der Kamerad, der mit mir dort lag, hatte einen Splitter im Rückenmark. Er starb.

Ich war nur noch Haut und Knochen, konnte nichts zu mir nehmen außer Säfte. Der Arzt sagte: »Wir versuchen eine Bluttransfusion.« Es war Sonntag. Luftnachrichtenhelferinnen traten mit einem Kulturprogramm auf. Eine hatte zufällig meine Blutgruppe und obendrein meinen Rhesusfaktor. Von ihr bekam ich Blut. Ihren Namen habe ich nicht vergessen: Änne Schwarztrauber aus Kaiserslautern, Bahnheim 17. Ich sah sie später noch einmal. Sie fuhr mit dem Zug durch Löbau, wo ich in der Kaserne stationiert war. Der Zug hielt drei Minuten. Sie winkte, ich auch, und seitdem habe ich nichts mehr von ihr gehört.

Über Warschau kam ich nach Prag ins Lazarett. Als mich mein Vater dort zu Ostern besuchte, brauchte er lange, bis er mich wieder erkannte.

Ich habe in diesen Jahren so viele Tote gesehen, aber das war normal. Es gehörte zum Leben an der Front. Es ist die größte Gemeinheit,

Menschen in den Tod zu jagen. Wofür bloß? Meine Erfahrung machte mich zum totalen Kriegsgegner.

Und die Feinde damals? Was für Feinde? Die sind doch überfallen worden, nicht wir. Wenn ich Leute treffe, die auf die Russen schimpfen, frage ich sie: »Erklärt mir mal, was euch ein Kommunist getan hat.« Da ziehen sie alle den Schwanz ein, wissen nichts zu erwidern. Dass wir in den Krieg ziehen und unsere Knochen hinhalten mussten, dass so viele im KZ umkamen und überhaupt so viele Menschen starben – dafür sorgten nicht die Kommunisten, sondern die eigenen Leute.

Ich stamme aus Grottau im ehemaligen Sudetenland, das liegt gleich hinter der heutigen Grenze zu Tschechien. Nach Kriegsende war ich gerade ein paar Tage zu Hause und hatte meine Freundin besucht – da verhaftete mich die »Revolucní Garda« der Tschechen. Meinen Vater nahmen sie ebenfalls mit. Eine deutsche Frau hatte uns bei den Tschechen angezeigt. Wir wären bei der SS gewesen, hatte sie behauptet. Sie verhafteten uns Freitag vor Pfingsten 1945. Unterwegs schlugen sie mir ab und zu den Gummiknüppel ins Genick, ich kam jedoch glimpflich davon. Meinen Vater traten sie mit Stiefeln in den Magen.

Wir waren 27 Mann in einer Zwei-Mann-Arrestzelle. In dem Raum gab es zwei Kübel für die Notdurft und zwei Holzpritschen. Jeweils zwei, drei Mann konnten sich hinlegen und schlafen, die anderen standen. Alle paar Stunden kam einer von der »Garda« und schlug mit einem Ochsenziemer wahllos auf unsere Köpfe ein. In diesen Stunden war ich zum ersten Mal froh, dass ich klein bin. Ich habe am wenigsten abgekriegt. Bei den Großen platzte die Kopfhaut auf.

Dienstag nach Pfingsten verluden sie uns in Autos. Es ging nach Reichenberg, das heutige Liberec. Als wir um die Ecke zum Tuchplatz bogen, knallte es. An der Seite standen junge Deutsche mit entblößtem Oberkörper. Zwei lagen erschossen da, den dritten hatten sie gerade umgelegt. Wir sind die nächsten, dachte ich. Da ritten drei russische Offiziere heran und trieben alle Leute auseinander. Die jungen Männer konnten sich anziehen und gehen. Das war wieder so ein glücklicher Zufall, der mir das Leben rettete.

Unser Transport ging nach Reichenau bei Gablonz, in ein ehemaliges KZ. Am Tor standen Männer mit Maschinenpistolen. Wir sollten alles ausziehen und unsere Papiere abgeben, die sie zerrissen. »Die braucht ihr nicht mehr, ihr kommt hier sowieso nicht mehr raus!«

Drei Tage ließen sie uns hungern. Es gab zwar einen Wasserhahn, aber das Wasser war mit Chlor versetzt, so dass wir alle die Ruhr bekamen. Am dritten Tag sollten wir uns vor der ehemaligen Verwaltungsbaracke der SS anstellen. Unter dem Haus befand sich ein großer Kellerraum. Sie schickten jeweils fünf, sechs Mann von uns hinunter. Als ich an die Reihe kam, drehten mir zwei Soldaten die Arme um. Einer hielt mir die Nase zu. Ich schnappte nach Luft, da steckte man mir einen Knebel in den Mund, einen ekligen Lappen. Hinten im Raum lagen große Milchkannen. Dort schoben sie mich hin und zogen mir die Hose runter. Meine Arme waren noch verdreht, so dass ich vollkommen wehrlos war. Bei den Milchkannen standen zwei Soldaten, die mit Ösen besetzte Kabel in den Händen hielten.

Sie gaben mir sechzig Hiebe auf den Hintern. Das fühlte sich an, als hätten sie mich an Strom angeschlossen. Sie schlugen mir auch auf die Nieren. Zum Schluss spürte ich es kaum noch, ich stand unter Schock. Noch Monate später sah man schwarze Flecken – dort, wo sie mir das Fleisch losgepeitscht hatten. Sie zählten die Hiebe laut mit, bis sechzig. Dann warfen sie mich in die Ecke. Allen meinen Kameraden erging es so.

Am Abend dieses Tages fragten sie: »Wer ist Koch?« Vorher hatten diejenigen, die sich auf einen Beruf gemeldet hatten, jedes Mal eine Extratracht Prügel bekommen. Trotzdem meldete ich mich, ich dachte: Vielleicht gibt es was zu essen. Wasser kochen kannst du auf alle Fälle. Ich sollte jemanden zum Heizen mitnehmen. Da zeigte ich auf meinen Vater. Die wussten ja nicht, dass es mein Vater ist.

Ich wurde zum Koch ernannt. Mein Vater war mein Heizer und musste Holz zusammensuchen. Ich hatte pro Mann einen halben Liter Wasser und 25 Gramm Maismehl. Der riesige Bratentopf ragte weit über die winzige Kochstelle hinaus, das Wasser wollte nicht kochen. Dauernd kamen die Posten herein, fragten: »Fertig oder nicht?«

Ich erwiderte: »Jeste né.« – »Noch nicht.« Ich kann ein wenig Tschechisch. Draußen mussten die Kumpel derweil auf einem Bein hüpfen, mal auf dem linken, mal auf dem rechten. Manche waren verwundet. Sie fielen um und wurden hochgedroschen. Immer wieder fragten sie, ob das Essen schon fertig sei. Ich hab Blut und Wasser geschwitzt. Schließlich rief ich: »Fertig!« Wir kippten den Kumpels das Maismehl in die Schüsseln, Suppe konnte man das nicht nennen. Es war ja nicht mal Salz dran. Löffel gab es nicht.

Am nächsten Morgen mussten wir um fünf Uhr vor der Baracke antreten. Ein Posten hatte ein großes rundes Brot im Arm. Er schnitt Stücke ab und warf sie auf die Erde. Wir sollten sie aufheben. Ich habe mich nicht gebückt, den Gefallen wollte ich ihnen nicht tun. Lieber wäre ich verhungert. Am Schluss blieb ein größeres Stück übrig, das gab mir ein Posten in die Hand.

Langsam wurde mir klar: Wenn du nicht wegläufst vor denen, die zuschlagen, sondern stehen bleibst und ihnen in die Augen schaust, kriegen sie ein schlechtes Gewissen. Manche haben sich geduckt, die bekamen erst recht Prügel. Ich blieb fortan stehen.

An dem Tag, an dem es das Brot gab, sollten wir wieder geschlagen werden, jeder zehn Mal. Diesmal fand das Ganze in einer anderen Baracke statt, in einem großen Raum, in dessen Mitte ein Tisch stand. Mir war schlecht vor Angst. Von den Kabelschlägen zuvor hatte ich blutigen Urin. Meine ganze Hinterseite war wund. Als ich an der Reihe war, kam der Posten, der mich beim Kochen bewacht hatte, ein etwa Neunzehnjähriger: Er packt mich am Schlafittchen, sagt: »Du deutsches Schwein, was hast du gemacht!«, schiebt mich in den Nebenraum und schließt die Tür ab. »Wenn das hier vorbei ist, hole ich dich raus.« Im Raum befand sich schon mein Vater. Der junge Soldat hat uns beide vor den zehn Schlägen gerettet.

Das veränderte meine Einstellung. Ich dachte: Mensch, warum ist denn das so? Warum müssen wir aufeinander losgehen? Der Junge hatte sich in Gefahr begeben, sie hätten ihm vorgeworfen, er kooperierte mit den Deutschen. Schade, dass ich nichts von ihm weiß. Ich würde ihm gern danken.

Mein Vater starb dann bald. Er hatte einen Magendurchbruch, weil sie ihm bei der Verhaftung so heftig mit den Stiefeln in den Bauch getreten hatten. Sie brachten ihn noch ins Krankenhaus nach Gablonz, zwei Tage später war er tot. Das war am 16. September 1945. Ich begrub ihn zusammen mit einer Tante. Meine Mutter hatten sie mit ihren Töchtern schon kurz nach unserer Verhaftung aus der Wohnung in Grottau vertrieben. Mit einem Kinderwagen, in dem sie ihr ganzes Hab und Gut verstaut hatte, schlug sie sich bis Belgern bei Torgau durch. Dort kam sie auf einem Gutshof unter, der von Russen bewirtschaftet wurde.

Meine große Schwester fuhr an die Grenze, weil sie hoffte, etwas über uns zu erfahren. Sie kam zu spät. Der Vater war einen Tag zuvor gestorben. Dieser Verlust war schrecklich für sie, denn die beiden hatten ganz besonders zusammengehalten. Zurück in Belgern, bekam sie hohes Fieber und Hungertyphus. Sie starb neun Tage nach dem Vater. Für meine Mutter war das alles furchtbar. Ich hatte meinem Vater kurz vor seinem Tod versprochen, mich um die Familie zu kümmern. Das hab ich bis zum Tod meiner Mutter im Jahre 1984 getan.

Aus all diesen Erfahrungen erwuchs meine Lebensmaxime: Sei grundsätzlich erst einmal misstrauisch! Und vergiss niemals, wie das alles passieren konnte. Weltwirtschaftskrise, die hohe Arbeitslosigkeit, gerade bei uns im Sudetenland. Dann kam der Hitler an die Macht, baute die Autobahnen. Viele Sudetendeutsche arbeiteten in Deutschland. Wir hatten uns von der Goebbels-Propaganda einwickeln lassen. Dumm waren wir, haben gebrüllt: »Wir wollen heim ins Reich.« Glaubten, dass jetzt ein besseres Leben beginnt.

Leidvoller Abschied

Gesund bin ich nicht gerade. Ich habe Herzrhythmusstörungen und Vorhof-Flimmern. Schön wäre, wenn ich einfach umfalle und tot bin. Ob in fünf Jahren oder morgen – egal. Nur nicht wie meine Frau anderthalb Jahre schrecklich leiden.

Ruth hatte Lungenkrebs. Sie hat zwar bis zum fünfzigsten Lebensjahr geraucht, aber nicht viel. Das meiste kam durch das passive Mitrauchen. Sie arbeitete als Lohnbuchhalterin in einem Elektrobetrieb. Oft kamen die Handwerker in ihr Büro, immer mit der brennenden Zigarette.

In der Lungenklinik Ballenstedt sagten sie es ihr ins Gesicht: »Sie müssen sich auf den Tod vorbereiten. Wir können Ihnen nicht helfen, weder mit einer Chemotherapie noch mit einer Operation. Alle Organe im Körper sind vom Krebs befallen.«

Wie meine Frau das aufnahm, kann sich jeder denken. Ich pflegte sie zu Hause. Gegen ihre Schmerzen bekam sie Morphium. Dadurch hatte sie einmal vierzehn Tage lang keinen Stuhlgang. Das war das Allerschlimmste. Die Ärztin sagte: »Wir müssen ihr das Zeug herausholen.«

Einlauf, Tabletten, Tropfen – nichts half. Schließlich sprach ich mit unserer Apothekerin. Sie gab mir ein Päckchen Fingerlinge und wies mich an: »Die ziehen Sie sich auf den Finger und gehen ganz vorsichtig in den After Ihrer Frau.«

Das hab ich gemacht. Meine Frau hat geschrien, als ob ich ihr ein Messer in den Bauch steche. Ich schob ihr noch ein Taschentuch in den Mund, damit es erträglicher wurde. Das tat mir so leid. Aber ich musste ihr doch helfen! Und es gelang mir.

Pfingstsonnabend 1993 kam Ruth ins Diakonissen-Krankenhaus, gleich ins Himmelfahrtszimmer. Sie hatte ein Dekubitus-Geschwür vom langen Liegen, hinten war alles offen. Pfingstmontag ist sie gestorben. Ich stand dabei, zusammen mit meiner Tochter und dem Schwiegersohn. Sogar mein großer Sohn war noch rechtzeitig mit seiner Frau aus Dänemark angereist.

Meine Frau ruht nun draußen auf dem Friedhof in einem Gemeinschaftsgrab. Dort liegen immer Blumen. Das ist viel besser als bei einem eigenen Grab. Wenn da keiner kommt, dann sieht das liederlich aus. Die Kinder haben doch gar keine Zeit, das zu pflegen. Ich will auch mal in so ein Gemeinschaftsgrab, und dann ist die Sache erledigt.

Zu meiner Urnenbeisetzung wird bestimmt wenigstens einer meiner Jungs musizieren. Bei meiner Frau hat die Schwiegertochter, die Japanerin, etwas auf dem Harmonium gespielt, ich glaube, es war Brahms. Ich wünsche mir Musik von Bach, Dvorak, Haydn oder Mozart. Hauptsache, etwas Schönes.

Musik verschönert das Leben

Als meine Frau gestorben war, fiel ich in ein schwarzes Loch. Ich hatte keinen Mut mehr, etwas zu tun. Ich sagte mir: »Weil du sie so gut gepflegt hast, hast du vielleicht nur ihr Leiden verlängert.«

Nach einiger Zeit gewann mein Selbsterhaltungstrieb die Oberhand. Ich wollte mich nicht gehen lassen, sondern leben. Dabei half mir die Musik. Überhaupt haben die glücklichsten Momente in meinem Leben mit der Musik zu tun. Auch meine Frau hatte ich beim Musizieren kennen gelernt. Ich spielte in einer Kapelle Tanzmusik. In der Pause dachte ich: Mit der musst du mal tanzen.

Wir gingen zusammen nach Hause, ich küsste sie und sie mich. Geheiratet haben wir am 16. August 1947. Kurz danach zogen wir nach Köthen. Sie war eine schmucke Frau, die anderen waren neidisch.

Ruth konnte wunderbar Akkordeon spielen, obwohl sie zu Hause nicht an die Musik herangeführt worden war. Sie hatte sich alles selbst beigebracht. Wir musizierten zusammen, am Anfang nur Schlager und Volkslieder, wie »Wenn bei Capri die rote Sonne im Meer versinkt« oder »Am Abend auf der Heide, da küssten wir uns beide«. Als unser Großer unterwegs war, sagte ich zu ihr: »Jetzt gehen wir mal in den Bach-Saal, in ein Sinfoniekonzert.« So hielten wir es fortan bei allen unseren Kindern.

Ich sorgte dafür, dass meine Kinder Freude an der Musik haben. Meine Frau bremste mich manchmal: »Lass doch den Jungen, du schikanierst ihn ja.«

Ich habe aber nicht schikaniert, sondern gelobt, wo es angebracht war. Kritik habe ich immer gerecht begründet.

Heute sind mir meine Kinder dankbar. Andreas, mein jüngster Sohn, spielt Bratsche im Rundfunk-Sinfonieorchester München. Der war schon in der ganzen Welt unterwegs. Er hat eine japanische Frau, eine Pianistin. Ihr erster Sohn ist neun Monate alt und war schon bei seinen Großeltern in Japan.

Mein Ältester, Jürgen, ist Diplomingenieur und arbeitet in Dubai. Er spielt Gitarre und kann gut singen. Problemlos unterhält er einen ganzen Saal. Sein Sohn, mein Enkel Sebastian, musiziert am Theater in Cottbus als Solobratscher. Sebastians Sohn wiederum, also mein Urenkel Willi, will unbedingt Tänzer werden. Es ist putzig, wie er mit seinen vier Jahren die gelernten Schritte bei einer Familienfeier vorführt.

Christines Tochter Annett lernte Gitarre und spielt im Dessauer Zupforchester mit. Annetts Sohn, mein Urenkel, geht in die erste Klasse und lernt Cello.

Vom Stephan, Christines Sohn, gibt es eine hübsche kleine Geschichte: Als er klein war, bekam er Violinunterricht. Eines Tages ließ mich meine Tochter wissen: »Der Stephan hat keine Lust mehr, er heult, wenn er üben soll.«

Ich ging mit ihm ins Kinderzimmer und fragte: »Warum willst du das denn nicht lernen, du spielst doch schon so schön auf der Violine. Guck mal, jetzt kann ich dir noch helfen. Wenn ich mal alt bin, geht das nicht mehr.«

Darauf er: »Na gut, ich spiele weiter.«

Meine Tochter und die Familie haben ihn acht Tage lang bearbeitet. Sie wollten partout wissen, wie ihn der Opa dazu gebracht hatte, nun doch weiterzumachen. Schließlich verriet er es: »Der Opa kann mir jetzt noch helfen. Aber wenn er oold ist, dann hör ich uff.« Heute studiert er Medizin.

Ich habe jedem etwas von der Musik mitgegeben, weil ich weiß, dass Musik das Leben verschönert. Wenn ich nicht in den Krieg gemusst hätte, wäre ich Musiker geworden.

Gelernt habe ich Kaufmann – in einem Textilwarengeschäft in Grottau. Mein Chef, der Herr Seib, schwärmte ebenfalls für Musik. Wenn in den Sommermonaten wenig zu tun war im Laden, bat er mich: »Walter, hol mal deine Geige.« Ich wohnte nicht weit entfernt und kam seiner Bitte gern nach. Er erledigte seine Buchführung, und ich spielte ihm etwas vor. Dafür durfte ich sonnabends schon um fünf Uhr gehen. Ich spielte ja abends mit meinem Freund und seinem Vater Unterhaltungsmusik auf der »Rasenbankbaude«.

Nach Krieg und Internierungslager begann ich wieder mit dem Geigespielen. Als ich mit meiner Frau nach Köthen zog, schloss ich mich dem dortigen Bach-Chor an. Ich sang einige Jahre die ganzen wunderbaren Kompositionen mit: das »Weihnachtsoratorium«, die »Matthäuspassion«, die »Johannespassion«, die h-moll-Messe, auch Beethovens »Missa solemnis« und den »Messias« von Händel. In Grottau war unser musikalischer Blick gen Wien gerichtet gewesen, hin zu Mozart, Schubert, Beethoven. In Köthen lernte ich Bach so richtig kennen und lieben.

1959 zogen wir nach Dessau. Das Kaufhaus der HO (Handelsorganisation) hatte ein Salonorchester mit vielen Sudetendeutschen. Kein Wunder, schließlich heißt es: Aus Böhmen kommt die Musik! Wir spielten meistens Operettenstücke. Dann starben die ersten Umsiedler, und wir machten ein Streichquintett auf. Sie drückten mir einfach eine Bratsche in die Hand: »So, Walter, alles, was du sonst in der dritten Lage gespielt hast, spielst du jetzt in der ersten.« Ich übte jeden Tag, schon morgens um halb sieben. Um acht Uhr musste ich im Geschäft sein, also begann ich halb sieben mit der Probe. Die Leute im Haus schimpften. Doch die meisten hatten Kinder, auf deren Jugendweihe wir spielten. Dann hieß es: »Wir sind froh, dass wir nicht so viel gemeckert haben, denn ihr spielt ja wirklich schön.«

Später musizierten wir als Quartett – zwanzig Jahre lang. Wir gaben auch öffentliche Konzerte, in der Hauptsache spielten wir jedoch für unsere Kollegen im Betrieb. Mit Frau Lindemer, einer Schauspielerin vom Theater, veranstalteten wir musikalisch-literarische Abende, die waren beliebt.

Auch heute nehme ich manchmal meine Geige oder die Bratsche in die Hand und spiele, was mir in den Sinn kommt: Schubert, Beethoven oder Mozart. Ein berühmter Dirigent, der Carlos Kleiber, hat mal gesagt: »Spielt's Mozart, und ihr werdet gesund.« Das stimmt! Musik zu hören, das befriedigt mich innerlich. Wenn ich wirklich mal nicht in der richtigen Stimmung bin, brauche ich nur einen Kultursender im Radio anzustellen. Höre ich ein schönes Konzert, geht es mir sofort besser. Zum Glück befindet sich das Theater nur ein paar Minuten von meiner Wohnung entfernt. Jeden Monat gibt es ein Sinfoniekonzert, da gehe ich meistens hin. Manchmal kommen Bekannte vorbei und nehmen mich mit ins Konzert.

Was ich zum Thema Altwerden denke, geben vielleicht am besten die Verse von Albert Schweitzer wieder, die ich gerade auswendig lerne.

Wie bleibt man jung?

Jugend ist nicht ein Lebensabschnitt –
sie ist ein Geisteszustand.
Sie ist Schwung des Willens,
Regsamkeit der Phantasie,
Stärke der Gefühle,
Sieg des Mutes über Feigheit,
Triumph der Abenteuerlust über die Trägheit.

Niemand wird alt, weil er eine Anzahl Jahre hinter sich gebracht hat.
Man wird nur alt, wenn man seinen Idealen Lebewohl sagt.
Mit den Jahren runzelt die Haut,
mit dem Verzicht auf Begeisterung aber runzelt die Seele.

Du bist so jung wie deine Zuversicht;
So alt wie deine Zweifel.
So jung wie dein Selbstvertrauen,
so alt wie deine Furcht.
So jung wie deine Hoffnungen,
so alt wie deine Verzagtheit.

Solange die Botschaften der Schönheit,
Freude, Kühnheit, Größe dein Herz erreichen,
solange bist du jung.

Einsam fühle ich mich nicht. Dass die Enkel nicht kommen, damit habe ich mich abgefunden. Die leben ja überall verstreut, in Cottbus, München. Die Enkelin in Dessau ist Kindergärtnerin für behinderte Kinder, die hat auch keine Zeit. Sie baut gerade ein Haus mit ihrem Mann. Wir treffen uns alle, wenn ein Geburtstag zu feiern ist. Meine Schwester lebt mit einem netten Mann in Wolfen, das ist nicht so weit weg.

Von meinen Kindern verlange ich nicht, dass sie dauernd da sind. Das geht gar nicht. Die fliegen doch gleich aus ihrer Arbeit heraus. Meine Papiere sind geordnet, meine Tochter weiß, wo sie liegen. Aber ich will noch mal alles aufschreiben. Im Moment habe ich nur keine Zeit dazu.

Sicher ist es schön, wenn man in der letzten Minute nicht allein ist. Aber im Grunde ist es mir egal. Meistens merkt man es ja gar nicht. Vielleicht ist man bewusstlos. Was soll ich mir Gedanken darüber machen? Wenn ich nicht gleich tot umfalle, muss ich sehen, wie ich über die Runden komme. Ich werde mir schon zu helfen wissen.

Wo ich sterbe, ist mir egal. Es kann auch im Krankenhaus sein. Von mir aus können sie meine Urne ins Wasser werfen. Dann kommt sie vielleicht bis Brasilien.

Dort habe ich noch einen Sohn, einen unehelichen. Seine Mutter wollte sich nach dem Krieg von ihrem Mann trennen und mit mir zusammen sein. Doch ich wurde ja verhaftet, kam ins Internierungslager. Ich konnte mich nicht bei ihr melden. Da dachte sie wohl, ich wollte nichts mehr von ihr wissen, und zog nach Brasilien.

Meiner Frau gestand ich am sechsten Hochzeitstag, dass ich bereits ein Kind habe, ob Junge oder Mädchen, wusste ich nicht. Sie antwortete: »Wenn du nicht dafür bezahlen musst, kannst du noch fünf Kinder haben.« Doch erst nach Ruths Tod suchte ich dieses Kind. Ich forschte nach der Adresse meiner damaligen Freundin, der Bruni – und schrieb sie an. So erfuhr ich, es ist ein Sohn, er heißt Walter wie ich und lebt in Sao Paulo. In dem Jahr, in dem Walter fünfzig wurde, unternahm das Orchester von Andreas eine Südamerika-Tournee. Am 3. November gastierten sie in Sao Paulo. Die beiden Halbbrüder lernten sich kennen. Am 4. November 1995 beging Walter seinen fünfzigsten Geburtstag, den feierten sie gemeinsam.

Ich war schon dreimal in Brasilien, das letzte Mal in Rio de Janeiro. Walter ist dorthin gezogen. Seine Familie ist nett zu mir, ihre Nachbarn sind meine Freunde geworden. Mein Wunsch ist, dass der Walter und seine drei Kinder hierher nach Dessau kommen. Aber das wird am Geld scheitern. So werde ich, wenn ich kann, im nächsten Jahr wieder nach Brasilien reisen.

Wünsche gibt es immer, so alt man auch ist. Ich würde gern noch einmal eine Frau lieben. Die Gefühle sind ja immer noch da. Aber im Alter muss man eben auf einiges verzichten. Ich hatte Prostatakrebs. Ich kann die jungen Frauen verstehen, dass sie sich nicht mit einem alten Mann zusammentun wollen, der sexuell nichts mehr im Sinn hat. Und was soll ich mit einer alten? Solche zum Reden habe ich jede Menge bei den Treffen in der Landsmannschaft. Wir schäkern auch, aber nicht so, dass ich mich an eine festklammere.

Wenn mich eine jüngere Frau besucht, ist das etwas anderes. Wir unterhalten uns, trinken eine Flasche Sekt, drücken uns ein bisschen, und ich denke: Es ist doch schön, das Leben. Es gibt einen Musikerwitz von Kurt Böhme, Bassist der Wiener Philharmoniker. Der war schon alt, ein Ehrenmitglied mit Privilegien. Er konnte ins Konzertgebäude gehen und Proben besuchen, wann immer er wollte. Als er wieder einmal dort war, fragte ihn eine frühere Schülerin: »Herr Böhme, wie geht's denn?«

Und er: »Ach, wissen Sie, wie es geht, das kann ich mir noch ganz gut vorstellen. Aber es geht nicht mehr.«

Ich bin mit meinem Leben zufrieden. Ich habe viele Freunde, so dass ich mich nicht einsam fühle. Ich hatte eine gute Frau, eine bessere hätte ich mir nicht wünschen können. Arbeit hatte ich ebenfalls. Es gibt nichts zu bereuen. Ich habe das Leben genommen, wie es gekommen ist.

Antoinette Kratzer

Ableben ist ein schönes Wort

Aufgeschrieben von Peter David

Antoinette Kratzer wurde 1915 als Tochter eines Bierbrauers in Berlin geboren. Ihr Großvater besaß die Gastwirtschaft »Neue Welt« in der Hasenheide. Hier lebte die Familie, bis ihr Vater zusätzlich den Biergarten »Pfefferberg« im Prenzlauer Berg übernahm.

Bevor Antoinette Kratzer ihre Gedanken zum Sterben erzählte, schrieb sie die ersten 32 Jahre ihres Lebens für ihre Kinder und Enkelkinder auf. »Erinnerungen für meine Nachkommen von 1915 bis 1947« berichtet von ihrem bewegten Leben, in dem Geschichtenerzählen schon immer eine Rolle spielte.

Antoinette Kratzer starb im Juli 2006.

Ich bin im Mai neunzig Jahre alt geworden und lebe jetzt fast ein ganzes Jahrhundert. Eigentlich kann ich abschließen. Dreißig Jahre lang hatte ich einen Freund. Vor 23 Jahren starb er, als er 54 war. Ich lebe seitdem allein und habe mich daran gewöhnt. Einige Jahre vor seinem Tod machten wir beide unser Testament und vor einiger Zeit gab ich meiner Tochter eine Patientenverfügung.

Ich möchte nicht monate- oder jahrelang an medizinischen Geräten hängen und künstlich am Leben gehalten werden. Das ist kein Leben, wenn ich nur durch Geräte atme. Ich teilte meiner Tochter meine Wünsche mit: wohin meine Pflanzen sollen, manche soll sie zu sich auf das Grundstück nehmen und andere auf den Balkon. Von meinen selbst gemalten Bildern sollen sich meine Bekannten welche aussuchen. Darüber hinaus habe ich nichts zu verfügen. Der Rest ist Krempel mit DDR-Charme. Neue Sachen konnte ich mir nicht leisten.

Ich pflegte viele Gräber. Das Grab von meiner Mutti und, bis vor zwei Jahren, das von meinem Freund. Das Grab meines ältesten Sohnes pflegte ich am längsten. 1943 wurden wir von Berlin nach Osten zwangsevakuiert. Dort lebten wir unter der sowjetischen Besatzung. Wir durften nicht zurück, obwohl die Familie in Berlin ihre Wurzeln hat. Nach langem Bitten bekam ich die Erlaubnis, mit einem meiner drei Kinder nach Berlin zu trecken. Ich wollte sehen, ob wir dort leben können. Wir wussten nicht, ob noch Häuser stehen und wer von den Verwandten und Bekannten überlebt hatte. Mit meinem Ältesten zog ich los. In Berlin herrschte eine Typhusepidemie. Mein Sohn erkrankte, ich nicht. Er verstarb mit neun Jahren. Heute kann ich keine Gräber mehr pflegen, denn ich kann mich nicht mehr bücken.

Langeweile habe ich nie

Ich bin die Urmutter der ganzen Familie. Ich mache mir keine Sorgen um meine Enkel und ihre Familien. Sie müssen genauso durch das Leben kommen wie ich. Manchmal versuche ich, mir vorzustellen, was die Kleinen wohl in dreißig Jahren machen. Ich bin sicher, sie werden ihren Weg finden. Auch meine Großeltern sagten: »Ach, was werdet ihr für ein schweres Leben haben.« Doch ich bin zufrieden mit meinem Leben.

Wir leben in einer schnelllebigen und konsumorientierten Zeit. Daher weiß ich nicht, ob meine Enkel sich an mich erinnern und ihren Kindern sagen werden: »Wir hatten eine Oma, die hat dies und jenes gemacht und gesagt.«

Ich würde es mir wünschen

Ich habe insgesamt vier Kinder geboren. Drei in meiner ersten Ehe und die Jüngste in meiner zweiten. Tochter und Sohn aus erster Ehe wollen von mir nichts mehr wissen. Wir vertragen uns nicht, warum, kann ich nur vermuten. Sie haben eine andere Lebensauffassung. Mir ist das Stiefmütterchen auf meiner Terrasse mehr wert als eine neu gekaufte Bluse. Ein besseres Beispiel fällt mir nicht ein.

Mit den Kindern meiner ersten Tochter habe ich inzwischen Kontakt. Lange Zeit erlaubten es die Eltern nicht. Doch seit ungefähr acht Jahren besuchen meine Enkel mich regelmäßig zu meinen Geburtstagen. Bei diesen Anlässen höre ich von ihrer Mutter, meiner Tochter, und ich erkundige mich, wie es ihr geht. Dann weiß ich, sie ist gesund und munter.

Dagegen verstehe ich mich mit meiner Tochter aus der zweiten Ehe sehr gut. Sie ist heute meine einzige Freundin, denn meine früheren Freundinnen sind verstorben.

Meine Kinder aus erster Ehe sollen nicht mein Grab besuchen, das wäre geheuchelt. Den Rest der Familie würde ich gerne bei meiner Bestattung dabeihaben. Und viele Bekannte. Die, die noch laufen können. Vermutlich werden sie Gutes über mich erzählen.

Ich habe einen riesigen Bekanntenkreis und obwohl alle verstreut leben, bleiben wir in Kontakt. Manchmal sehen wir uns Jahre nicht. Dann ruft unverhofft einer an: »Wie geht's dir? Was machst du?«

Telefonieren ist etwas Herrliches. Und mailen. Die Menschen kommen auf mich zu. Ich muss nicht sagen: »Ach, ich bin so einsam, es kümmert sich keiner um mich!« Langeweile verspüre ich nie. Vorgestern hatte ich Besuch, da bekam ich einen Strauß Blumen. Gestern besuchte mich die Tochter einer verstorbenen Freundin, auch sie brachte mir Blumen. Über solche Besuche freue ich mich, es ergeben sich schöne Gespräche.

Kirchlicher Trost?

Als junge Frau trat ich aus der Kirche aus. Ich wuchs mit meiner Cousine wie mit einer Schwester auf. Wir waren evangelisch getauft und konfirmiert. Als wir 18 Jahre alt waren, beschäftigten wir uns ein, zwei Jahre mit dem lieben Gott. Wir wollten etwas haben, an dem wir uns festhalten konnten. Sie schwärmte von Kirchen und Pfarrern. Wir besuchten in allen erreichbaren Kirchen den Gottesdienst. Wir suchten einen Pfarrer, der uns ein Vorbild sein konnte. Lange Zeit fanden wir keinen, bis sie einen Probst aus der Berliner Gertraudenkirche kennen lernte. So ein kleiner Dicker. Meine Freundin himmelte ihn an. Er wirkte so feist, das mochte ich nicht. Also blieb ich ohne Pfarrer.

Kurz darauf lernte ich einen Mann kennen. Er war ein einfacher Mensch und im Gegensatz zu mir – ich war neugierig und voller Tatendrang – hatte er einen stillen Charakter. Seine Familie kam aus der Mark Brandenburg und war evangelisch. Doch im Grunde hatte sie keine Beziehung zur Kirche. Bevor wir heirateten, entschieden mein Mann und ich, unsere Konfession abzulegen.

Ich lebe nach den Zehn Geboten. Ich habe nicht getötet und nicht die Ehe gebrochen. Wenn das alle Menschen täten, wäre es wunderbar auf dieser Welt. So einfach könnte das Leben sein. Ich habe versucht, nicht groß zu schwindeln, höchstens mal eine Notlüge.

Manchmal betrachte ich meinen Kopf als einen Schrank mit vielen kleinen Fächern. Auch die letzte Schublade ist fast voll. Wenn auch sie gefüllt ist, wird das mein Ende sein.

Ich möchte keine leere Schublade mehr haben. Ich will nichts Neues erleben oder lernen, ich kann es nicht mehr aufnehmen. Zum Beispiel hat mir mein Schwiegersohn jetzt CDs von meinen Schallplatten zurechtgemacht. Ich ahne, dass ich zu meinem Geburtstag irgendein Gerät mit einem CD-Spieler bekomme. Damit muss ich mich neu beschäftigen. Da ist ein Knopf, da ein Regler rechts und da links – ich will das nicht. Mir langt mein Computer. Selbst meinen Fernseher lasse ich so eingestellt wie er ist – da gehe ich nicht ran. Ich bin zwar geschickt in allen Dingen, doch nur, wenn ich Interesse habe.

Natürliches Sterben

Wenn es um das normale Sterben geht, finde ich »Ableben« ein schönes Wort. Ich hatte eine Freundin, die wunderbar starb. Sie kam von einer Familienfeier nach Hause. Sie schaltete den Fernseher an, setzte sich davor, schälte einen Apfel, legte das Messer hin und war tot.

Am nächsten Tag fand man sie. Sie hatte keine Schmerzen und keine Angstzustände. Ich stelle mir vor, wie sie sich zufrieden hinsetzte, an ihre Kinder und Enkelkinder dachte – und weg war.

Ich glaube, so einen Tod wünschen sich alle Menschen. Warum müssen so viele Menschen mit Schmerzen von dieser Welt gehen? Das hat der liebe Gott nicht gut eingerichtet.

Ich denke wenig über meinen Tod nach; er belastet mich nicht – außer in den Momenten, in denen ich keine Luft mehr bekomme. Ich habe Asthma. Ich fürchte, durch schreckliche Erstickungsanfälle zu sterben. Ich möchte nicht leiden. Wenn es soweit ist, wünsche ich mir ein Medikament, Morphium oder Ähnliches, das mir hilft.

Gelegentlich habe ich seltsame Vorstellungen: Ich liege unter der Erde und werde von Würmern zerfressen. Solche düstere Gedanken verfolgen mich von Zeit zu Zeit. Deshalb will ich eine Verbrennung. Doch bin ich vorher wirklich tot oder werde ich bei lebendigem Leibe verbrannt? Ich bin überzeugt, dass viele Menschen solche Ängste haben, auch wenn sie sie nicht aussprechen.

Was danach passiert

Ich hoffe, dass mein Geld für die Einäscherung reicht. Ich habe die einfachste und billigste Bestattung ohne großes Theater angeordnet. Auf einer grünen Wiese wird auf einer Säule mein Name zu lesen sein, zusammen mit einhundert anderen. So will ich das. In meinem Bekanntenkreis höre ich nur noch von dieser Art der Bestattung. Ich finde es schrecklich, wenn die Hinterbliebenen verpflichtet sind, Gräber zu pflegen. Dann sagt der Nachbar: »Sieh, die war lange nicht da. Wie das Grab aussieht! Die hat wohl ihre Mutter nicht geliebt.« – So ein Quatsch!

Nach dem Tod kommt nichts mehr. Ich werde Asche sein und, da nichts auf dieser Welt verloren geht, muss meine Asche irgendwo bleiben. Auf irgendeiner Müllhalde landet die Asche und wird Kompost. Irgendwann wächst daraus etwas Neues, aber das wird nichts mit mir zu tun haben.

Ich glaube nicht an Gott, auch nicht an die Wiedergeburt. Oder an den Himmel, wo ich zu Füßen des lieben Gottes sitze, der einen langen, weißen Bart hat. Oder an die Hölle. Doch wenn schon, möchte ich in die Hölle. Die stelle ich mir interessant vor.

Ich zweifele, ob ich meinen Freund, meine Mutti und meinen Vati wiedersehe. Es wäre freilich herrlich. Doch das kann ich mir nicht vorstellen. All die Menschen über die ganzen Jahrtausende sollen im Himmel sein? Jeder will dort oben auf einer Wolke thronen und alle seine Lieben um sich haben? Das ist ein Märchen. Solche Geschichten sollen über den Tod hinwegtrösten. Das kann ich verstehen. Viele Menschen brauchen diesen Trost, ich nicht. Wenn der Glaube die Furcht vor dem Sterben lindert und die Menschen sich dabei wohl fühlen, ist es gut.

Hinterlassenschaften

Ich habe Pläne im Kopf. Vor zwei Jahren stellte ich mit Hilfe meiner Tochter eine Chronik zusammen. Bereits vor zehn Jahren hatte ich angefangen, meine Geschichte niederzuschreiben, später sprach ich auf ein Tonband. Meine Tochter hat das mühsam abgeschrieben und zu einem Text zusammengefügt. Danach wählte ich passende Fotografien aus. Ich versuchte, ohne Emotionen zu erzählen. Deshalb bezeichne ich diese Zusammenstellung als Chronik. Ich ließ zehn Exemplare binden, die ich in meiner Familie verteilte. So hatte ich für jeden Enkel zum Geburtstag ein Geschenk. Die Jungs sagten: »Schön, Oma!« – Ich dachte: Nach Hause und ab in den Schrank. Später, wenn sie älter sind, lesen sie die Chronik vielleicht. Ich hoffe, das Papier löst sich nicht auf wie bei den alten Schwarten.

Anlässlich des Geburtstages meines zweiten Urenkels hatte ich eine Idee. Ich wollte ein Kinderbuch machen. Ich schrieb eine kleine Geschichte über einen Kolibri und illustrierte sie mit eigenen Zeichnungen und Bildern aus Zeitschriften. Es bereitete mir riesigen Spaß. Inzwischen entstanden acht Bücher. Die Gestaltung der Bücher könnte bestimmt hübscher sein, doch ich liebe meine kleinen Kinderbücher.

Kinder sind etwas Wunderbares. Eine Frau muss Kinder haben, und wenn es nur eins ist. Das ist der Zweck unseres Lebens: Kinder zu zeugen, sie aufzuziehen und zu behüten. Dazu haben wir unseren Körper. Wenn ich einen Mund habe und nicht spreche, ist das falsch. Wenn ich Augen habe, muss ich mit ihnen sehen. Und wenn ich eine Gebärmutter habe, muss ich ein Kind zur Welt bringen. Genauso wie ein Mann ein Kind zeugen sollte. Dazu hat er sein Organ. Er sollte aber keinen Unfug damit treiben.

Letzte Wünsche

Wenn ich eine zweite Chance bekäme, würde ich vieles in meinem Leben genauso machen. Ich kann schnell entscheiden und traf bestimmt oft harte Entscheidungen. Im Nachhinein waren sie meistens richtig, denn ich fühlte mich wohl damit. Vielleicht bin ich selbstbewusst. Meine beiden Kinder sind wahrscheinlich anderer Meinung – das steht ihnen frei. Ich versuche, tolerant zu sein.

Ich habe noch einen Wunsch. Ich möchte gern noch mal in der Ostsee waten. Leider schaffe ich es aus eigener Kraft nicht mehr, so weit zu reisen. Meinen Verwandten und Bekannten, die ein Auto besitzen, erzähle ich von meinem Wunsch. Doch bisher fuhr keiner mit mir an die Ostsee.

Ich liebe das Meer und die Wellen. Erst nach der Wende lernte ich die Insel Hiddensee kennen. Die Höhen um den Leuchtturm wurden zu meinem Lieblingsplatz. Dort malte ich oft. Heute gehe ich, wenn ich mich gut fühle, mit Hilfe meines Rollators spazieren. Der Weiße See, der Kreuzpfuhl und unser kleiner Goldfischteich sind die drei Seen um mich herum, die ich noch schaffe. Ich brauche das Wasser.

Kurt Schubel

Ich bin nicht traurig, wenn ich morgen sterbe

Aufgeschrieben von Susanne Plath

Kurt Schubel wurde 1908 in Berlin geboren. Nach dem Krieg arbeitete er bei der Berliner Verkehrsgesellschaft. Er wurde Vater eines Sohnes und führte zwei glückliche Ehen. Beide Frauen begleitete er durch lange Krankheit bis zum Tod. Seit 1986 lebte er allein, traf gern Menschen und unternahm Schiffsreisen in die weite Welt.

Wenige Monate nach dem Gespräch mit der Autobiografikerin zog er auf eigenen Wunsch in ein Seniorenheim. Am 15. Dezember 2006 starb er. Wie er es sich gewünscht hatte, teilt er ein Grab mit seiner geliebten Frau Margarete. Er glaubte fest, sie wiederzusehen.

In wenigen Tagen werde ich 97 Jahre alt. Der Tod ist mir in meinem Leben oft begegnet. In zwei Weltkriegen und fast einem ganzen Jahrhundert hat der Herrgott mich beschützt. Ich bin glimpflich davongekommen und vor Schaden bewahrt worden. Viele Menschen, die ich liebe, sind schon gegangen. Der Gedanke an mein eigenes Sterben macht mich nicht mehr traurig.

Ich wurde am 3. September 1908 in Berlin geboren. Meine Mutter stammte aus Ostpreußen, mein Vater aus Frankfurt an der Oder. Wir lebten in Alt-Moabit und meine Mutter betrieb in unserer Kellerwohnung ein Geschäft als Plätterin. Noch heute sehe ich sie in den dunklen Räumen zwischen Wäsche am Bügelbrett stehen.

Ich war als Kind oft krank. Über Jahre schleppte mich meine Mutter von einem Arzt zum nächsten. Eine Menge Zeit verbrachte ich in Krankenhäusern und versäumte viel Schulunterricht. In aufeinander folgenden Jahren bekam ich Typhus, Scharlach, Knochenfraß in den Beinen und eine doppelte Lungenentzündung, die auch meine Mutter erwischte. Manches Mal war mein Zustand lebensbedrohlich. Die Folgen des Knochenfraßes sind an meinen Beinen bis heute zu sehen. Meine Typhuserkrankung war so schwer, dass man meinem Vater erlaubte, aus dem Ersten Weltkrieg heimzukommen, um mich noch einmal zu sehen.

Während ich jedoch wieder auf die Beine kam, wurde meine Mutter ihre Lungenentzündung nicht wieder los. Sie war lange krank und schloss 1922 für immer die Augen. Für mich brach eine Welt zusammen. Vom Tag ihres Todes an war ich schlagartig gesund. Abgesehen von meinen Kriegsverwundungen bin ich es bis vor einem Jahr geblieben. Ich glaube, meine Mutter hat meine Krankheiten mit sich genommen.

Mein Vater war zu diesem Zeitpunkt arbeitslos. Er war 1918 aus dem Krieg zurückgekommen und stand nach Mutters Tod mit meiner Schwester und mir allein da. Vater konnte Mutters Beerdigung nicht bezahlen, deshalb veranstalteten wir für sie eine kleine private Trauerfeier. Meine Mutter wurde verbrannt, ihre Asche kam in ein Massengrab. An diesen Ort in der Seestraße brachte man alle Urnen, die nicht abgeholt wurden. Noch heute fällt es mir schwer, daran zu denken. Jahre später, als ich bereits ein wenig Geld hatte, beschloss ich, Mutti dort herauszuholen. Doch als ich hinkam, war die Straße begradigt worden. Gerade da, wo die Urnen lagen, hatten sie die Straße gebaut.

Als meine Mutter starb, war ich vierzehn Jahre alt und stand vor der Schulentlassung. Noch vor ihrem Tod hatte meine Mutter sich um eine Stelle für mich bemüht. Sie selbst hatte lange in feinen Hotels wie dem Adlon gearbeitet und brachte mich über einen Nachbarn als Page in dem berühmten Hotel Esplanade unter. Ich hatte an dieser Arbeit viel Freude, doch nach zwei Jahren sagte mein Vater: »Junge, du musst jetzt irgendwo lernen, wo du auch wohnen kannst.«

Mein Vater war ein Mann, der keinen Widerspruch duldete, und nach meinen langen Krankheiten war ich in seinen Augen ohnehin ein Trauerkloß. So gehorchte ich und entschied mich notgedrungen zwischen den beiden Berufen, die eine Wohngelegenheit boten: Fleischer und Bäcker. Ich war schon ein wenig eigen, und die Fleischerei war so gar nichts für mich. Meine Tante gab für mich eine Annonce auf: »Suche Bäckerlehrstelle für meinen Neffen.« Ein Konditor in Lichtenrade stellte mich ein, ich lernte drei Jahre in seinem Café und wurde Konditorgeselle. Nach meiner Lehre wohnte ich bei meiner Tante und arbeitete am Kaiserdamm.

Als ich 23 Jahre alt war, starb mein Chef. Ich hatte den Meister schon ein paar Mal vertreten und war bei der Innung bekannt. Eigentlich war es erst mit 24 erlaubt, die Meisterprüfung abzulegen, doch seine Witwe ging mit mir dorthin und sagte: »Wir haben Lehrlinge, die möchte ich nicht entlassen, aber der Schubel hat keinen Meister.«

So ließen sie mich »bedingt« zur Meisterprüfung zu. Ich wurde der jüngste Meister Berlins.

Verletzungen

Der Zweite Weltkrieg kam, ich wurde eingezogen. Zu dieser Zeit mussten Soldaten viel Sport treiben. Ich war sportlich und machte so elegante Luftrollen, dass mein Hauptmann meinte: »Mensch, Schubel, Sie sind ja der geborene Fallschirmspringer!«

»Nein«, sagte ich, »bin ich nicht.«

Da bist du Ziel, ging mir durch den Kopf, das willst du nicht sein.

So kam ich als Backmeister zur Bäckereikompanie der Sechsten Armee, die nach Stalingrad marschierte. Der Krieg gegen Russland hatte gerade erst begonnen und wir standen in Bessarabien. Als Verantwortlicher schlief ich nicht im großen Mannschaftszelt, sondern zu zweit mit einem Kollegen. Eines Nachts warf jemand eine Handgranate in unser Zelt. Es gab einen Knall, die Plane fiel auf uns herunter. Mein Kollege lag auf dem Rücken, es hatte ihm den Bauch zerfetzt. Ich weiß nicht, was aus ihm wurde.

Ich hatte auf der Seite geschlafen, mir wurden der Rücken und das Gesäß aufgerissen, die Lunge war verletzt, zwölf Granatsplitter steckten in mir. Man brachte mich mit dem Laster zum Hauptverbandsplatz. Durch den Blutverlust war ich so geschwächt, dass ich ohnmächtig wurde. Deshalb warfen sie mich auf den Haufen zu den Toten. Da wurde nicht sortiert oder aufgebahrt, die Leichen lagen kreuz und quer übereinander – und ich dazwischen.

Als ich munter wurde, schrie ich und versuchte, mich bemerkbar zu machen: »Sani! Ich lebe noch!«

Ein Sanitäter holte mich vom Haufen herunter und brachte mich in ein Zelt. Meine Verwundung war schwer. Doch heute danke ich dem Herrgott dafür, denn sie bewahrte mich davor, nach Stalingrad zu ziehen.

Stattdessen wurde ich verlegt und kam über Bulgarien zurück nach Deutschland. Da ich im Lazarettzug Wundstarrkrampf bekam, wurde ich vorzeitig in Passau ausgeladen. Im dortigen Krankenhaus zog man mir die Splitter heraus – alle, bis auf einen, der noch heute in meinem

Rückgrat steckt und mich nur ab und zu drückt, wenn ich im Theater sitze.

Ich galt nach meiner Verwundung als »gv«, das bedeutet »garnisonsverwendungsfähig«. So kam ich als Heeresbackmeister nach Riga, wo ich eine Fabrik mit hundertzwanzig Mann leitete.

Es ging Deutschland schlecht und schlechter. Der Rückzug setzte ein. Unter diesen Umständen wurden alle »gv« untersucht und meistens »kv« (»kriegsverwendungsfähig«) geschrieben – so auch ich. Wir kamen nach Deutschland. In Berlin teilte man mich zum Afrika-Korps ein. Ich bekam eine Afrika-Uniform mit neuen Stiefeln, die furchtbar scheuerten. Nach ein paar Tagen war mein Zeh so wund, dass der Sanitäter sagte: »Nein, so kannst du nicht fahren. Gehe zum Spieß und sage, du bist krankgeschrieben.«

Dem Spieß kam das gelegen: »Ach, das ist gut. Es treffen dauernd neue Mannschaften ein, die ich unterbringen muss. Du wohnst doch in Berlin, du kannst nach Hause gehen! Lass dir Geld und eine Lebensmittelkarte geben, und komm in acht Tagen wieder.«

Ich ging nach Hause, kam nach acht Tagen zurück – und da war keiner mehr da!

»Wo sind die?«

»Na, die sind gestern nach Sizilien gemacht.«

Ich hatte den Abmarsch verpasst. So wurde ich erneut vor einer schlimmen Schlacht bewahrt: den Kämpfen um Monte Cassino.

Zwischendurch besuchte ich meine Frau, Elisabeth, genannt »Lischa«, die nach Seelow evakuiert worden war. Wir hatten 1933 geheiratet. Meine Lischa wünschte sich ein Baby. Zu meiner Zeit in Riga hatte sie bereits unseren ersten Jungen zur Welt gebracht. Er war bei der Geburt gestorben. Ich habe ihn nie gesehen. In Seelow zeugten wir unser zweites Kind.

Bald wurde ich als Fourier der Verpflegungsabteilung einer neuen Truppe zugeteilt und musste weiter nach Leningrad. In den Wäldern am Fluss Narva wurden wir von Baumschützen belagert, mit Flammenwerfern und Granaten beschossen. Ich lag im Graben – da landete ein Volltreffer. Direkt neben mir. Ich glaubte, mir wäre ein Holzbalken gegen das Bein geflogen. Ich achtete nicht weiter darauf. Die Angst vor den Russen war größer. Plötzlich erschrak ich: »Das ist ja wie Wasser in meinem Stiefel!«

In meinem Schuh war ein Loch, aus dem das Blut herauslief. Ein Granatsplitter ist heiß. Er zerschlägt die Knochen, doch im ersten Moment spürt man kaum etwas.

Ich meldete dem Zugführer meine Verwundung. Ich sollte versuchen, den Hauptverbandsplatz zu erreichen. Da inzwischen die Schmerzen einsetzten, konnte ich kaum laufen. Ich fuhr mit einem Panzer und schließlich – wieder als Lebender zwischen Toten – auf einem Leichenwagen zum Hauptverbandsplatz. Ein Sanitäter schnitt mir den Stiefel auf und sagte: »Heimatschuss.« Einige Knochen waren zertrümmert. Direkt neben dem Hauptverbandsplatz lag die Artillerie im Kreuzfeuer mit den Russen. Als ich die Baracke verlassen hatte und dreißig oder vierzig Meter entfernt war, schlug ein russischer Volltreffer ein. All die Ärzte und die verwundeten Soldaten waren zum Teufel. Wieder hatte der liebe Gott mich beschützt.

Man verlegte mich ins Lazarett nach Braunsberg in Ostpreußen. Mein Fuß war ein stinkender Klumpen. Ich war sehr schwach, konnte kaum essen. Oft weinte ich vor Schmerzen.

Inzwischen schrieben wir das Jahr 1944. Eines Tages im April, ich lag im Bett, hörte ich plötzlich Kindergeschrei. Die Tür ging auf und meine Lischa stand da mit dem Kind. Uns liefen die Tränen. Liebevoll lagen wir uns in den Armen und waren überglücklich.

Meine Frau hatte in Seelow unseren Sohn Peter zur Welt gebracht. Wie sie nun einmal war, wollte sie mir unbedingt den Jungen zeigen. Klein Peter jedoch schrie. Zufällig kam mein behandelnder Stabsarzt vorbei, ein ehemaliger Kinderarzt aus Frankfurt an der Oder. Er untersuchte den Jungen und stellte Kolibakterien in seinem Magen fest. Mein Frauchen konnte unser Kind nicht stillen und musste für Peter ein Milchpulver mit Wasser mischen. Auf ihrer beschwerlichen Reise von Bahnhof zu Bahnhof war sie in diesen Kriegszeiten an verunreinigtes Wasser geraten. »Ihre Frau muss sofort los. Für das Kind besteht akute Gefahr!«, beschloss der Stabsarzt. Elisabeth brachte unseren

Jungen nach Frankfurt, wo er ein gutes Vierteljahr im Krankenhaus verbrachte, um gesund zu werden. Gemeinsam kehrten die zwei nach Seelow zurück. Ich ließ mich bald in das dortige Lazarett verlegen, um meiner Familie nahe zu sein.

Lischas Unterkunft war schlecht. Die Menschen wohnten eng aufeinander. Schließlich steckte einer den anderen mit Scharlach an – so auch mein Frauchen. Während sie im Krankenhaus lag, besorgte ich eine neue Wohnung für sie und unseren Sohn.

Das Jahr neigte sich langsam dem Ende zu und die Russen griffen die Seelower Höhen stärker an. Am 31. Januar 1945 verließ Lischa Hals über Kopf Seelow und fuhr mit Klein Peter nach Berlin. Einen Tag später folgte ich ihr mit einem Kameraden. Unsere alte Wohnung stand noch.

In Berlin sollte erneut das Glück bei mir sein: Es war der 3. Februar 1945, der große Angriff auf Berlin. Wir mussten uns melden, um Lazarettscheine für unsere Heimat zu bekommen. Als wir gerade die Kommandantur verlassen hatten, gab es Fliegeralarm. Mein Kumpel sagte: »Wir gehen runter in den Keller. Da unten im Seitenflügel ist eine Essensausgabe, da können wir uns was holen.«

Ich schüttelte den Kopf: »Du, das ist mir zu eng und zu verqualmt. Gehen wir rüber ins Quergebäude.«

Wir gingen. Als ich mit meinen Krücken die Treppe erreicht hatte, fiel eine Bombe in den Keller des Seitenflügels, den wir vor wenigen Minuten verlassen hatten. Das ganze Haus lag in Asche!

Abschiede

Nach dem Krieg lebte unsere kleine Familie wieder zusammen in Berlin. Durch meine Fußverletzung konnte ich nicht mehr meinem Beruf nachgehen und fing im Februar 1946 bei der Berliner Verkehrsgesellschaft (BVG) an. Sieben Jahre lang ackerte ich als Fahrkartenverkäufer. Das Schlimmste waren die Wechseldienste. Als es meiner Frau schlechter ging, beschwerte ich mich wegen der Dienste. Lischa hatte durch die plötzliche Flucht aus Seelow ihre Scharlacherkrankung nicht auskuriert und behielt einen Herzfehler zurück. Während des Fliegeralarms hatte sie sich im Keller mit den anderen Frauen das Rauchen angewöhnt. Von diesem Fehler konnte sie nie mehr lassen und wurde schwer krank.

Mein Junge sorgte sich so um seine Mutter, dass er nicht mehr richtig schlief und Probleme in der Schule bekam. Lischa war schwach und fiel oft um. Ich selbst hatte immer die Angst: Was wird zu Hause sein? Ich brauchte einen neuen Posten.

Nach einigem Hin und Her wurde ich »Krankenbesucher« und kontrollierte bei Hausbesuchen, ob die Leute auch wirklich krank waren. Mir war diese Tätigkeit unangenehm. Ich wechselte von Bereich zu Bereich, bis ich es in die Verwaltungsdirektion schaffte. Dort blieb ich bis zu meinem Ruhestand.

Meine neuen Aufgaben konnte ich gut damit verbinden, für meine Lischa da zu sein. Ich kaufte ein Auto und fuhr mit ihr in den Urlaub. Sie war so schwach, dass ich fürchtete, ich würde mein Frauchen nicht mehr zurückbringen. Sie schaffte es, musste dann aber gleich ins Krankenhaus.

»Papa, hol mich hier raus, hol mich raus!«, bat sie mich.

Ich hatte mich bei der BVG lange um eine neue Wohnung bemüht und endlich bekam ich über Beziehungen eine schöne große Dreizimmerwohnung in der Rubensstraße.

»Wir haben eine neue Wohnung! Mit Bad, Ofenheizung und allem Drum und Dran!«, berichtete ich strahlend meiner Frau. »Ich hole dich, Mutti. Aber ich muss erst mal alles für dich richten.«

Nun waren in der neuen Wohnung lauter Erkerzimmer, und wir hatten aus der alten Wohnung nicht genügend Gardinen für die Fenster. So nähte ich nachts Gardinen, die ich vorsichtig anhängte. An einem Donnerstag im August des Jahres 1960 brachte ich meine Frau nach Hause. Zwei Tage später starb sie.

Wir beerdigten Elisabeth in Neukölln auf dem Thomas-Friedhof. Sie hatte sich gewünscht, dort neben ihrer Mutter begraben zu liegen. Es war eine große Trauerfeier mit vielen Gästen. Damals versprach ich meiner Frau am Grab: »Solange ich gesund und zu Hause bin, komme ich jede Woche zu dir.«

Dieses Versprechen halte ich bis heute. Es sind inzwischen 45 Jahre verstrichen und ich gehe noch immer zu ihr. Ich sitze an ihrem Grab, spreche ein stilles Gebet und unterhalte mich mit meiner Lischa. Dieses Jahr ist das erste, in dem ich sie aus gesundheitlichen Gründen nicht jeden Sonntag besuchen kann. Mein Junge bemüht sich jetzt um das Grab seiner Mutter, und ich bin ihm dafür sehr dankbar.

Seit Elisabeths Tod waren wir beide miteinander allein. Es war eine schlimme Zeit. Ich sagte zu meinem Sohn: »Weißt du, ich möchte jetzt nicht mehr nur dein Vater, sondern auch dein Freund sein. Wir wollen versuchen, möglichst alles so zu tun, dass wir uns gut ergänzen und wie Freunde liebevoll füreinander da sind.« So halten wir es bis heute.

Ich brauchte lange, bis ich mich einem neuen Menschen öffnen konnte. Margarete lernte ich nur langsam schätzen. Ich kannte sie schon zu Elisabeths Lebzeiten und konnte sie nicht leiden. Sie hatte ein Tabakgeschäft und wohnte an der Ecke zu unserer alten Wohnung in der Friedelstraße. Bei ihr hatte Lischa immer ihre Rauchwaren gekauft, über die ich stets schimpfte. Margarete hatte Elisabeth oft im Krankenhaus besucht. Ich benachrichtigte sie, als meine Frau verstorben war, und sie kam zur Beerdigung. Einige Monate später traf ich sie nach Feierabend vor der Haltestelle der BVG-Hauptverwaltung.

»Wie geht es Ihnen?«, fragte sie freundlich. »Gefällt Ihnen Ihre neue Wohnung?«

»Na, wenn Sie möchten, können Sie ja mal mitkommen und sich unser Domizil ansehen.«

Sie kam mit und sagte schließlich: »Lieber Herr Schubel, nach dem Tod Ihrer Frau wird es für Sie sicher ein schweres Weihnachtsfest werden. Darf ich Sie mit Ihrem Jungen zu uns einladen? Mein Mann und mein Sohn Lutz werden sich freuen.«

Wir lernten uns näher kennen und ich freundete mich mit dem Ehepaar an. Margarete führte mit ihrem Mann keine gute Ehe. Sie hatten viel Streit. Eines Tages sagte ein gemeinsamer Freund: »Mensch, das ist doch kein Leben, trennt euch im Guten. Der Lutz, der zieht zum Vater und die Marga, die zieht zum Kurt.«

So gründeten wir eine Art freundschaftliche Wohngemeinschaft, in der wir schließlich zusammenkamen. Marga und ich heirateten 1969. Wir lebten glücklich zusammen und führten eine liebevolle Ehe.

Ende der achtziger Jahre bekam meine Frau Probleme mit der Blase. Der Arzt beruhigte uns: »Das ist weiter nichts Schlimmes, bei älteren Frauen ganz normal. Sie unterziehen sich einer kleinen Operation und nach drei Tagen kann Ihr Mann Sie wieder abholen. Bald ist alles in Ordnung.«

Wir waren einverstanden. Ich brachte sie in eine private Belegklinik. Als ich nach der Operation in ihr Zimmer kam, empfingen mich ihre empörten Bettnachbarn: »Sagen Sie mal, was ist denn mit Ihrer Frau los? Die hat uns hier alle ausgeschimpft und beleidigt.«

»Das kann nicht sein«, entgegnete ich erstaunt. »Meine Frau ist ganz friedlich.«

»Nein, die hat hier rumgetobt, alles rausgeschmissen und uns angeschnauzt.«

Ich war fassungslos. Als ich mit ihr auf den Parkplatz kam, bat ich Marga, ins Auto zu steigen. Sie sah mich mit großen fragenden Augen an und reagierte nicht. Zu diesem Zeitpunkt ahnte ich noch nicht, dass dieses seltsame Verhalten nur der Anfang einer fortschreitenden Demenz war.

Vor der Operation war mir nichts Ungewöhnliches aufgefallen. Marga war eine gesunde und kluge Frau gewesen, die so gut rechnen konnte, dass sie sogar unseren Steuerberater beeindruckt hatte. Von einem Tag auf den anderen war davon nichts mehr übrig. Später erzählte mir jemand, dass es bei der Operation Probleme mit der Narkose gegeben habe, die ihr Gehirn geschädigt hätten. Ich beschäftigte mich jedoch lieber mit der nun notwendigen Pflege meiner Frau als mit Nachforschungen. Ich wollte keine Streitigkeiten, die ihr ja auch nicht mehr helfen konnten.

Margas Zustand verschlechterte sich rapide. Sie ging einkaufen und wurde festgenommen, weil sie nicht bezahlte. Bald fand sie nicht mehr den Weg nach Hause. Sie wurde immer stiller. Auf unseren abendlichen Spaziergängen bat ich sie manchmal: »Kannst du nicht mal ein Wort mit mir reden?«

Auch zu Hause traute ich mich nicht mehr, sie allein zu lassen. Eines Tages wollte Marga kochen. Sie stellte einen Topf auf den Herd und deckte die andere Platte mit einem Stück Papier ab. Sie war stets sehr ordentlich gewesen und hatte das immer getan, um den Herd sauber zu halten. Nun drehte sie die falsche Platte an, das Papier fing Feuer. Es brannte in unserer Küche. Immer wieder musste ich sie vor sich selbst beschützen. Was sollte ich tun? Ich musste doch irgendwie weitermachen, irgendwie weiterleben. Ein paar Mal blieb mir nichts übrig, als sie ins Krankenhaus zu bringen. Ein Arzt im Klinikum Heerstraße sagte schließlich: »Herr Schubel, Sie können es nicht mehr verantworten, diese kranke Frau zu Hause zu lassen. Sie müssen sie ins Heim bringen! Es bleibt Ihnen keine Wahl.«

Schweren Herzens machte ich mich mit diesem Gedanken vertraut. Als ich Margaretes Sohn Lutz von meinem Entschluss berichtete, beschimpfte er mich: »Unsinn, die Mutti muss nicht ins Heim!«

Da antwortete ich: »Junge, weißt du was, nimm mal vierzehn Tage die Mutti zu dir, dann weißt du, ob sie ins Heim muss oder nicht.«

»Dazu habe ich keine Zeit.«

Ich versprach, sie in einem menschenwürdigen Heim unterzubringen, doch er ließ sich nicht beirren und verließ mich wütend.

Mein Junge fuhr mit mir von einer Einrichtung zur anderen. Wir suchten so lange, bis wir ein Heim fanden, das uns gefiel, direkt am Schlosspark. Wir richteten meiner Frau dort ein hübsches Einzelzimmer ein. Sie hatte ein eigenes Bad und zwei schöne Fenster, ich legte alles mit Teppich aus und hängte Bilder an die Wand.

Zwei Jahre später rief mich Lutz an: »Na, hast du denn die Mutti in einem menschenwürdigen Heim untergebracht?«

Ich sagte: »Ja. Du kannst sie gern mal besuchen kommen.«

»Na ja, ich werde mal hinkommen.«

»Du musst aber sagen, wann du kommst«, erwiderte ich. »Ich fahre mit der Mutti immer mit dem Rollstuhl durch den Schlosspark.«

»Bist du der Papst, dass man bei euch einen Termin braucht? Ich werde mal am Sonntag kommen.«

Einmal mehr schluckte ich meinen Ärger hinunter. Am Sonntag kaufte ich Kuchen und richtete einen Kaffeetisch. Wer nicht kam, war Lutz. Er besuchte seine Mutter bis zu ihrem Tod nicht ein einziges Mal. Als sie starb, benachrichtigte ich ihn nicht.

Acht Jahre lang war sie im Heim. Natürlich freute man sich über meine rege Mithilfe. Ich gehörte quasi zum Personal. Während der ersten drei Jahre kam ich jeden Tag von morgens um sieben bis zum späten Nachmittag. Im Rollstuhl schob ich Marga durch den Schlosspark.

Doch ihr Zustand verschlechterte sich. Ihre Beweglichkeit verfiel. Ich war dieser intensiven Betreuung auch körperlich immer weniger gewachsen. Ein Mensch im fortgeschrittenen Stadium der Demenz ist so schwer wie ein Mehlsack. Ich kam nicht mehr aus dem Kreuz. Es war so schwer, ihr Leid zu sehen und nicht helfen zu können – manchmal einfach zu schwer. Mir drehte sich dabei die Seele um. Irgendwann spürte ich: »Das schaffst du nicht mehr. Du gehst kaputt dabei.«

So besuchte ich sie nicht mehr täglich, sondern nur noch jeden zweiten Tag. Ich wollte meiner Frau zur Seite stehen. 1986 starb sie.

Marga und ich hatten während unserer Ehe über den Tod und unsere Beerdigung gesprochen. Nach ihrem Wunsch ließ ich sie einäschern. Ihre Urne begruben wir auf dem Friedhof Wilmersdorf gegenüber unserer letzten gemeinsamen Wohnung in der Barstraße, wo ich heute allein lebe. Früher winkten wir gemeinsam vom Balkon aus meiner Tante, die auf demselben Friedhof begraben liegt. Heute kann ich Margas Grab von zu Hause aus sehen.

Ich habe zwei Frauen geliebt und musste beide gehen lassen. Doch obwohl sie gestorben sind, sind sie für mich da. Ihre Fotos stehen nebeneinander auf meinem Tisch. Jeden Tag früh und abends bete ich mit ihnen. Dann sind sie bei mir. Ich erzähle den beiden alles, was mich bewegt. Ich unterhalte mich mit ihnen über unser Schicksal und bedanke mich für das, was sie für mich getan haben.

Manchmal sage ich zu Marga, dass ich mir wünsche, wir würden zusammen auf der *MS Bremen* fahren, Arm in Arm und wohin sie will. Dann möchte ich am Lokaleingang stehen, sie zu Tisch 4 geleiten, ihr das Stühlchen zurechtrücken, und wir beide könnten gemeinsam durch das Fenster das Spiel der Meere betrachten.

Einige mögen es seltsam finden, aber ich glaube fest, dass ich nach dem Tod wieder mit meinen Frauen zusammen sein werde. Mit allen meinen verstorbenen Angehörigen. Ich kann mir nicht genau vorstellen, wie es nach dem Leben sein wird. Ich sehe mich nicht in irgendwelchen Gefilden. Aber wie es auch ist, ich vertraue darauf, dass die Verstorbenen da sein werden.

Manch einer lacht über diesen Gedanken. Ich glaube daran. Und ich sage das auch jedem ins Gesicht. Warum soll ich mich verstecken? Im Krieg sah ich viele Soldaten sterben. »Lieber Gott, hilf mir!«, rief da so mancher, der früher nichts von ihm hatte wissen wollen. Wir werden uns wiedersehen.

Ausklang

Nach Margaretes Tod blieb ich allein. Was mir heute am meisten fehlt, ist das Gespräch. Als interessierter und unternehmungslustiger Mann habe ich gern Kontakt zu Menschen. Manchmal spreche ich einfach in der U-Bahn jemanden an. Das finden viele ungewöhnlich und sind erstaunt. Doch wenn man ins Gespräch kommt, ist es doch nett. Auch bei Veranstaltungen war ich immer gern dabei, hielt Reden, nahm an Kursen teil oder tanzte mit den Damen. Meine späte Leidenschaft wurde das Reisen. Inzwischen habe ich schon einige Seereisen hinter mir und war fünf Mal auf der *MS Bremen* unterwegs. Es ist eigenartig, aber wo immer ich hinkomme, finde ich Leute, die mich mögen. Immer lernte ich nette Menschen kennen, mit denen ich die Welt entdeckte. Wir erlebten viele schöne Länder, Städte und Kulturen, sahen Reichtum und Armut. Leider bin ich seit dem letzten Winter gesundheitlich angeschlagen und traue mich seither nicht mehr zu verreisen.

Also versuche ich, mich zu Hause zu beschäftigen. Im Kopf bin ich noch normal. Ich lese viel, male und schreibe gern. Vor einiger Zeit brachte mich mein Junge auf eine Idee. Er sagte: »Papa, du hast eine ganze Menge erlebt. Schreibe doch mal deine Lebensgeschichte auf!«

Kein schlechter Gedanke, überlegte ich. Ich bin jetzt alleine, habe viel Zeit und freue mich, wenn sie es hören möchten.Und so habe ich angefangen zu schreiben. Es hat gut getan. Jetzt sind meine Memoiren fertig, und meine Kinder wissen über mein Leben Bescheid.

Bis zum vorigen Jahr habe ich noch alles allein geschafft. Seit ich krank bin, hilft mir meine Familie, wo sie kann. Sie kommen jeden Tag, besuchen mich und versorgen meine Wohnung. Sie putzen die Fenster, beziehen das Bett, bringen mir Obst aus ihrem kleinen Garten und fahren mit mir zum Einkaufen. Immer fragen sie: »Papa, brauchst du was? Können wir etwas für dich tun?«

Die Wäsche mache ich noch selbst. Essen gehe ich jeden Tag in der Kantine vom nahe gelegenen Finanzamt und sonntags im Lokal. Letzte Woche war ich dort mit meinem Sohn und meiner Schwiegertochter verabredet – und unverhofft kam mein Enkel mit seiner Frau und meiner kleinen Urenkelin um die Ecke. Meine Kinder hatten sie hinter meinem Rücken eingeladen. So hatte ich meine persönliche Kinder-Überraschung!

Wir sind so nett zusammen, und der Zusammenhalt in unserer Familie freut mich. Ich wünsche mir für meinen Sohn und seine Familie, dass sie liebevoll und harmonisch miteinander leben. Von ganzem Herzen hoffe ich, dass der Frieden bleibt. Ich musste zwei Weltkriege durchmachen und bete zum lieben Gott, dass meine Kinder niemals solches Leid kennen lernen. Ich wünsche ihnen Ruhe und Wohlergehen.

Seit zwei Jahren habe ich einen Herzschrittmacher. Als Kriegsversehrter wurde ich alle drei Jahre zur Kur geschickt. Eigentlich wäre in diesem Jahr wieder meine Zeit dafür gekommen. Doch nach einer Untersuchung im letzten Winter stellte mich meine Ärztin vor traurige Tatsachen: »Herr Schubel, Sie können nicht fahren. Ihr Herz und Ihre Lunge sind voll Wasser. Die Kur müssen wir leider streichen. Sie fallen mir ja dort bei der ersten Anwendung um.«

Also fahre ich nicht. Jetzt nehme ich Tabletten und hoffe, dass es besser wird. Im vorigen Jahr war ich so krank, dass mein Junge mich ein paar Mal ins Krankenhaus brachte. Den Winter habe ich mit Hängen und Würgen überstanden. Manchmal bin ich so matt, dass ich kaum noch aufstehen kann, um zur Toilette zu gehen oder Besorgungen zu machen. Anfang des Frühlings dachte ich: Du schaffst es nicht mehr. Du kommst nicht mehr über den Sommer.

Ein Freund half mir mit guten Gesprächen durch die schlechte Zeit. Für den Fall, dass ich es allein zu Hause nicht mehr schaffe, habe ich mich vorsorglich im Heim meiner zweiten Frau angemeldet.

Für meinen Tod habe ich alles vorbereitet. Ich habe alles Nötige in einem Testament geregelt und vermache meinen Besitz meinem Jungen. Alle Dokumente, die er braucht, liegen geordnet in einer Mappe. So findet er alles, ohne lange zu suchen: Geburtsurkunde, Heiratsurkunden, alle Unterlagen für meine Sterbekasse und die Rentenkasse der BVG. Ich habe aufgeschrieben, was nach meinem Tod zu tun ist. Was und wie viel für meine Beerdigung bezahlt werden muss, steht in einer Kostenaufstellung. Mit meiner zweiten Frau habe ich vereinbart, dass wir eingeäschert werden. Ich möchte einen Kiefernsarg und eine Feuerbestattung. (Auch wenn mir das Sterben keine Angst macht, tut es vielleicht der Gedanke an das Verbrennen?) Mein Grab soll neben Marga sein.

Nun bin ich jederzeit darauf gefasst, dass mein Leben zu Ende geht. Ich genieße jeden Tag und danke dem Herrgott dafür. Mein Arzt sagt, ich werde kein Krankenlager haben, sondern eines Tages einfach umfallen und weg sein. Ich habe keine Angst vor dem Tod.

Im Gegenteil. Ich habe schon ein paar Mal dagelegen und gebetet, dass ich einschlafe. Ich habe mein Leben gelebt. Ich bin mit ihm zufrieden, und ich habe damit abgeschlossen.

Die Herausgeberin

Katrin Rohnstock, geboren 1960 in Jena, ist Literatur- und Sprachwissenschaftlerin. Sie hat zahlreiche Bücher geschrieben und Anthologien herausgegeben. 1998 gründete sie die Firma Rohnstock Biografien, die sich auf das Verfassen von Autobiografien spezialisiert hat.

Katrin Rohnstock entwickelte eine spezielle Methode, erzählte Lebensgeschichte in Schriftsprache zu übertragen und dabei die Lebendigkeit und das Charakteristische des Erzählten zu bewahren. Sie systematisierte ihr Konzept und bildete eine Team von Autobiografikern aus, so auch die Autoren dieses Buches.

Die Autoren

Alle Autoren dieses Buches durchliefen die Rohnstock-Ausbildung. Sie arbeiten zum Teil schon mehrere Jahre als Autobiografiker bzw. Lektoren bei Rohnstock Biografien und schrieben zahlreiche Lebensgeschichten. Auch die Geschichten für diese Anthologie haben sie nach der Methode des autobiografischen Schreibens für andere verfasst.

Peter David, geboren 1966 in Brandenburg a. d. Havel, studierte Publizistik und Europäische Ethnologie und arbeitete freiberuflich als Journalist, Bühnentechniker, Transportarbeiter und Modell. Seit 2004 führt er ein Gartenlokal in Berlin-Kreuzberg.

Corinna Dommes, 1967 in Niedersachsen geboren, lebt in Bonn. Sie studierte Germanistik und Romanistik in Marburg, arbeitete mit jungen osteuropäischen Migranten und verbrachte ein Jahr als Lektorin für deutsche Sprache und Literatur in Ungarn.

Kristine Gerber, 1959 geboren, wuchs an der Ostsee auf. Nach Abschluss des Romanistikstudiums in Berlin verbrachte die Dolmetscherin und Übersetzerin drei Jahre in Afrika. Heute lebt sie in Berlin.

Antonia Häusler, geboren 1977 in Berlin. Nach einem Auslandsaufenthalt in Großbritannien studierte sie in ihrer Heimatstadt. Seit November 2006 ist die Germanistin und Anglistin im Lektorat bei Rohnstock Biografien tätig.

Titus David Hamdorf, geboren 1969 in Athen, wuchs in der Nähe von München auf. Er studierte Literaturwissenschaft und Philosophie in Göttingen sowie Kunsttherapie an der Fachhochschule in Nürtingen. Seit 2000 lebt er als freier Autor und Fachredakteur in Berlin.

Stefan Kappner, 1968 in Speyer am Rhein geboren, lebt in Idstein im Taunus. Der Germanist studierte auch Philosophie, Erziehungswissenschaften und Physik. Er lehrt an einer Fachhochschule und engagiert sich in der Erwachsenenbildung.

Rosita Müller, geboren 1948 in Leipzig, arbeitete nach ihrem Studium in Berlin als Redakteurin und Dokumentarin. Im Jahr 2000 verschlug es sie mit ihrer Familie ins Ostseebad Schönberg nahe Kiel. Seit Herbst 2006 lebt sie wieder in Berlin.

Ulrike Ofner, geboren 1953 in Melk an der Donau, zog 1973 nach Berlin. Nach Abschluss des Studiums der Ethnologie, Soziologie und Lateinamerikanistik arbeitete sie an der Elfenbeinküste. Heute unterrichtet sie an der Freien Universität Berlin.

Timo Piecha, geboren 1956 in Karlstein am Main, sammelte als gelernter PR-Fachmann und Rundfunkjournalist Lebens- und Berufserfahrung in der Medienwelt, bevor er sich als freier Autor in Bad Homburg niederließ.

Susanne Plath, 1979 in Kiel geboren, studierte Literaturwissenschaft, Theater- und Editionswissenschaft in München und Berlin. Seit Mai 2005 arbeitet sie als Lektorin bei Rohnstock Biografien.

Claudia Richter, 1957 in Thüringen geboren, zog nach Abschluss ihres Studiums der Organisationswissenschaft nach Frankfurt an der Oder, wo sie als wissenschaftliche Mitarbeiterin tätig war. Seit 1989 lebt sie im bayerischen Altenmarkt.

Sabine Schneider, 1951 im erzgebirgischen Aue geboren, studierte Kulturwissenschaften und Journalismus in Leipzig. Die Diplom-Journalistin war in Verlagen und Zeitungen sowie im Konzerthaus Berlin beschäftigt. Heute arbeitet sie als freie Journalistin.

Jana Schrewe, 1969 in Stralsund geboren, ist Germanistin und Amerikanistin. Während des Studiums zog es sie öfter ins Ausland, sie reiste u.a. nach Großbritannien und Amerika. Seit 2002 arbeitet sie als Lektorin bei Rohnstock Biografien.

Sabine Schulz, 1965 in Thüringen geboren, lebte dreißig Jahre lang in Berlin, nur unterbrochen durch ihr Journalismus-Studium in Leipzig. Heute wohnt sie auf dem Land, betreut Kinderprojekte und Schreibgruppen, neben ihrer Arbeit als Lokalredakteurin einer Sonntagszeitung in Märkisch-Oderland.

Bert Thinius, geboren 1949 in Groß Pankow, studierte Betriebswirtschaft und Philosophie, unterrichtete Philosophie und Kulturwissenschaft an der Humboldt-Universität zu Berlin. Der Biografieforscher leitet bei Rohnstock Biografien die Erzähl-Akademie und ist für die Aus- und Weiterbildung der Kooperationspartner zuständig.

Mehr Informationen über
Rohnstock Biografien finden Sie im Internet:
www.rohnstock-biografien.de

GENERATION PLUS

Von der Lüge, dass Altwerden Spaß macht

In diesem Buch wird ein Tabu gebrochen: das Schweigen über die Probleme mit dem Altern. Ein brisantes Thema. Denn in unserer Gesellschaft wird Alter verachtet. Zum ersten Mal sprechen Frauen und Männer offen und ehrlich über ihre Gefühle und auch ihre Strategien, ihr Alter zu bewältigen. Die Gesprächsprotokolle sind anrührend und komisch, traurig und absurd. Wie das Leben. Erst recht das Leben im Alter. In langen Interviews verraten außerdem Prominente erstaunlich offen, wie es ihnen mit dem Alter geht.

»Mit dem Buch wird ein brandaktuelles Reizthema unserer Gesellschaft aufgegriffen: der Umgang mit den Alten ... Eine Lektüre, die subjektiv ist und böse, bestürzend und amüsant. Das wahre Leben – ach so menschlich.«
Mitteldeutsche Zeitung

»Wellfleisch und Hörverlust: Christa Geissler und Monika Held entlarven den verklärten Blick aufs Altern ... Entwaffnend offene, manchmal auch anrührend komische Gespräche mit Prominenten und Nichtprominenten haben Christa Geissler und Monika Held aufgezeichnet, zusammengestellt und klug kommentiert.« *Psychologie Heute*

»Dieses Buch wagt sich an ein Tabu.« *Cosmopolitan*

Christa Geissler / Monika Held
GENERATION PLUS
Von der Lüge, dass Altwerden Spaß macht
320 Seiten, Taschenbuch
ISBN 978-3-89602-433-6
12,90 EUR

SAG NIE, ICH BIN ZU ALT DAFÜR

Erotik und Sex ab fünfzig –
28 Liebesläufe von Männern und Frauen

Das Buch räumt mit der noch immer verbreiteten Annahme auf, Erotik und Sex seien den Jungen vorbehalten. Erstmals berichten Frauen und Männer jenseits der Fünfzig offen und zuweilen ganz ohne Hemmungen davon, wie und wo sie die Erfüllung ihrer erotischen Wünsche suchen. Dabei wird manches Tabu gebrochen, wenn es etwa um Selbstbefriedigung und Sadomasochismus, um sexuelle Phantasien und Träume oder um den systematischen Seitensprung aus einer Ehe geht, in der Erotik keine Rolle mehr spielt. Nicht minder ehrlich werden Versagensängste und die Furcht vor nachlassender Attraktivität behandelt. Man erfährt aber auch, dass Sex noch jenseits der Siebzig Vergnügen bereiten und dabei sogar Orgasmen bescheren kann, von denen manche Jungen noch gar nichts wissen.

»Die Autoren haben mit 28 Männern und Frauen der ›Generation 50 plus‹ gesprochen, die erstaunlich offen über ihr Liebesleben berichten – nachdenklich, temperamentvoll und mit viel Mut zu erotischen Details.«

Berliner Morgenpost

»Die einfühlsamen Protokolle aus Ost und West beweisen, dass Liebe mit 75 durchaus sehr befreiend und erotisch sein kann. Sie stecken voller Mut, Witz und großer Sehnsucht nach Liebe.« *F.F. dabei*

Inge Lona Koch / Rainer Koch
SAG NIE, ICH BIN ZU ALT DAFÜR
Erotik und Sex ab fünfzig – 28 Liebesläufe von Männern und Frauen
500 Seiten, Taschenbuch
ISBN 978-3-89602-454-1
14,90 EUR

Katrin Rohnstock (Hrsg.)
ES WIRD GESTORBEN,
WO IMMER AUCH GELEBT WIRD
*16 Protokolle über
den Abschied vom Leben*

Schwarzkopf & Schwarzkopf Verlag GmbH,
Berlin 2007

ISBN: 978-3-89602-774-0

Lektorat: Jana Schrewe
Titelfoto: © Patrick Hübschmann / www.monochromeland.com

Alle Rechte vorbehalten. Dieses Werk ist urheberrechtlich geschützt.
Jede Verwendung, die über den Rahmen des Zitatrechtes bei korrekter
und vollständiger Quellenangabe hinausgeht, ist honorarpflichtig
und bedarf der schriftlichen Genehmigung des Verlages.

KATALOG
Wir senden Ihnen gern kostenlos unseren Katalog
Schwarzkopf & Schwarzkopf Verlag GmbH
Kastanienallee 32, 10435 Berlin
Telefon: 030 – 44 33 63 00
Fax: 030 – 44 33 63 044

INTERNET
www.schwarzkopf-schwarzkopf.de

E-MAIL
info@schwarzkopf-schwarzkopf.de